一段被遗忘的美洲殖民史
The Forgotten History of
Britain's White Slaves in America

白奴
White Cargo

Don Jordan
Michael Walsh

[英]唐·乔丹　[英]迈克尔·沃尔什 著
陆妍 译

西南大学出版社
国家一级出版社　全国百佳图书出版单位

奴役，无所不在，如野草般扎进每寸土里。

——埃德蒙·伯克（Edmund Burke）

成为他人财产者，只当算作奴隶，尽管表面上，依旧属于自然人。

——亚里士多德《政府论》(Aristotle, *A Treatise on Government*)

目　录

前　言　迷雾重重

第一章　被厌弃者的命途　　001
伊丽莎白时期的冒险家们梦想着建立一个能带来黄金与荣耀的美洲帝国，而其他人则将新大陆视为英格兰所厌弃的穷人们的倾卸场。

第二章　大法官之梦　　016
一名当上了皇家首席法官的强盗计划用囚犯向美洲殖民。他开始清空英格兰的监狱，为后世开创了一个先例。

第三章　商界巨子　　032
首个成功建立的英属美洲殖民地，其幕后操控者被誉为全英格兰最富庶之人。他一手扶持初创期的弗吉尼亚安然过渡，亦为首批白人奴隶的到来铺平了道路。

第四章　城市里的儿童　　063
弗吉尼亚公司希望年轻人到烟草种植园当劳工，伦敦市民希望摆脱街头的流浪儿童。于是，一场交易就此达成，无数儿童被运往美洲。

第五章 契约生涯 　　　　　　　　　　078

对穷苦人而言，新大陆颇具吸引力。他们一心前往，不惜抵押自己当劳工。殊不知，他们将陷入一纸奴隶契约，并且很可能无法活着离开。

第六章 他们异于牲畜 　　　　　　　088

弗吉尼亚种植园主们迫使议会通过法案，将"劳工"和"学徒"降级为牲畜。虽然他们名义上有人权，可即便种植园主杀掉他们，也能轻易脱身。

第七章 人口贸易 　　　　　　　　　104

17世纪30年代，近80000人离开英格兰，来到切萨皮克、新英格兰和加勒比地区，他们中大多数都是契约劳工。残酷无情的人口贸易就此拉开大幕，即便小微投资人也可从中牟利。

第八章 隐秘通道 　　　　　　　　　119

无数人被绑架或被诱骗到开赴美洲的船上，进而被卖作劳工。"诱拐"行业犹如当今毒品交易般隐秘而具有组织性，就连治安推事也成了同谋。

第九章 国土上的异客　　130

英格兰人对爱尔兰的种族和宗教清洗成为对美洲土著实施清洗的样板。克伦威尔时期，更多人流离失所，爱尔兰成了新大陆奴隶的主要来源之一。

第十章 北部地区的抗议　　150

17世纪50年代以前，苏格兰竭力避免将社会遗弃人群运送到任何英格兰殖民地。可后来，宗教和政治异见者还是被流放到美洲，以示惩处。有时，航程中的死难者甚至多于抵达新大陆的幸存者。

第十一章 来自安哥拉的种植园主　　164

人们普遍认为，非洲人是弗吉尼亚最早的奴隶，然而真实情况正相反。曾有一名非洲人成了弗吉尼亚的种植园主，甚至拥有自己的白奴和黑奴。

第十二章 深入巴巴多斯　　173

17世纪40年代，巴巴多斯的经济在新大陆殖民地中异军突起。这座小岛的制糖产业将在利润方面超越所有竞争对手——而同时领先的，还有它对待奴隶的残酷制度。

第十三章 殖民地的权贵们　　　　　　　　　　*191*

切萨皮克殖民地出现了一个由种植园主构成的贵族阶层。这些权贵们经营着人脉、地产和影响力,他们将统治美洲长达几个世纪。但是,有关雇主虐待劳工的传闻却阻碍了潜在移民的到来。

第十四章 培根起义　　　　　　　　　　　　*203*

随着一位颇具号召力的年轻贵族将一场印第安战争转变为针对他自身阶层——英格兰权贵阶层的运动,种植园主们一直担忧的黑人和白人联手谋反的梦魇成了现实。权贵们发誓,坚决杜绝类似情况的发生,于是,种族分离就此开启。

第十五章 安妮女王的黄金书　　　　　　　　*213*

有关自由土地的虚假承诺让成千上万欧洲人变卖家产,远赴美洲。然而,这段旅程仿佛一场噩梦,让有些人一贫如洗,甚至不得不卖掉子女抵偿路费。但是,也有一些人,依靠智谋逃脱了剥削者的魔爪。

第十六章 联盟存有异心　　　　　　　　　　*227*

苏格兰的支持者们被卖到美洲当劳工,而他们的首领却舒适地流亡法国——这正是1715年之后,詹姆斯二世党人的两种截然相反的命运。商人们将反叛者卖到6个不同的殖民地,坐享"渔翁之利"。

第十七章 去而复返　　　　　　　　　　　　　　　　　　*233*

　　汉诺威王朝时期，绑架之风持续盛行。曾有两个著名案件，受害者都回到了故土，仿佛从死神处归来，他们公然抨击绑架者。其中一人自称是伯爵子嗣，因遭人绑架而被窃取了继承权。

第十八章 "国王陛下的 7 年旅客"　　　　　　　　　　*249*

　　1718 年后，大不列颠王国补贴囚犯贸易，因而美洲泛滥着来自大不列颠的囚犯。由囚犯引发的犯罪率激增和时疫暴发，让人们心生恐惧与猜疑。而唯一开心的是雇主们：囚犯劳工的价格仅是非洲奴隶的一半。

第十九章 告别演出　　　　　　　　　　　　　　　　　*274*

　　美国人经由独立战争赢得了自由，从此，不愿再让自己的国家成为囚犯流放地。而英国却另有打算，并酝酿着一个惊天阴谋。

注　　释　　　　　　　　　　　　　　　　　　　　　　*287*

参考文献　　　　　　　　　　　　　　　　　　　　　　*309*

前　言
迷雾重重

　　2003年夏，考古学家们在马里兰州安纳波利斯城外开掘了一处17世纪的遗址，并发现一具男性尸骸。经检测，该男性死于17世纪60年代，死亡时16岁左右，曾患肺结核。其颅骨部位有严重口腔感染的痕迹，加之椎间盘突出、背部有几处伤痕，这些皆是多年苦作的明证。

　　这名少年不是非洲人，也非美洲土著。事实上，他来自欧洲，很可能是英格兰人。人们在一座17世纪古宅的地窖里发现了他的遗骸，骸骨被置于一个小洞里，上面覆着一堆生活垃圾——仿佛他的性命如此卑贱，可弃之如草芥。

　　法医认为，这名少年很可能是"契约劳工"（indentured servant）——这一看似温和的标签，一般指1773年波士顿倾茶事件之前的一个半世纪，从英格兰运至北美洲和加勒比地区的无数成年男女和儿童。他们中的大多数人，为了偿付前往美洲的路费，出卖了数年的劳动力。而其他人则是被迫离乡背井，以劳工的身份在殖民地被贩卖，最长达 14 年之久。很多人因此成了实际意义上的奴隶。

不同于西班牙人为了金子在美洲大肆杀戮，英格兰人不得不在这片土地上"耕种"财富——没能如愿在东海岸挖到宝矿，他们便转向农耕，期望靠种植烟草致富。他们需要恭顺听话的劳工，免费的就更好了。因为美洲土著难以驯服，殖民者们便将目光转向了家乡。他们"进口"那些被视为"过剩"人口的流浪者、失业者、囚犯和政治异己——并强加各种条约将他们牢牢缚在美洲，短则 3 年，长则终生。

本书所讲述的正是这些大英帝国受害者的故事。行至终点，他们原本应当获得自由，而很多人却未能如愿。最初的几十年里，一半人口死于契约期内。本书中，您将看到整个体制的演变进程：数以万计的白人成为奴隶，如牲口般在市场上被买卖，忍受严苛的惩罚，有时纯粹过劳至死。数十年间，身处社会底层的他们，其悲惨境遇与黑奴别无二致。他们也曾与黑人一道付出辛劳，受尽折磨和奋起反抗。后来，黑人与白人被分治。黑人成为官方宣称的奴隶，而白人虽然表面上提升了一级，但其被奴役的境况并无任何改变。据当时一些人称，有些白人的境遇惨不堪言，甚至还不如身旁一同劳作的黑人。

在最早一批被运往美洲的白奴中，不乏儿童存在。有些孩子家境贫寒，父母希望以此为他们谋得更好的生活；而其他一些远渡重洋的，则实属被迫。1618 年，伦敦当局决定"清理"贫民窟中数百名"烦人的"儿童，便将他们运往弗吉尼亚，罔顾孩子们和来自

前　言
迷雾重重

他们家庭的抗议。[1]这场大规模驱逐事件的幕后黑手是当时英格兰最大的富豪。整个事件被粉饰为慈善行动："饥馑儿童"远赴美洲，开启学徒新生活。实际上，他们是被卖给种植园主，日夜在田间劳作，半数人不到一年就死了。自此，童工便不断从英格兰和爱尔兰被运往美洲，延续数十载。他们中的很多人甚至是蹒跚学步的幼童。1661年，一名马里兰殖民者"进口"了四个爱尔兰男童为仆隶。他的妻子很疑惑，为什么不同时"进口"一些摇篮用来安置这些孩子，因为他们的年纪太小了。

第二类群体也是被迫离开祖国的，比如流浪者、小偷小摸者。统治阶层也乐得将他们清除出境。为此，某位"拦路强盗"——后来成了皇家首席法官——专门定制了法理依据，并辩称，这样一来，英国的监狱便可清空了。正因此类人推波助澜，1776年以前，5万到7万名囚犯（或许更多）被运至弗吉尼亚、马里兰、巴巴多斯和其他位于美洲的英属殖民地。形形色色的社会人群，一旦令英国王室不悦，便只能横渡大西洋，沦落为在市场上被交易的奴隶：从乞丐到妓女，从贵格会信徒到骑士党①成员，不一而足。[2]

第三类是爱尔兰人。在英国殖民史上，数百年来，爱尔兰都是个特例。盎格鲁-诺曼时期伊始，爱尔兰人一直被描述成野蛮人或灭绝人性者，于是，针对他们的屠戮和流放似乎多了几分正当性。历经了在爱尔兰的殖民，英格兰人总结了一套经验，产生了一股动力，向更远处铺开"试验田"。更不消说在此过程中，大量劳动者

---

① 骑士党：英国资产阶级革命中的保王党集团，主要成员是官僚和贵族；因其戴假发，佩长剑，仿效中世纪骑士而得名"骑士党"。——译者注

白　奴
——一段被遗忘的美洲殖民史

是被胁迫、被诱骗或被流放的。奥利弗·克伦威尔在爱尔兰实施种族清洗，天主教的男女信徒（包括儿童）都被强制流放到殖民地。克伦威尔此举影响深远，其后至少几百年内，被强制流放都是爱尔兰人的生存常态。

在殖民地劳工大军中，还有一部分也非出于自愿，即被绑架者。据称，他们被一群绑匪或"诱拐者"从街道和乡村掳劫，用以填补殖民地的劳工赤字。遭绑架者总数之多，令人咋舌。这些诱拐犯盘踞在不列颠群岛的各大港口，或欺哄，或挟制，将每个落入陷阱的人送上开赴美洲的航船。伦敦当时最活跃的绑架团伙每天都要开会商议绑架对象，地点设于圣保罗大教堂。据传，按种植园主的代理们所开具的条件是每成功绑架一名体格健壮的年轻人上船，便可相应地获得 2 英镑赏金。当时一位开展反对奴隶贸易运动的人士称，绑匪每年掳劫白人 10000 名左右——这数字无疑夸张了些，却也揭示了问题之严重，普通民众每每提起便绷紧了神经。[3]

然而，尽管不少人被迫离开英国，成为殖民地的奴隶，为数更多的人却是出于自愿：为了抵消船费成为契约劳工，或许还指望获得一小块地。从 1620 年到 1775 年，这些心甘情愿的劳工人数约 30 万，占不列颠群岛移民者的三分之二。[4] 一般来说，这些"自由意志者"（渐渐如此称呼）都是些贫穷的、心怀希望的人，他们愿意牺牲几年个人自由，希冀最终获得更好的生活。而到了美洲他们才发觉，自己无异于奴隶或私人物品，几乎丧失一切权利。可他们回不去了，就像搭载他们的轮船龙骨上的沥青，已被牢牢缚在轮船上，身不由己。当然，有那么一些人，遇到了仁慈甚至慷慨的买

前言
迷雾重重

主,幸运地度过了几年奴役期,结局倒也不错。可在受尽凌辱的奴隶当中,有些人也曾是自由意志者。

这些命运悲惨的劳工,他们遭受虐待、鞭笞,甚至死于其主人或监管者的蹂躏之下。如若称之为"奴隶"并详加描述,定将引起一片哗然。这样看来,他们的遭遇似乎与种族奴隶制诞生之后为数众多的黑人奴隶苦不堪言的境况不甚吻合。然而,黑人奴隶制其实脱胎于白人奴隶制度,并在此基础上得以发展。正如非裔美国作家小莱昂·贝内特所言:

> 当我们眼中有关白人的偏见终于得以矫正,当我们以清晰的视野回望美国史册的血迹斑斑,我们将第一次意识到,美国黑人不仅数次在自由的竞技场上落后旁人,在奴隶制的发展史上竟也未曾占得先机。[5]

当然,黑奴制度下某些惊骇丑恶的情形,白人未必经历过,可他们承受了同样的恐惧,并且很多时候走在黑人前面。从经济学角度看,原本契约劳工所出卖的是固定时段的劳动力,而现实情况下,他们出卖的是自身。他们发现,自身被置于奴隶主的铁拳之下,后者几乎全权掌控了他们的命运。

契约劳工制度之所以演变为奴隶制度,是因为早期殖民者的经济目标:他们并非帮助潜在移民者抵达北美和加勒比地区,而是为经济作物生产提供廉价、温顺的劳动力。目标一经确定,为了有效约束劳工,便有必要订立包括暴力和人身制约的"合法"处罚措施——奴隶制应运而生:先施于白人,后推至黑人。

白　奴
一段被遗忘的美洲殖民史

曾有人提出，白人劳工不可能被真正奴化，因为他们的强制性劳动总有时限，而黑奴则终身为奴。然而，奴隶制并不由时间定义，而是由当事人的体验所决定。成为他人财产，按律绝对服从一切，任何反抗都将招致鞭笞、烙印、枷锁，很多白人实际承受的这些，就被称为奴役。18世纪早期，丹尼尔·笛福在描述契约劳工时，说他们"更适合叫作奴隶"。既然他也这么讲，那我们还是称其为奴隶吧。

来自大不列颠的白人移民当中，有多少遭受了我们称之为奴役的种种虐待？10万，20万，还是30万？这是无解之谜。此类数据，没人统计过，也无法统计。我们唯一能确认的，是这个数字相当可观。相关证据竞相浮出水面，佐证着这个论断。太多白奴逃跑，太多虐行被揭发，太多供认不讳，戳穿了白奴制的谎言：这根本不是什么个别现象，也不是可以轻易压制的小范围状况。1663年，大约正是那可怜的16岁少年咽下最后一口气，被埋入安纳波利斯的地窖的时候，弗吉尼亚议会发出警示："部分针对劳工的暴虐行径"损害了殖民地的名声，长此以往，移民者将不再愿意自发来到美洲。而本书案例却表明，这一"暴虐行径"被广泛而持久地施于北美和加勒比殖民地。

整个殖民时期，历史学家们对自愿或非自愿成为契约劳工者往往视而不见。社会历史学家加里·B.纳什表示："多数人都将早期美洲描绘成机遇之花园，对契约劳工轻描淡写，而浓墨重彩处，却是享受自由的少数人。"[6]于是，一个轰轰烈烈的神话问世了：北美早期的开拓者们——一群自由的男男女女几近白手起家，建成了一个民主、平等的理想社会。

前言
迷雾重重

然而，真相却大相径庭。现代美国社会的自由体系是从强制用工和劳役拘禁中逐渐进化而来的。在早期殖民地规划中发挥重要作用的人物，比如传闻中伊丽莎白时期英格兰首富托马斯·史密斯爵士，对于他们所制造的种种苦难，既冷漠无情，也颇为健忘。尽管如此，他们倒往往有几分见识，环境适应力也不容小觑。通过这些人物志得意满的经历及受害者的陈述，白奴贸易之谜逐渐明朗。欧洲文明下北美早期的奴隶制度，跨越三大洲，绵延近两个世纪：从1607年建立詹姆斯敦，到非洲奴隶贸易港形成，再到1770年库克船长沿海岸线摸索前进并最终建立新南威尔士。

1607年远征为英格兰人陆续移民美洲打下了基础，而在美国宣布独立、封锁本土之后，欧洲罪因和"不受待见者"便不能被安置了。于是，澳大利亚成了新的流放地。其间，人道主义洪流曾经横跨大西洋，而后来也从大英帝国和美国的史册上褪色了。

一个全新的美国建立起来了，而筚路蓝缕的创业者们在国家建立早期所发挥的核心作用，往往被一笔勾销。很多人选择无视施虐者和受虐者曾在新国家历史上留下的印记，其中就包括当代的辩护者们，他们的动机在于形成社会凝聚力，美化社会形态。弗吉尼亚，即老自治领州[①]，作为美国上层社会的发源地、自由理想盛行之所在，犯罪者是不可出现在家族图谱上的。《独立宣言》问世10年后，托马斯·杰弗逊对囚犯是如此描述的：

[①] 老自治领州：弗吉尼亚州的别称。——译者注

白 奴
一段被遗忘的美洲殖民史

> 被押送到美国的囚犯不太多，不足以算作最早踏入美国的三大群体之一……我认为当时总数应该不足两千人，而且以男性为主，他们往往重疾缠身，极少婚配，鲜有子嗣。如今他们及其后代的人数，我觉得不足四千人，仅占所有定居者的千分之一。[7]

事实上，《独立宣言》发表前后，每年约有1000名囚犯输入美国，大多送至马里兰和弗吉尼亚。一名囚犯交易者委婉地表示，18世纪，单单被卖到马里兰的囚犯就超过30000名。

在杰弗逊写作期间，送至美国的囚犯及其后人总数并不是他所谓的"所有定居者的千分之一"，其占比是更为显要的百分之一。然而，关于大英帝国曾大批量押送恶人、罪人和不幸的人来到美国一事，依然有人否认其数量之大或为期之久。1898年，西德尼·乔治·费希尔行文宣称，弗吉尼亚成功屏蔽了"囚犯、乞丐和劣等民族"[8]。而据美国著名历史学家埃德蒙·S.摩根、大卫·W.盖伦森和A.罗杰·埃克奇颇具开创性的论著显示，实际情形天差地别。尽管如此，时至今日，很多美国人依然无法说服自己，承认他们祖先的真实身份。真相就是，在弗吉尼亚和马里兰早期的定居者中，有相当比例是由囚犯构成的。财富和贵族阶层以此为基础而诞生，这表明了社会的进化而非血统的重要性。

本书介绍了美国历史上的一些大人物，他们既是白人奴隶的主人，也是黑人奴隶的主人。他们是白奴交易的核心人物，冷漠无情，对待奴隶如货物一般，时而将囚犯伪装成普通劳工，时而将白奴在各地区间兜售。同时，本书也讲述了他们所贩卖对象的

前言
迷雾重重

故事，以及一些人出卖自身的原因。不愿为奴者，直面不公，奋起反击，或逃跑，或反抗，甚或谋杀。其他很多人，在疾病、剥削或原住民的攻击下，败阵了，屈服了。也有些人成功了，扎下根来。

本书在内容编排上以时间顺序为主，偶尔也会穿插其他内容，或就特定话题从旁细加论述。

我们不愿长篇大论，所以尽量缩小范围，挑拣了若干重要地域。比如，我们聚焦于弗吉尼亚和马里兰，因为契约劳工制度是在那里建立的，并且"毒素"蔓延也最为广泛。我们省略了加勒比地区的大量殖民地，以便详尽描述巴巴多斯的情况，这样就可以清晰地论述重点殖民地，而不受各地实际情况多样性的干扰。我们希望通过此种方式，阐明加勒比群岛和北美洲殖民地在运作方式上的关键区别。概括来说，当时英格兰人在加勒比群岛住下来，主要目的是赚钱，并没有殖民的念头。而美洲大陆的企业则不同，对它们来说，利润和帝国旗帜是同升同降的。在广袤的美洲原野上，从理论上看，契约劳工确实有可能熬过契约期，在一个增长型的社会中获得更佳的生存机会；而在巴巴多斯岛，劳工们即便解放了，也将面临尴尬的处境。

《牛津词典》对"奴隶"的定义是：成为他人合法财产并对其指令绝对服从的人。简言之，奴隶就是人身动产。据此释义，白人劳工是最早来到美国的奴隶，并且当初这个国家的建立，便是依靠着他们以及后来非洲黑奴的劳动。如今，数以千万计的美国白人都是这些奴隶的后裔。但是很遗憾，鲜有美国人愿意承认，这些几乎被历史遗忘的早期开拓者们，和他们有亲缘关系。

IX

第一章
被厌弃者的命途

奴隶制通向新世界,一路上"鬼鬼祟祟""犹豫不决"。历经数十年,它悄无声息地潜伏起来,仅有少量嗅觉机敏的小册子撰稿者和大多数沉默的受害者发现了它。

新殖民地奴隶制的种子是在16世纪70年代埋下的。那时,英格兰人对于他们的社会体制万分骄傲,连莎士比亚最喜爱的史学家拉斐尔·霍林斯赫德都这般鼓吹:

至于奴隶,我们是一个也没有的。这正是我们国家的特权。在这里,上帝格外仁慈,王室尤其慷慨:来自其他国度的任何人,但凡踏上我们的国土,他们就获得了无上的自由……一切奴役的束缚也彻底解除。[1]

尽管霍林斯赫德对他眼中的英格兰极尽褒奖,可在几股势力同时作用下,千千万万生而自由的英格兰子民,面临的未来将是另一番景象，不管他们驶向美洲是否出于自愿。只消一代人，奴隶制就会在美洲建立，并由此剥夺他们与生俱来的、被霍林斯赫德引以为傲的自由。

白奴贸易的一大催化剂，正是英格兰担心穷人和囚犯会对整个社会造成严重危害，而同样的惴惴不安，昭然至今。历经几代人的繁衍，英格兰总人口增加了三分之一。1509年，亨利八世即位，其治下的王国子民近300万。近80年后，他的女儿伊丽莎白一世对阵西班牙无敌舰队[①]，当时全国人口已经接近400万。[2]

新兴资产阶级和权贵们在宗教改革中获取了教会土地，凭《圈地法案》掠得了公共用地。对他们来说，那段时期占尽便宜，尽享文艺复兴带来的繁华。而同样在16世纪中叶，生存状态的另一极端则是穷困潦倒，不堪入目。频繁发生的自然灾害、圈地运动和经济大萧条，致使大量农民和劳工捉襟见肘，挣扎在生死边缘。曾经，修道院可以供应一些救助物资，却被亨利八世关闭了。如今，穷人遍布乡野，涌入城镇。据称，1570年，仅考文垂一地就有2000名乞丐。在某富豪的葬礼上，竟能聚集20000名穷人等待施舍。1560到1601年，伦敦的流浪者总数增长了8倍，最后只能挤进布里奇韦尔宫，后来这里被改造成一所感化院。[3]

不可避免的是，违法乱纪者变多了。在1572年颁布的某法令开头，便是声声哀叹：

[①] 西班牙无敌舰队：1588年，西班牙国王费利佩二世组织了一支庞大舰队进军英格兰，在英吉利海峡被英军击败，后在风暴中几近全军覆没。——译者注

第一章
被厌弃者的命途

不管英格兰还是威尔士，角角落落里总顽固地簇拥着恼人的流氓、懒汉、乞丐。因此，这些地区每天"上演"着谋杀、盗窃和其他更为严重的暴行，不仅惹怒了全能的神，也极大损害了公众的福祉。[4]

这一时期，手上沾染最多鲜血的人物之一是汉弗里·吉尔伯特——沃尔特·雷利同母异父的兄长。正是此人，倡议在新大陆寻求解决难题的方案。历史上，吉尔伯特总是屈居于他声名显赫的弟弟的光环之下，可他的一生实则毫不逊色。他出身于英格兰西南部一个名望平平的绅士家庭，在伊丽莎白成为女王之前曾任她的侍者，参军后便以冷酷无情而闻名。可与此同时，他又是个诗人、古典派学者、梦想家，鼓舞着一群同胞去美洲开拓帝业。

16世纪60年代初，法国深陷宗教战争之乱，而汉弗里·吉尔伯特却在此崭露头角。这场屠杀、蹂躏和暴行，更因胡格诺派[①]指挥官而成为传奇——他脖颈上总挂着一串用牧师耳朵制成的项链。近百年后，帕斯卡尔对这场冲突做了如下表述："能让人作恶如此彻底并心怀愉悦的，恐怕非宗教信念莫属了。"吉尔伯特二十出头便率千余名英格兰新教徒与胡格诺派并肩作战。在整个过程中，他既表现出了骁勇善战的一面，也彰显了残暴无情：他从不囚禁俘虏——但凡被俘的，一律判处绞刑。女王一贯偏爱此类勇猛的年

[①] 胡格诺派：又译"雨格诺派"，基督教新教加尔文教派在法国的称谓。16世纪下半叶的法国宗教战争又名胡格诺战争。——译者注

白　奴
一段被遗忘的美洲殖民史

轻人，于是在1569年命吉尔伯特统率驻爱尔兰芒斯特①的英格兰军队。结果，为了平息一场叛乱，他竟然下令实施种族清洗，清洗了爱尔兰本地居民并开拓了英格兰新教殖民地。

在血淋淋的竞技场上，这名年轻而野心勃勃的煽动者，其冷酷无情连一个世纪后奥利弗·克伦威尔和奥兰治亲王威廉也难匹敌。在每个遭遇抵抗的要塞，吉尔伯特都大肆屠戮，踏平郊野，搜捕逃犯。"对任何一名囚犯或叛徒，或藏匿之、包庇之、与之为伍的人……我都不会手软……不管为此需要杀掉多少男女老幼。"在通向他营帐的道路两旁，立着两排长矛；每个矛尖上，都挂着被杀害者的头颅。对此，吉尔伯特解释："看到自己父亲、兄弟、孩子和朋友的头颅，人们会产生极大的恐惧感。"成千上万人死去，而汉弗里·吉尔伯特却因此被封爵。[5]

人性中很多方面是自相矛盾的，比方说，最残酷无情的人却有着丰富的浪漫主义思想。汉弗里爵士就是如此。在法国期间，据说他见到了穿越大西洋的航海家，并由此生发了对于美洲的痴迷。1570年，他娶了肯特郡的安妮·奥乔，女方继承了大笔遗产。自此，他不用再侍奉女王，并在国会占得一席，专注于他日后一直迷恋的事业。

吉尔伯特认为，北美洲是一座岛屿。和同时代很多人一样，他也竭尽全力试图证明，朝西北方向走，存在着一条经由北极圈抵达中国的路径。他研读了所能找到的手稿和经典著作，最终形成了一

---

① 芒斯特：爱尔兰南部面积最大的省区。——编者注

第一章
被厌弃者的命途

份学究气十足的论述，以支持他的论断。在旁引的位置，他还附了史上第一份关于英格兰在北美建立殖民地的详细方案。[6] 后人评论："他脑中的地理概念，当时看虽有些新奇，可稍做研究便发现，多数是荒唐可笑的。"[7] 可是，仅凭此他就说服了女王和国会。1578年，吉尔伯特受命开拓新大陆，以6年为期，建立英格兰第一个殖民地。

当然，他的动机绝非单纯——对于吉尔伯特以及很多帝国缔造者来说，个人权欲刚好与国家利益不谋而合。他命人将水手大卫·英格拉姆的故事录述成文。据称，此人曾在佛罗里达遭遇海难，花了两年时间徒步穿越北美。英格拉姆从北美回来后，讲述着一个个离奇的故事，他说土著女人穿着"仿佛战甲的金色外衣"，男人戴着"拇指大小的珍珠装饰"，而房屋更是"用黄金、白银和水晶建起来的"。若真有黄金，吉尔伯特定要去分一大杯羹。在他的计划中，这想象中的疆域应当是王权赐予他的封地，而他不仅将统治它，还将分得八成真金白银。身为女王谦卑的仆从，他当然也会给她留下两成。

吉尔伯特所绘制的这份蓝图，可谓包罗万象，有首个殖民地的规模（仅900万英亩），还有街道布局和教堂数量。现在看来，他计划中最关键的部分是对配置殖民地的劳动力做了规划。他建议："贫困人口已经成为累赘，他们犯下各种可怕罪行，唯有命丧绞刑架。既然如此，不如将这些劳动力运到新大陆去。"[8] 很难相信，打开这条通道的人竟然同时是在芒斯特大肆杀戮的屠夫。有历史学家认为，或许在爱尔兰的几年经历让吉尔伯特变得温和了。而更可信的解释或许是，他"高尚无私"的面具背后依然藏着一颗利己主义的心。

吉尔伯特的这一构想早有先例。囚犯身份的劳工在欧洲人民最早探索美洲之时就已存在。1497年，普通自由民众都不愿远赴这片未知的土地碰运气，为此，西班牙国王只好向被判死刑的囚犯们承诺，只要他们愿意随同哥伦布第三次远征，便可得到豁免。半个世纪之后，吉尔伯特的老对手罗奇侯爵在布列塔尼监狱里挑选囚犯，为他持续不断的远征计划配备人力，前往吉尔伯特曾经关注的新大陆。人们传言，罗奇侯爵的船队"满载着罪恶"[9]。

最初，女王对于吉尔伯特的远航犹豫不决。她特别想把从前的侍者留在身边，让其日后继续镇压爱尔兰暴动。可吉尔伯特身后有他同母异父的兄弟沃尔特·雷利的支持。后者不仅凭口才最终说服了伊丽莎白女王，也日渐成为她最信任的下属。掌有任命状的吉尔伯特，以女王的名义在美洲大陆占领大片土地，唯有南部那些已被"基督教王公们"宣布殖民的地区，如西班牙和葡萄牙侵占之地才是例外。然而，伊丽莎白早已习惯追求利益最大化。她秘密"授意"吉尔伯特，所到之处但凡发现西班牙或葡萄牙殖民地，也可强夺过来。而同样成为惯例的，是女王陛下并不会出资支持他的行动。吉尔伯特不得不从朋友、亲戚和敢于冒险的同行那里募集资金。如何东拼西凑，他有文字记录，他甚至还"背着妻子卖掉衣服"，最终也只配置了一支10艘船的队伍。[10]

1578年，他统率一支共500人的舰队启航，其中包括至少一名被豁免死刑从而转交于他看管的囚犯。他同母异父的兄弟雷利整饬好自己的航船，也跟来了。在吉尔伯特看来，前景简直令人垂涎。掌握皇家制诰，他便可在这片遍布黄金白银的土地上拥有完全控制权，然而，舰队还没来得及驶出英格兰水域，这次远征就因厄

第一章
被厌弃者的命途

运、内讧、糟糕的天气和拙劣的领导而夭折了。

吉尔伯特并未就此罢休,而是在 1583 年卷土重来。这次,沃尔特·雷利没有参与。吉尔伯特沿着渔船队的航线来到了大浅滩,在纽芬兰圣约翰斯市一个荒凉的小渔村登陆。毫无疑问,当吉尔伯特声称他拥有皇家权力并宣布纽芬兰归属英格兰时,先于他停泊于此的巴斯克人以及葡萄牙和法国渔民都满脸困惑。紧接着,他给所有人颁发了捕捞许可证,然后火速离开。船队一路朝西南方向行进,沿着险象环生的东部海岸线,寻找停泊之处。然而,天不遂人愿。"原本就糟糕的天气,又逢大雾弥漫",吉尔伯特最大的一艘船沉没了。[11] 舰队士气一蹶不振,返程的呼声更高了。伊丽莎白在位时期,大多数伟大的航海家都曾遭遇类似的哗变威胁,而大部分也都被成功压制了,可吉尔伯特这次却没能做到。他心不甘情不愿地妥协了,同意立刻返程。为免落下"懦夫"的名声,他宣布,自己将乘坐最小、最经不起风浪的 10 吨级双桅帆船"松鼠号"返程。这是伊丽莎白一世时期典型的自吹自擂的表现,这个决定同时也是致命的。

"松鼠号"满载枪支、渔具和食物补给。当舰队进入波涛汹涌的水域时,船员们力劝吉尔伯特换乘相对安全的"金鹿号",可他拒绝了。他发誓,绝不会抛弃同船水手,他们曾共同经历了太多艰难险阻。风暴还是来了,"松鼠号"渐渐沉没。据史料记载,吉尔伯特最后对着"金鹿号"喊了一段话,充满着宿命的意味,这让他在英国名声大噪,甚至超过了先前的所有作为。

"无论置身陆地抑或海洋,我们与天堂的距离,都一样近。"他一边喊道,一边重新翻开书本,直到海浪将船慢慢吞噬。[12] 据说,他手上的书正是托马斯·莫尔的《乌托邦》。如此赴死，让吉尔伯特成了民族英雄。200多年后，这个心怀梦想的探险家被海浪席卷远去的画面，在朗费罗的诗歌中成为不朽的传奇：

啊！陆上的风歇了，
凉夜如许，更添冰寒；
海里、岸边，再不可能了吧，
汉弗里爵士，可还能见着那光？

雷利等了很长时间，直到确认吉尔伯特已然葬身大海，才终于接过他未完成的使命，继续开拓美洲的计划。女王本就对雷利颇有好感，几经游说后将等同于吉尔伯特的自行处置权交予雷利。于是，他便开始给一切可能的支持者描绘美洲探险的蓝图。后来，有些浪漫派人士认为，雷利或许是他们中的一分子。可追根究底，正如历史学家大卫·比尔斯·奎因所说："他是个嗅觉敏锐、擅长营销的商人。殖民于他而言，只是一单必须打开市场的生意。"[13]因此，他所迈出的第一步，就是找人做一份有关"新大陆"的市场报告。

而他一眼相中的，便是理查德·哈克卢特。他新近着手的这项工作，会让他不久后成为世界顶级的地理学家。哈克卢特本是一位牧师，自学生时代就对那些开疆辟土的地理大发现深深痴迷。为此，他翻译了所能找到的航海和探险著作，采访了所能寻得的探险家和海员，成为这一领域的专家。他就像一个生活在16世纪的"狗仔"，从A码头窜到B码头，迎接德雷克、霍金斯和吉尔伯特们一次又一次从探险航程中归来，只为一睹他们的航海日志。

第一章
被厌弃者的命运

当时，哈克卢特刚出版他的首部地理学著作。雷利慧眼识珠，发掘了这名青年才俊，让他专门把美洲的情况研究一番。结果，哈克卢特写成了《向西殖民论》，颇有说服力和煽动性。吉尔伯特曾指出，英格兰已囿于不受法律约束的贫困群体，而美洲将是她的救赎之地。无独有偶，哈克卢特也表示，人口密度过高，人们已逼近"同类相残"的境地。绝望之下，太多人被迫犯下罪行，"这片土地上所有监狱都人满为患，不堪承载。最终，这些人不是监禁终老，就是面临凄楚的绞刑。"哈克卢特的建议，以一种福音般的口吻阐述着将这群可怜人安置到海外殖民地工作能带来多少好处。他一口气罗列了美洲的各种资源，表明诸多产业都可在当地兴盛起来，门类多达40余种——焦油提炼、金矿开采、棉花种植、潜水采珠等。哈克卢特论断的一大要点，就是几乎所有产业终有一天将在美洲发展和兴盛。

哈克卢特著述之时，雷利率两艘船正在如今南卡罗来纳州一带探索河口，寻找合适的定居点。1584年，他们发回国的报告很是鼓舞人心，有些段落甚至令人欣喜若狂。

在广阔的苍穹下，是相当优质的土壤……此处，我们发现了玉米植株……植株抽穗后长出玉米，可用来制作面包；而甘蔗也可产出非常好的，甚至是完美的蔗糖……这里简直是……全世界最叫人舒心的地方。切萨皮克的区位和土壤……说起地理位置优越、气候宜人、土壤肥沃和海上贸易便利……全世界没有哪里比这儿更好了。[14]

第二年，首批满载殖民者的船队启航了。雷利的"失落的殖民地"故事家喻户晓：他宿命般地选择了蚊虫密布的罗阿诺克岛作为落脚点，以"童贞女王"伊丽莎白一世之名将殖民地命名为"弗吉尼亚"。3年时间里，人们千辛万苦地驻守这一岌岌可危的据点。与西班牙对战时期，殖民者们因无法获得补给，直至产生了毁灭性的后果。殖民者们神秘失踪，多年后雷利再次远征，试图寻找他消失的族人，可一切终归徒劳。

得到伊丽莎白的青睐，雷利成了真正的富人，据说他有次来到殿前，周身上下饰满了珠宝。不过，多番美洲航行也耗尽了他的财富，传闻数次航程的总开销竟高达4万英镑——大致相当于如今的600万英镑——并且，尽管他对弗吉尼亚痴迷不减，还是于1590年出让了对当地殖民的特许状。未来开采的一切金银财宝，他同意只占有20%——这是吉尔伯特曾计划献给女王的份额。彼时，他对弗吉尼亚还抱有较高的期望。同样予以保留的，还有对弗吉尼亚未来其他殖民者的否决权。

在该殖民地特许状的全新持有者中，有3位是雷利的朋友，他们分别是：理查德·哈克卢特；约翰·怀特——雷利殖民地的名誉总督，在其他殖民者们消失之前，他就回到了英格兰；托马斯·史密斯——这个年轻人注定在弗吉尼亚白奴制的形成过程中发挥重大作用。对于未来的"新世界"，史密斯有一套个人理念，他后来成了在弗吉尼亚建立殖民体系的先驱者。

和吉尔伯特、雷利类似，史密斯也留下了自己的战争烙印——在爱尔兰和欧洲大陆战场上皆不逊色。史密斯远不只是一个普通士兵的角色，他还是个财经天才，没有哪个英格兰人比他更合适被称

第一章
被厌弃者的命途

为"商界巨子"。他可谓英格兰的,或更确切地说,美洲的首位商界大亨。

史密斯父亲的名字也叫托马斯,是血腥玛丽女王(Bloody Mary)治下的富商,领任了当时国内一大肥差。他掌管关税征收,被称为"包税人"[①],每年只需上缴国库约定的数额,余下收益可自行处置。渐渐地,人们便叫他"征关税者史密斯"。伊丽莎白执政后,他得以维持原职,并据此发了财。他拿出一部分收入,先后资助德雷克和儿子好友雷利的探险,这两桩本该算极其成功的投资。

然而,年轻的托马斯离开了关税岗位。同时期,史上最早一批股份公司兴起了。这些资本主义先驱者们打开了国际贸易的大门,终使英格兰在全球商贸领域占据主导地位。而小史密斯几乎发挥了全方位的领导作用 —— 伊丽莎白执政后期及其继任者詹姆斯一世时期,英格兰的贸易版图上处处是他的足迹。世道无情,竞争惨烈,他却设法与全球统治者们达成交易,从日本天皇到俄国沙皇,都是他的贸易伙伴。短短35年里,英格兰逐渐兴起的各大公司,几乎都由他创始或经营 —— 东印度公司、莫斯科公司、黎凡特公司、萨默斯岛公司、西北航道公司、商人冒险家公司以及弗吉尼亚公司。当托马斯·史密斯购入弗吉尼亚公司时,他已然驾轻就熟,即将成为伦敦头号富商。

财富聚拢,商业成功,权力也随之而来。史密斯的官衔水涨船高,从最初的伦敦城参事,到审计长、郡长,再到"训练公会"

[①] 包税人:此处,"包税人"是指受王室委托承包征税的人。"包税制"是指国家将某种捐税按一定数额包给私人或团体征收的制度。——译者注

（即伦敦民兵队）指挥官，掌管着2000名士兵。他还接替父亲担任征税官，据称整整加征了一倍税款。

16世纪90年代，有关国内违法乱纪、穷困潦倒者的论辩甚嚣尘上，而史密斯总是处于辩论的核心位置。16世纪最后10年间，英格兰原本收成不错，可很快遭遇了自黑死病暴发两个世纪以来最严峻的农业危机。接连5年大旱，粮食歉收，玉米价格翻了几倍，饥馑、瘟疫蔓延至全国。击败西班牙无敌舰队后，女王准备在国内展开一轮巡游，以示庆祝，结果却抱怨"所到之处尽是乞丐"。她命令治安推事调控玉米供给，对投机者加以惩戒。在埃塞克斯郡科尔切斯特镇，参事们被勒令每人捐20英镑，政务委员们被勒令每人捐10英镑，用于收购玉米，接济穷人。每个选区都由一名指定面包师每天为穷人们做"满满3层面包"。

16世纪90年代末，国会制定了一项新法案，目的在于有效稳控穷人。皇家首席法官约翰·波帕姆爵士——伊丽莎白女王治下最腐败、最令人畏惧的大臣之一起草了该法案。而史密斯，作为委员会成员之一，参加了对该法案的讨论。这一严酷的法案要求教区对那些"能力不足的穷人"（老弱病残者）给予支持；而对那些体格健全者，即所谓"流氓和流浪者"，规定了严厉的惩罚措施——他们相信，此类群体若被安置到更好的地方，应该有能力养活自己。走街串巷的修补匠、吉卜赛人、贫寒学者、手相占卜者、街头艺人，都被定义为"流浪者"。那个叫莎士比亚的人，很可能就算一名街头艺人，他所生活的年代也不过就早了几年。幸好他有贵族相助，可以保护他免受此等法案侵扰。

在诸多惩罚措施中，有一条就是离开英格兰。新法案明确规定：

第一章
被厌弃的命途

> 如若无法改变流氓式样的生活，那些人……都将被驱逐出境……流放到大洋彼岸某些地区，具体时间将由枢密院视情形而定。

可是流放到什么地方呢？显然，这在当时无关紧要，摆脱这些不受欢迎的群体势在必行。约翰·波帕姆爵士声称，该法案是为了"把小偷和叛徒赶出此地，哪怕淹死在海里"。可是，随着伊丽莎白时代行将结束，这一法案被搁置了几年，因为整个国家都为王位由谁继承而操碎了心。

女王执政的最后几年，暗流涌动，波谲云诡，史密斯对历史的贡献也差点儿到此为止。他仿佛一个彻头彻尾的政客，凭借八面玲珑、左右逢源的本事，尽可能地结交盟友。其盟友之一就是伊丽莎白钟爱的罗伯特·德弗罗，自负而又爱炫耀的埃塞克斯伯爵。

1596 年，这位刚刚崭露头角的商界巨子走出账房，随埃塞克斯伯爵一道远征，在加的斯打了场漂亮的胜仗。那次行动并非出于军事或政治目的，只是单纯为了劫掠而展开突袭，最终敛了不少财富。整个城市被洗劫一空，入侵者们满载着战利品而归。有资料显示，为了奖励史密斯在西班牙码头上英勇作战，埃塞克斯伯爵授予了他爵士头衔。

鉴于两人的亲善关系，1601 年，当埃塞克斯伯爵企图推翻伊丽莎白政权时，他希望获得史密斯及其民兵队的支持，也就毫不意外了。可不久他的希望便落空了。政变当天早晨，埃塞克斯伯爵率一众全副武装的支持者们来到史密斯家门口，却发现这个商人显然焦躁不安，拒绝提供帮助。他一把抓住伯爵的马缰，规劝朋友放弃行动，接着退回了屋内。

埃塞克斯伯爵当天傍晚便投降了，很快就被处决，托马斯·史密斯也差点儿人头落地。审讯中，伯爵的支持者们声称，史密斯曾怂恿伯爵，并起誓调用他的民兵队支持叛乱。后来又有人说，伯爵的探子在政变开始前给史密斯妻子递了封信，于是他的嫌疑加重了。再加之伯爵曾到史密斯家门口，也对他很不利。最终，史密斯和妻子被押到了伦敦塔下。史密斯否认一切，称自己已多年未与伯爵来往，而那个宿命般的早上，他之所以见了伯爵，只是为了传递市长大人的口信。

若果真如此，他这借口简直比很多被判了叛国罪、押往泰伯恩刑场三叉树的平民们的借口还糟糕，只等着被阉割剖肠、身首异处、五马分尸了。结果，史密斯被赦免了——或许是因为他借给了伊丽莎白女王 3.1 万英镑，助她整饬海军，击败无敌舰队；或许因为杀掉这个国家最富有的人，从经济层面分析似乎不太明智。不管何故，史密斯被免去一切职务，并被处以巨额罚款。按枢密院的辞令，托马斯·史密斯"遗忘了他对女王应尽的职责"。

这位富商并未在失意中沉湎太久。1603 年 3 月，69 岁高龄的伊丽莎白身患重症，预示着她长期执政的终结。她的继任者詹姆斯一世，对所有被埃塞克斯伯爵叛乱牵连的人都表现出仁慈，包括托马斯·史密斯。最主要的原因在于詹姆斯一世本人曾与埃塞克斯伯爵密谋，共同发动了这场叛乱。于是，登上王位不到 1 个月，詹姆斯一世不仅恢复了史密斯的所有职务，还封他为爵士。托马斯·史密斯爵士将成为詹姆斯一世的首席经贸大臣，而他对新大陆殖民也表现出了浓厚的兴趣。史密斯将毕生供职于此，不管为此付出多少

第一章
被厌弃者的命途

代价，只为确保有朝一日，当英格兰新殖民地在美洲建立以后，他的地位也能存续下去。3 年后，他为此迈出了第一步，参与了一场在弗吉尼亚建立首个永久定居点的竞赛。而他发现，自己的对手竟然是整个国家最叫人闻风丧胆的约翰·波帕姆爵士。

第二章
大法官之梦

　　肯尼贝克河温柔地流淌着，经过缅因州林木繁茂的高地，最后蜿蜒入海。它的源头是穆斯黑德湖①，这片水域如此广阔，乃至有人把它当成了中国海（the China Sea）。从这片广阔的湖域发端，肯尼贝克河在新英格兰绵延，最后在一个叫萨比诺海德②的多风之地汇入大西洋。400年前，正是在此地，一群英格兰人指挥另一群英格兰人修建了圣乔治堡，而后者，自此成为他们的奴隶。

　　如若圣乔治堡能保存下来，定会让参观的人叹为观止。大约300年后发现的一份图纸显示，圣乔治堡建有厚实的防卫墙，有大城门、若干宅邸、一座教堂，还有50栋房屋和一个砌有围墙的花园，12门加农炮朝向大海。工程正在有序进行中，可定居点突遭遗弃，整座堡垒只能渐渐归于尘土。

---

① 穆斯黑德湖：位于缅因州中西部。——编者注
② 萨比诺海德：是萨加达霍克县的一个海角，位于美国缅因州南部。——编者注

第二章
大法官之梦

如今,这座堡垒仅存隐隐约约的轮廓,至于当初人们为什么要建造它,背后的设想或理念已不得而知。这一建筑群的设计者是约翰·波帕姆爵士——伊丽莎白一世女王治下内阁最有权有势的人物之一。汉弗里·吉尔伯特爵士曾提议,利用英格兰所厌弃的人群在美洲建立殖民地,而该方案的首位实践者,正是波帕姆。波帕姆所做的尝试,日后将形成英属美洲殖民地上最令人鄙夷的特质之一。而与圣乔治堡一同被掩埋的,还有人们在此定居并试图改变北美洲面貌的雄心壮志。

这座存世短暂的堡垒是从1607年8月开始建造的。按计划,它本将成为新殖民地的核心工程。一年前,国王詹姆斯一世颁布宪章,重申英格兰在"弗吉尼亚"的殖民地范围——从加拿大到佛罗里达的美洲东部沿海整片狭长区域,同时批准建立两个新的殖民地。一个由托马斯·史密斯爵士统率,另一个由皇家首席法官约翰·波帕姆爵士领导。

宪章的颁布昭示着英格兰在征服和瓜分新大陆的愿景之下,选择了一种全新的策略。在此之前,英格兰在美洲建立殖民地的所有尝试,都属于个人行为,最终都受制于某个人的视野、财力和耐力。到了17世纪早期,人们终于开始意识到它的致命弱点。当时,社会上流传着一种说法,尽管阐述者不详,但对多年来所遭遇的失败进行了反思:"对冒险家来说,获得私人性质的资助虽然令人欣慰,却并非重大利好。相反,对于英格兰迄今为止发展的各项事业来说,这向来是个致命的缺陷。究其原因,资助的延滞、资助者的猜忌或动摇皆非罕见。毕竟,初创事业往往不是一帆风顺的,成功也并非一蹴而就。"[1]

反对者认为,"股份"可以解决这个问题。股份制公司一经建立,目光便更长远,抵御挫折的实力也更强;而此前,类似的挫折曾让太多企业遭受重创。相较而言,股份制公司是一种全新的实体,个人所持股份是可以出售的,并不需要征询其他股东的意见。这些公司正在地球遥远的另一端推进着英格兰的贸易。既如此,为何不能通过股份公司资助英格兰建立美洲殖民地的重大创举呢?

自 1590 年以来,"美洲殖民"议题几乎一直处于休眠状态。面临财政收入枯竭的沃尔特·雷利不得不放弃他的罗诺克探险计划。12 年过后,新一轮探险开始了。领头羊是巴索尔缪·戈斯诺尔德——理查德·哈克卢特与雷利的好友。在汉弗里·吉尔伯特爵士六子之一巴索尔缪·吉尔伯特的陪同下,戈斯诺尔德于 1602 年踏上了新英格兰的土地,在那儿驻留了几个月,展开贸易和探险活动。

回国后,他们对新大陆的自然资源之丰富不吝溢美之词,引起一阵轰动:

此处土质极其肥沃……樱桃树虽和我们国家的类似,但它们枝干上的果实,看上去仿佛一串串葡萄那么硕大……禽类众多,随便抓只幼崽就是一顿美餐……这里的花生简直和鸡蛋差不多大。[2]

首次目睹这缤纷场景,戈斯诺尔德总结了他们当时的反应:"我们怔怔地站在那儿,就像是着了魔。"

第二年,一位来自布里斯托尔的商人马丁·普林格来到弗吉尼亚,寻找一种檫树,因其根可以治疗"法国花柳病",而今天,这

第二章
大法官之梦

种材料竟意外被用于香水生产。又过了两年，乔治·韦茅斯[①]来到如今的缅因州寻找落脚点。普林格和韦茅斯都是实实在在的海员，不似戈斯诺尔德这般有讲故事的本事，可他们的做法也毫不逊色，助燃了国人对于北美土地的热情。普林格说："这片土地上遍布着上帝的恩典。"[3] 韦茅斯也表达了同样的观点，只是方式上更"栩栩如生"——他带回了动植物标本，并抓获 5 名美洲土著——这可是整个伦敦都想亲眼见证的。

虽然戈斯诺尔德和其他水手们无一人发现金矿存在的丝毫证据，可这些探险本身已激发起人们对美洲所埋藏金矿的新一轮揣测。30 多年前，水手大卫·英格拉姆曾讲述的那些有关"黄金城市"的离奇故事再次被提起，美洲黄金也渐渐成为人们茶余酒后的重要话题。西班牙人有个关于"黄金国"[②]的美梦，据说全身撒满金粉的人将指引大家在南美发掘令人叹为观止的珍宝。这么说来，美洲则将成为英格兰人的福地。

本·琼森在《向东方去！》(*Eastward Ho!*) 中讽刺了这股淘金热。这部作品几乎与莎士比亚的《麦克白》同时被搬上舞台，从中可感受到一丝当时社会的热切盼望。在琼森的想象中，失踪的罗诺克殖民者们与当地土著联姻，生活在一个当真遍布黄金的地方。

[①] 乔治·韦茅斯：德文郡卡金顿人，青年时学习造船和数学。1602 年，韦茅斯被新成立的东印度公司雇用去寻找通往印度的西北通道。——编者注

[②] 黄金国："El Dorado"或"The Golden One"，也称"黄金乡"，源于南美的古老传说，部落族长在身上涂满金粉，并到山中圣湖洗净，而祭司和贵族会将珍贵的黄金和绿宝石投入湖中献给神。——译者注

白 奴
一段被遗忘的美洲殖民史

"天啊,为什么?"一个戏中人物惊呼,"为什么他们的接油盘都是纯金的?为什么他们封锁街道的链子是用黄金打造的?为什么所有犯人都戴着金色的镣铐?还有,假如需要红宝石、钻石的话,他们只要去度个假,海边一捞一大把!"

在此等渲染之下,英国王室颁布了向美洲两块新区域进军的特许状,两家股份制公司也应运而生,股东中不乏"骑士、绅士、商人和其他冒险家"。他们有两大主要目标:一是"教化这些地区的异教徒和野蛮人,帮助其回归人类文明";二是"开采金、银、铜矿"。3名王室亲信大臣协助起草了文件,他们是首席大臣罗伯特·塞西尔、总检察长爱德华·科克爵士和令人畏惧的皇家首席法官约翰·波帕姆爵士。

塞西尔作为公司最大的资助人,分得了南部一块领地,大约位于如今的佛罗里达州和纽约州之间。公司大部分成员来自"我们的伦敦市",便很自然地被人们称为伦敦公司(亦称弗吉尼亚公司)。公司内尤为关键的财务主管一职(相当于总经理)则由托马斯·史密斯爵士担任。

约翰·波帕姆爵士是第二家公司的首席投资人,公司成员来自"我们的布里斯托尔、埃克塞特和普利茅斯",按照分配将前往新英格兰。后来这家公司便发展为我们所熟知的普利茅斯公司。从面部轮廓上便可推测出波帕姆此人的性格。在某幅肖像画上,他身披皇家首席法官的猩红色长袍,身材魁梧,面色凝重,怒目而视,冷峻的眉眼之间写着诡诈与多疑——这分明是一副工于心计、不可一世的霸凌者的面孔。在坎贝尔勋爵的鸿篇巨制《英格兰首席法官列传》(Lives of the Chief Justices of England)中,他不失礼貌地提

第二章
大法官之梦

到这幅肖像画:"如若描绘一幅道德品行肖像,恐怕对他没什么好处。为免产生不公,我还是就此省略吧。"[4]

约翰·波帕姆爵士为沃尔特·雷利爵士下达了死刑判决书,并告知他:"切莫攀太高,以免摔得重。"他同时参与了苏格兰玛丽女王的审判,并判处盖伊·福克斯等数百人死刑。堪称奇迹的是,他自己居然没和他们一样走上绞刑架。在任职司法部门之前,约翰·波帕姆曾是个拦路抢劫的强盗,并且有传言称,"他很可能惯于拦路抢劫并杀死行人"。

1531年,波帕姆出生在萨默塞特郡一个富庶的家庭。他在牛津大学贝利奥尔学院学法律,20多岁便当了出庭律师,婚姻也很顺遂。可即便在当时,他已表现出异于常人的一面——他嗜酒,嗜赌成性。据坎贝尔勋爵称,"不知是为了补给他恣意挥霍的用度,还是他根本天性如此",波帕姆"经常于夜间从萨瑟克区某旅社出动,与一帮亡命之徒埋伏于射手山或其他有利于攻击和逃离的位置。他们拦住游客,不仅夺人钱财,还扣住他们随身携带的任何有价的物品,并声称,他们向来都是宽宏有礼的。为免遭遇抵抗所造成的严重后果,他们每次都成群结伙行动"[5]。

波帕姆的荒唐言行贯穿他整个20多岁的光阴,可神奇的是,他从未被捕。30多岁时,他意识到,从事法律工作可以赚到与拦路抢劫差不多的钱,于是在英格兰西南地区频频行动,终于引起了女王的关注。伊丽莎白有一项非凡的本事,总能挑选到日后为其所用的冷面才俊。于是,女王为他在议会谋得一职,而原先这名拦路抢劫犯也华丽变身为下院议长,然后是总检察长,再到后来的皇家首席法官。

坎贝尔勋爵说:"他是个惯于宣判绞刑的法官。普通盗窃,尤

白　奴
一段被遗忘的美洲殖民史

其是拦路抢劫，很少能被无罪开释的。"同样地，那些无法适应王室所试图建立的新教正统的人，命运也将如此。波帕姆把直言不讳的清教徒和天主教牧师列为抓捕对象。在他掌权下，数百名耶稣会信徒及有嫌疑的支持者们被送至泰伯恩刑场和打铁场，施以吊剖分尸刑①；如果是女人，则可能被碾压致死，或先勒死再上火刑架。

遇上富人，只要价格合适，波帕姆也是可以很仁慈的。没有哪个时代比伊丽莎白时期更腐败，也没有哪个法官比这位未来的皇家首席法官更好收买。16世纪80年代，一名助产士讲述的故事让所有听众惊恐不已。据她所说，有一次，她被蒙上双眼坐进马车，要到某个大户人家去助产。然而，孩子出生以后，她亲眼看见一个蒙面人将新生儿一把抓起，扔进火里——这个小生命就此陨灭。事情传开后，民众强烈抗议，要求抓捕这个犯下麦考利勋爵所谓的"恐怖而诡秘的罪行"的元凶。⁶后来，凶犯被抓到了，竟被无罪释放，只因他贿赂法官的数字确实不菲——位于威尔特郡的利特科特府邸。约翰·波帕姆就是这位涉事的法官。因此种种，他一下变得非常富有。"波帕姆身后所留房产规模之大，超过了任何一名律师的手笔。"⁷

早在成立普利茅斯公司的几年前，这个令人生畏的角色就参与了殖民主义进程。16世纪80年代，女王决定彻底镇压芒斯特的叛乱，她将查抄的当地戴斯蒙德家族的大片土地用以安置新教徒。信奉天

---

① 吊剖分尸刑：原文"handed, drawn and quartered"，也称"英式车裂"或"挂拉分"，英格兰1352年立法的酷刑，意在惩处男性叛国者；犯人被吊至濒死，随后阉割、剜刑、斩首，最后分尸；犯人尸身还会被公开展示。——译者注

第二章
大法官之梦

主教的爱尔兰人遭到驱逐,而这些土地则以每英亩两便士的极低价格卖给了英格兰地主,后者承诺将带来一批英格兰的佃户。波帕姆正是众多地主之一,因此他集结了 80 多家农户前往芒斯特。可惜,另一位英国上层人士捷足先登,波帕姆的佃农们别无选择,只得回家。数十年后,类似的人头权利制被引入美洲。在此制度下,富者可将穷人引进新大陆,通过领取土地封赏而变得愈加富有。

芒斯特的经历并未阻止波帕姆的步伐,此类制度设计还是颇具吸引力,促使这位大人物很快将目标转向更具野心的北美垦殖计划。此时的他已年近花甲,为何新大陆会成为他后半生的重心呢?即使年迈也无法改变的贪婪自然是原因之一,可对波帕姆而言,还有另一层深意,那便是寻找一块安置囚犯的场所。因为如他这般严酷的执法者,也无法将他们彻底铲除。

如我们所看到的,因社会状况而导致的高犯罪率,令上层人士也不禁惶恐。16 世纪临近尾声,新一波犯罪率激增席卷英格兰。这是与西班牙休战的代价。跟以往任何时候一样,每当一场大战终结,一大批在战争中幸存下来的士兵和海员都将返回。这些人当中,很多都曾是囚犯,现在又回归了原先的位置。在普利茅斯、伦敦、布里斯托尔、约克,人们为了免于刑罚,纷纷选择投军从戎。16 世纪 90 年代末,与西班牙之战趋于缓和,和平谈判开启,"于是,这片国土挤满了从前线退下来的士兵,他们从未有过(或几乎完全遗忘了)其他职业……而又太骄傲不愿乞求,太懒惰不愿工作。一时间,各条公路隐患重重,成为犯下重罪的现场"[8]。

1597 年,即《韦尔万条约》宣告正式停战的前一年,波帕姆以强硬手段让国会通过了一项严酷的新法案——《流浪法》。如上文所述,根据该法案,顽固的流浪者可在枢密院指令下被驱逐至"海外某些地区"。而该法案的颁布只是开端,事态还将进一步发展。

5年后,波帕姆草拟了一份枢密令,明确指出英格兰所不需要的人群可以如垃圾般倾倒至"海外地区",包括如今的纽芬兰、东西印度群岛、法国、德国、西班牙、荷兰、比利时和卢森堡。后面您将看到,弗吉尼亚也很快会加入进来。

恰在此时,一位神秘人物进入波帕姆的视野。费迪南多·戈杰斯爵士是普利茅斯城堡的"指挥官和守护者"。据说此人不仅自负,而且贪得无厌,与约翰爵士不相上下。[9]两人于1601年在都铎王朝最错综复杂的戏剧性事件——罗伯特·德弗罗的未遂政变中相识。戈杰斯原本是埃塞克斯伯爵的支持者之一。政变发动后,埃塞克斯命他看守女王御前会议的3名成员,将他们禁锢于泰晤士河畔一处瑰丽豪华的住所——埃塞克斯庄园。波帕姆是俘虏之一,而令人讶异的是,戈杰斯不仅没把他们关押起来,反而救了他们,帮助这伙人坐船划向上游,最终安然无恙抵达白厅。人们后来得知,戈杰斯从一开始就将埃塞克斯密谋的细节透露给了他的宿敌沃尔特·雷利,后者则定期向女王汇报最新情况。埃塞克斯原本颇受王室青睐,而当他一朝因叛国而受审、被治罪并押往伦敦塔时,戈杰斯则扮演了关键的目击者角色。

而后,戈杰斯本人曾参与这场阴谋的事实也被曝光,他被囚禁于伦敦塔。正如我们故事中反复出现的另一位人物——托马斯·史密斯爵士那样,任何人一旦被牵扯进埃塞克斯叛乱,不管罪行多么轻微,在迈入暮年的女王眼中,都足以声名涂地。费迪南多爵士被

第二章
大法官之梦

关押了9个月,并被削去德文郡的军事职务。詹姆斯一世即位后,他立刻官复原职,重获荣宠。

1605年,当乔治·韦茅斯远征北大西洋沿岸时,戈杰斯曾大力支持。回到国内,韦茅斯交给他5名来自瓦班纳基(Wabanaki)和佩马奎德(Pemaquid)部落的俘虏。他们计划向全英格兰人民展示这些俘虏,以提高人们对在殖民地开办企业的兴趣。俘虏们展现了在泰晤士河泛独木舟的技艺,按西班牙使节唐·佩德罗·德·朱尼加的表述,他们很快就学会了英语,并能够向人们宣扬"那片土地(美洲)多么美好,多么宜居"[10]。

戈杰斯希望在北美征途中得到波帕姆的协助,便向这名皇家首席法官展示了两名北美土著。两人迅速达成一致,准备将伦敦、普利茅斯的中产阶级和曾经资助北美探险的贵族们联合起来。最先榜上有名的,应当是诸如史密斯这样的商界巨贾,以及亨利·里奥谢思利这样的贵族——后者正是莎士比亚的赞助人、眼光不俗的南安普敦伯爵。大多数游说活动貌似都在中殿律师学院崭新的大宴会厅举行,墙上至今仍悬挂着都铎王朝骑士们的盾徽,其下攒动着的是一群野心勃勃的律师。

1605至1606年的冬天,波帕姆开始接洽总检察长爱德华·科克爵士。他没有把游说重点放在北美的财富上,而是强调英格兰亟须寻找一个可处置大批囚犯的场所。科克记录下他们的对话内容:

基于他长久以来的经验,皇家首席法官预见到战争结束后将出现大量无业军官和士兵、无法继续劳动的可怜工匠,以及不愿劳动、四处游荡的乞丐，这些人口的急剧增加将威胁整个国家的安全。因此，他非常热切地支持弗吉尼亚殖民计划。[11]

他解释说，这位法官希望获准"召集一批承办人、绅士和商人，汇集各方意见，形成最优方案。一旦方案审批通过，便立即执行，因为最适合航行的时节已经临近了"。

随即，便是更多的讨论，以及在"由谁领导"问题上的争执不休。最终，弗吉尼亚公司获准被拆分为两家子公司：伦敦公司和普利茅斯公司。

这一特许状继而孕育出一个神话。从表面看，这个方案之所以杰出，在于国王所信奉的神授君权在历经一番挣扎后，终于妥协退让了。在关于殖民地如何治理的问题上，詹姆斯一世表示：

我郑重宣布，我心之所系的北美领土将永远……有权制定一切自身治理所必需的法律，只要不与英格兰的法律相违背。

多年后，当美国北部若干州赢得内战、结束奴隶制时，历史学家约翰·A. 普尔在詹姆斯一世的这份特许状中追溯到当地人权信仰的由来。"这则关于自由意志的宪章从未被废止。"他欢呼道。

这是一则关于人类普遍解放的政令。按照詹姆斯国王令，不管你来自何方，不管你是何肤色，一旦踏上北纬34到45度的美洲土地，都将获得救赎、重生和自由……这比曼斯菲尔德法官颁布法令解除英格兰土地上非洲人的镣铐还要早150年。[12]

第二章
大法官之梦

可是，以上纯属瞎话。整个殖民时期，即便在新英格兰，白奴和黑奴都是真实存在的。

普利茅斯公司的垦殖特许状一经颁发，波帕姆就跃跃欲试。"身为皇家首席法官，他在王国所有监狱和教养所都有着掌控性的影响力。"[13] 虽然没有明文记载他如何对待这些囚犯，可是从同时期人们的只言片语中可知，他滥用职权是毋庸置疑的事实。"他将英格兰各大监狱的犯人送往弗吉尼亚。"17 世纪传略专家约翰·奥布里说道。[14] 戈杰斯的密友——后来也成为殖民者的斯特林伯爵写道，波帕姆所派遣的人是"惧怕英格兰法律制裁，不得已加入殖民公司的"。[15] 脑中拂之不去的是如此景象：脸庞瘦削的波帕姆下达着不公判决，囚犯们只有两个选择，要么被流放北美为奴若干年，很可能客死异乡（后来几十年逐渐司空见惯）；要么便只能走上绞刑架。选择前者的好处，不仅可以挽救生命，对约翰爵士的经济收益也颇为有利。经过筛选，成为合格运输品的那些年轻力壮者，定是在约翰爵士跟前被一一过目了。真难想象，在詹姆斯一世臭名昭著、暗无天日的监狱里，这位皇家首席法官是如何拣选每个重囚犯和流浪汉的。

西班牙驻伦敦使节唐·佩德罗·德·朱尼加担心此举将威胁西班牙在北美的利益。他对波帕姆抱怨不已，并确信对外殖民的目标只是为了"将窃贼们赶出英格兰"。事实上，他们中的一部分后来被"溺死在海里"。

1606 年 5 月，波帕姆和戈杰斯组织了一次试航。一艘名曰"理查德号"的船奉命载着 29 个人穿越大西洋，目标是建立一个桥头堡。船上有两名被俘的美洲土著为他们当向导。此次航行让波帕姆比他的对手伦敦公司整整抢先了 8 个月。眼看圣诞临近，后者还在伦敦港口试水他们的小型舰队。

可"理查德号"从未登陆。船长亨利·查伦斯没有听从径直西行的劝诫，而是选择了更为保守、似乎更安全的南航线路，在抵达非洲海岸线后，方才转舵向西。结果，他在圣多明戈遭遇西班牙舰队，"理查德号"被截获了。全体船员连同船上的准殖民者们，统统成为西班牙船舰上的苦役。

历史学家们颇为看重的是，波帕姆并未努力去营救他们。"必须承认，"他的传记作者说，"他并没有急于营救这群人。"[16] 分析认为："如果他们本来就是……囚犯，自然应当把他们交付命运。"在写给罗伯特·塞西尔的信中，波帕姆说："如果那两个土著回到我手上，应该能发挥更大作用。"可对于"理查德号"上的其他人，他只字未提。

一年后，这名法官重整旗鼓，准备好组织一次更大规模的远征。1607 年 5 月，120 人分别搭乘两艘船从普利茅斯港出发："玛丽和约翰号"——由汉弗里·吉尔伯特爵士之子雷利·吉尔伯特统率；命名美妙的"天主恩赐号"——一艘吃水很浅的快速平底船，专为探索未知水域而设计，由波帕姆的侄子乔治担任船长，他也是此次远征的领导者。出航指令是秘密下达的，直到船队抵达新大陆后才对外公布。费迪南多·戈杰斯爵士依然与本次探险有着莫大的关联，可总体来说，应当是皇家首席法官的部署才让这片殖民地为大众所熟知，并为历史铭记——它便是波帕姆殖民地（Popham colony）。

第二章
大法官之梦

费迪南多·戈杰斯似乎沉湎于幻想他未来的收益。据他的一位早期传记作者詹姆斯·沙利文描述，费迪南多·戈杰斯理想中的殖民地应当类似于封建社会，他本人"无须跨越大西洋便可坐享其成……对此他抱有很高的期望"[17]。

"天主恩赐号"于8月13日抵达肯尼贝克河口，3天后，"玛丽和约翰号"与之会合。两艘船载着120人驶向位于风口的陆岬之地，所有人聚在一起，举行感恩仪式——感谢上帝让他们安全登陆，这是每支欧洲探险队抵达新大陆要做的第一件事。接下来，所有人都静静等待着，听候指令。一份由约翰·波帕姆爵士签署的秘密指令从一只密封箱中取出，乔治·波帕姆将它大声念了出来。

虽然细节不详，可当时的指令毫无疑问是要求大家寻找金矿。1612年，弗吉尼亚公司秘书威廉·斯特雷奇写下弗吉尼亚的一段历史，他说："找到矿藏便是对所有人最大的回报了。"[18] 而如若金矿只是子虚乌有，痛苦便将淹没所有人。据历史学家乔治·查默斯称，波帕姆法官下达指令："强迫人们到内陆寻找金子，并威胁大家，如果找不到，囚犯们……只能被流放于弗吉尼亚。"[19] 但囚犯们很可能未被编入淘金队伍，而是按照指令修造一个星形要塞。从目前的资料看，这座要塞是以近乎疯狂的速度抢建而成的，大部分工匠的技能也不熟练。可是，冬天来临前，城墙、教堂、仓库和近50个带有抹灰篱笆墙的房屋就全部竣工了。说起窍门，恐怕就是所选择的修造技术非常简单，基本上依靠肌肉和汗水就能完成。当时负责这项工程的是乔治·波帕姆，传言他"做事谨小慎微，很少冒犯别人"，可那年秋天，他对待肯尼贝克河畔的苦力们的方式却换了个样。或许"波帕姆"这个姓氏本身，就已经让多数人诚惶诚恐了吧。

很快，意外就开始频频发生。探寻"金矿""银矿"的队伍由24岁的雷利带领，可几周过去了，他们仍一无所获。斯基德沃斯（被俘的部落男子）叛逃，回到了自己的部落。被流放到殖民地的人与当地瓦文诺克、卡尼巴斯、阿罗沙冈塔库克部落的关系（最初比较亲善）也开始恶化，主要是因为他们不当的行为。一次，这群外来者拽着四个部落成员的头发，把他们硬拖上"天主恩赐号"。因此，部落发动进攻，杀死了14个外来者。紧接着，一个极其凛冽的寒冬倏忽逼近。而在整个时期中，依然没有发现一丝金矿的影子。

突然，一个激动人心的消息传来，似乎扭转了他们的命运。

瓦班纳基部落的人告诉波帕姆和吉尔伯特，距离此地7天脚程，有一处颇为宽阔的水道。乔治·波帕姆万分欣喜地给国王詹姆斯一世写了封信，号称新世纪最伟大的发现即将诞生："这是南大洋（Southern Ocean）无疑了，一路过去便可到达中国。"他在信中说，找到了传说中的西北航道。当然，这些都是无稽之谈，部落成员所指的多半是穆斯黑德湖。

后人口中"命途多舛的波帕姆殖民地"很快便终结了。还不到一年，历经了一个可怕的冬天，乔治·波帕姆就去世了。他一直坚信，自己创建了一个永久的新大陆据点，定会名留青史。"命不久矣，可我很满足。"他写道，"我的名字将永远铭刻在新大陆的殖民史上。虽然远离故土、先辈和家族，我的遗骸也不会被荒掷于这片土地。"[20]

乔治·波帕姆想错了。不仅他被遗忘了，他的殖民地也几乎被遗忘了。雷利·吉尔伯特接替了他的领导地位，人们都以为他将描绘继续扩张的宏伟蓝图。恰恰相反，他收拾行囊回国了。大家对他

第二章
大法官之梦

转变心意颇感意外,不过很快就真相大白。"玛丽和约翰号"刚刚载着食物供给从英格兰返回,同时带来一个消息:雷利·吉尔伯特的哥哥约翰·吉尔伯特爵士过世了。雷利是他财产和爵位的继承人。身为吉尔伯特家族7个孩子中年纪最小的一个,当初接到赴新大陆探索财富的指令,他一定很震惊,可并未犹豫。如今,他决定是时候回去了。

迎来死神的还有一位——约翰·波帕姆爵士。魔王不在了,这个消息真正撼动了所有人的心。普利茅斯码头上,不再有淘金失败的惩罚等着他们。如今,所有人都可以回家了,所有人也都这么做了。波帕姆殖民地瞬间瓦解,人们如潮水般涌回英格兰,唯留这要塞,日渐随风消逝。

殖民地前后维续仅一年,殖民者们回国时,只带回了几百张毛皮。大部分人都归咎于严酷的寒冬,这或许是整个北半球最不堪回首的经历。"我们所有的希冀都随着寒冬被埋葬了。"费迪南多·戈杰斯写道。[21]回国的殖民者们说,美洲"太过严寒,不适合我们的国人生活"。若干年后,一些颇具爱国情怀的美国历史学家表示,幸好当初这段冒险失败了。19世纪,历史学家约翰·温盖特·索顿说:"英国公司中止萨加达霍克殖民计划,这是他们第一次、最后一次、也是唯一的一次试图将他们的道德瘟疫传播到我们北部沿海来。"[22]

波帕姆殖民地以失败告终,可它的理念在数英里外的南部得到了延续。曾是竞争对手的詹姆斯敦殖民地,成功而永久地扎下根来。未来10年内,英格兰囚犯们和其他被遗弃人群的代表们将带着国王的美好祝愿陆续登上这片新大陆。

第三章
商界巨子

在波帕姆殖民地以南，伦敦公司建立了自己的弗吉尼亚据点，它的命运也岌岌可危。此处殖民者的艰难处境，比起在波帕姆殖民地的同道有过之而无不及，但他们终究存活了下来。未来的日子里，正是在这詹姆斯河畔，英格兰开始抛下他们所厌弃的人群，待之如牲畜。一位 18 世纪作家称，他们在殖民地的生存处境"比埃及奴隶还不如"。

伦敦公司的远航首领是一位脾气暴躁的断臂老兵——克里斯托弗·纽波特。10 多年前，他就声名狼藉。当时，他身为沃尔特·雷利爵士麾下的船长，在西班牙美洲殖民地劫掠烧杀。他两鬓斑白，脾气粗暴，早就积攒了足够的养老金准备退休，直到伦敦公司找上门来。1592 年，他在圣多明戈沿海协助截获了一艘名为"马德雷德迪奥斯号"的大型西班牙宝船。纽波特船长将它驶回英格兰。按今天市价计算，"马德雷德迪奥斯号"所载金银价值约 1500 万英

第三章
商界巨子

镑,创造了私掠船截获财物的最高纪录。至于克里斯托弗·纽波特的份额是多少,就无人得知了。除金银外,据说船上还载有大量宝石。可当纽波特回到家乡,船却抛了锚,在迎接参观者登船的时候,宝石已悉数消失。大家推测,每名船员都分了杯羹,纽波特船长应该也不例外。

伦敦公司让克里斯托弗·纽波特担任3艘船的指挥官,可船员们都不好管束。3艘船分别是120吨位的商船"苏珊·康斯坦特号",小一些的"一路平安号"和"发现号"。船员们共计120人,分散在各艘船上,有的年纪还很小,其中不乏一些手工匠人,还有20人被标记为"劳工"。人数最多的是各种各样的年轻"绅士",与公司签了为期七年的契约。他们中间,有人幻想财富信手拈来,也有人游手好闲,惹人厌烦。家人将其送来,或是为了从此摆脱他们,或是希望他们受点儿教训。乘客中有人说,他们是"不受管束的浪荡子……送到弗吉尼亚,可以脱离厄运"。照他的话说,此行前途未卜,却"让父母们有机会摆脱放荡不羁的儿子,主人们抛弃糟糕的仆从,妻子们远离不忠的丈夫"[1]。后来,官方宣称这群人虽胆识过人,可行为不端,所以,船上大部分船员的人权被制约或剥夺。

本次远航中,让公司受到最大威胁的恐怕是领导者们的表现。他们普遍有着嚣张跋扈、暴躁易怒的脾性。其中,素有"纽波特第二"之称的巴索尔缪·戈斯诺尔德颇为自负。五年前他曾亲率船队远航,极大地引发了人们对北美殖民的关注。前士兵爱德华·玛丽亚·温菲尔德为了参与远征,甚至将房产做了抵押,是唯一冒着生命和财产的双重风险而来的大股东;身为伦敦著名金匠之子的约翰·马丁上尉,对寻找金矿深深痴迷;还有傲慢的乔治·珀西,是诺森伯兰公爵的兄弟。而最易制造混乱的当属冒险家约翰·史密斯,身为自耕农之子,他说自己某一天会被美洲土著公主波卡洪塔斯所救。史密斯是一个巧舌如簧、颇具说服力的作家,他将自己描绘成殖民地的救世主——或许他真算得上。他毫无疑问会名留青史,并在美洲故事里扮演一个重要角色。

至于其他人,历史上对登船的部分绅士有所记载,可那些小角色——散落在船上的仆人和20名苦役,便找不到相关资料了。17世纪初,历史上还未出现为这些人著述的罗伯特·特莱塞尔[①]。我们只知道,这些人可"获得一定报酬"。而且,殖民地很快将怨声载道,因为光凭这些人干活儿可远远不够。

1606年的圣诞周,这支小型船队从伦敦启航。不远处的伦敦塔内,正关押着一位声名显赫的因犯。他一定陷入沉思,并久久观望着。此人便是美洲垦殖计划的灵魂人物沃尔特·雷利爵士。他所在监狱的位置恰好能让他看到3艘船起锚并顺流而下的场景。在见证它们远航的观望人群中,或许雷利是为数不多懂得此行意义之重大的人。

此次航行计划周详,船上配备了开采、修造工具,以及大量武器、弹药、粮食,足以让船上所有人维持一年生计。在克里斯托弗·纽波特的船舱内,藏有一封由皇家弗吉尼亚委员会(Royal Council for Virginia)下达的密令,登陆后方可打开。整整5页纸上,详述了方方面面的规定,从如何与当地人建立联系到采金行动

---

① 罗伯特·特莱塞尔:英国现实主义小说家,《穿破裤子的慈善家》的作者,其作品对工人阶级所受压迫及其出路有着深刻的描绘。——译者注

由谁领导。文件上还写了7个被挑选者的名字，他们将组建管理委员会，并选举1名领袖来治理殖民地，甚至连这7个人都并不知情。

与亨利·查伦斯如出一辙，纽波特也选了一条远路，经由亚速尔群岛前往美洲，但问题随之而来——一路遭遇多般挫折，所有人在海上漂流了19个礼拜，消耗着补给，也消磨着耐心。长期幽闭于四下无人的海面上，引发的后果是致命的。在斐迪南·麦哲伦和弗朗西斯·德雷克爵士领导的第一、第二次环球航行中，船上关系都严重恶化，指挥官们绞死了曾经的朋友，且都引发了暴动。纽波特也陷于类似的境地，身边这群极度自负的人开始发生冲突。终于，在亚速尔群岛短暂停留期间，他下令搭起绞刑架，想要对约翰·史密斯行刑。

尽管纽波特最终心生怜悯而延缓行刑，但队伍中的敌意和争执持续酝酿，一直到登陆那一刻。当这支小船队终于瞥见美洲大陆的影子，原本应当欢欣鼓舞的时刻，竟演变为争吵不休的场面。那是1607年4月一个周日的黎明，船队在切萨皮克湾遭遇风暴。纽波特决定驶向湾内水域躲避，却遭到巴索尔缪·戈斯诺尔德的疯狂抵制。后者坚称，这是个错误的决策，试图强迫纽波特再次出航，一路向北。纽波特盛怒之下拒绝了他。

他们进入海湾，抛了锚，派20个人上岸侦察。据约翰·史密斯说，这群人遭到当地土著一阵乱箭袭击。"苏珊·康斯坦特号"开枪反击，击退了袭击者，可也委实开局不利。

比起约翰·波帕姆麾下的殖民者，切萨皮克湾的人面临的一切要严峻得多。波帕姆的殖民者们在历经一个寒冬、目睹少数人死亡后，为了保住性命而逃回国内，受到了严厉斥责。病痛、土著居民的背弃和攻击，都重挫着伦敦公司，使其人数锐减比波帕姆殖民地严重得多——增援力量抵达后，也无任何改观，人口依然一次又一次凄惨地减损。一位当代英国史学家表示："有关弗吉尼亚的早期历史，研究越多越觉得（事实也如此），这个殖民地能维持下来，简直是个奇迹。"[2]

托马斯·史密斯爵士和皇家弗吉尼亚委员会的其他成员们早就料到，此次航程必定万分艰险，从秘密指令上就可见一斑。该指令是理查德·哈克卢特后来称之为"无墙监狱"的基础。[3] 指令中有一条，禁止任何人临阵脱逃："除非获得通行证，否则，任何人不准回国。"指令中还有一条："杜绝与家乡的一切人员联络。"指令中还提醒，要警惕"发生动乱"。指令明确提出，在殖民地规划设计时，每条道路都必须笔直宽阔，实现"只需占据少量低地，就可全面指挥各条街道"。

所有指令都宣读给这120名年纪不等的成员听了吗？或许未必。即便听过这些指令，恐怕也不会有太多真正严格遵守的人。大多数年轻探险者，一心只想淘金，别的并不在意。他们花费数个礼拜不停地寻找，每经过一条岔路或一处地标，就给它取个英式名字（通常是王室成员或新教圣徒的名字），就像公猫标记自己的领地那样。最终，他们挑选了一个看似理想的位置——詹姆斯河上一座占据防守之利的小岛修建堡垒，并命名为"詹姆斯堡"。这便是詹姆斯敦的前身。而事实证明，这个选址丝毫不理想。

他们很快就意识到，或早该料到这项工程不堪一击。为堡垒选址之后，戈斯诺尔德和纽波特这两个最具才能的领导者，命令其他人修造防御工事，自己则带着一帮人开始了为期一周的淘金行动。

第三章
商界巨子

他们刚离开大本营，阿尔衮琴①部落就大举进攻，几乎摧毁了留守力量。当时，殖民者们正忙于清理营地，对周遭危险毫无警觉，甚至连武器都没来得及分发。据说，至少有200名部落成员参与了进攻。当阿尔衮琴部落的人从树林荫蔽处突然冲出，几名持枪"绅士"只能拖延他们一时，最后还是靠"苏珊·康斯坦特号"上的大炮和火枪才将袭击者们赶走。这次攻击损失惨重："多数委员会成员受伤，船上有个男孩被杀，另外13至14人受伤。"[4]连续好多天，未来的詹姆斯敦几乎处于被围困的境地。

与当地土著的战斗成了家常便饭。英格兰人对阿尔衮琴部落知之甚少。其实，他们早将自己生活的这片宽阔海湾（切萨皮克湾）命名为"大贝壳湾"。皇家密令要求众人"多加小心"，不要冒犯"这片土地的原住民"，可同时也做了最坏打算。按照指示，如果有必要对原住民开枪，那就要选最好的射手。"一旦失手，他们就会觉得，你们的武器不过如此。"因此，"苏珊·康斯坦特号"的大炮还有更为重要的威慑功能，这多少能给殖民者们一丝安慰。

威胁殖民者生存的因素颇多，但是疾病这一因素几乎与阿尔衮琴部落同样迅捷地侵袭了他们。詹姆斯敦选址在河畔，往低处走是一片蚊虫密布的湿地，有些人把它当作茅厕，有些人在这儿取水。7月，克里斯托弗·纽波特船队返回英格兰，寻求补给和招募新船员。不出1个月，船员们就开始三三两两地死去。后来的历史学家

---

① 阿尔衮琴：阿尔衮琴人是北美人口最多、分布最广的土著群体之一；历史上，这些族群主要分布在大西洋沿岸，沿圣劳伦斯河和五大湖进入内陆地区。——编者注

们以一种哥特式的口吻来描述他们所受的折磨。可在某位船员的死亡簿上，明明白白记录着当时残酷的现实：

8月6日，约翰·阿斯比死于血痢。9日，乔治·弗劳尔死于浮肿。10日，威廉·布鲁斯特，一名绅士，死于野蛮人攻击留下的伤口。14日，年迈的杰尔姆·艾里科克因伤致死。同日，弗兰西斯·米德温特和爱德华·莫里斯下士猝死。15日，爱德华·布朗和斯蒂芬·加尔斯罗普死亡。16日，托马斯·高尔绅士死亡。17日，托马斯·穆斯利死亡。18日，罗伯特·彭宁顿和约翰·马丁两位绅士死亡。19日，德鲁·毗伽斯绅士死亡。8月22日，委员会成员之一巴索尔缪·戈斯诺尔德船长死亡。[5]

在克里斯托弗·纽波特10月份回到殖民地以前，有超过半数的人会死去。他离开之时，尚有104人活着。回到这里，只剩下48个。他带来的大部分援军，也会很快死去。第二年抵达的，多数人也是同样的命运，因为饥饿和疾病是接踵而至的。补给的粮食太少了，初期的消耗又太大。况且，太多粮食被老鼠偷吃，它们随新船员们一起来到了新大陆。

人们曾以为可以和美洲土著交换到足够的粮食，帮助殖民地顺利过渡，直到收获他们亲手播种的粮食，但这是个可怕的错误。1608年，鼠害摧毁了英格兰人第一年的玉米收成，于是，毫无经验的殖民者们被逼无奈，只得"与土著们谈判、交易，或干脆偷袭他们的粮仓"。可即便如此，粮食也远远不够。终于，"饥荒时期"迫近了。

第三章
商界巨子

殖民地每况愈下，管理委员会的领导者们开始发生各种口角，甚至密谋争权夺位，其中一人更是因叛乱而被处以绞刑。在此种恶劣情形下，一些年轻人从队伍中消失了，他们通过某种方式回到了英格兰，其他一些还对黄金痴迷的人留了下来。远在伦敦的殖民地支持者们也是同样的心态。公司之所以还给它运作资金，皆是因为大家相信，金矿和其他丰富矿藏（主要是铜矿），最终还是会被找到的。

好几次，他们都以为找到了金矿。在西班牙国务委员会获取的一份爱尔兰人弗朗西斯·马吉尔撰写的报告中，当事人声称，大量金、银、铜矿样本已被送往英格兰。马吉尔推测，当局封锁国内一切音讯，不是怕坏消息泄露出去，恰恰相反——是为了防止外界得知美洲已有巨额财富唾手可得。

在探寻金矿的过程中，有一幕最为尴尬：一位英格兰矿物专家注意到，当地土著们会将某种发光的黏土状物质涂抹在身上。该专家认为，这光泽应当是金子的颗粒产生的。于是，一群殖民者在阿尔衮琴向导的指引下，不辞艰辛寻访深山，探究这金色黏土到底源自何处。回来的时候，他们带了一大桶这种物质。克里斯托弗·纽波特激动万分，以为自己很快将极其富有，便带着这桶黏土和矿物专家一起迅速搭乘"苏珊·康斯坦特号"回到英格兰。

约翰·史密斯言简意赅地表达了有关"金矿"的消息对当地幸存的殖民者所产生的影响："一时间，不再闲谈，不再希冀，不再劳动，只剩下挖金、拣金、炼金和运金了。"[6]史密斯是委员会中唯一督促大家完成其他工作的人。

回国后，纽波特和矿物专家把这桶含发光物质的黏土呈给身为皇家弗吉尼亚委员会成员的财政大臣——沃尔特·科普爵士。科普也十分兴奋,将好消息报予罗伯特·塞西尔。"此处虽然只有一桶泥土,"他说,"可我们发现的是一个矿藏丰富的王国。"他对塞西尔谏言,即便只挖下去几铲,"这泥土从各方面看都货真价实,果然是上帝赐予我们的取之不竭的宝藏"[7]。

可甜头还没尝到,沃尔特爵士就收回前言了。"前几天,我们带来了金矿的消息;而今天,我们连铜矿也给不出来了。我们新发现的或许只是一块迦南地,而非俄斐①地。"伦敦城最有经验的工匠做了四项测试,结果表明这只是黄铁矿。最终,"一切都成了泡影"。

之后,伦敦当局开始全面反思整件事情。不知是因为这场闹剧,还是来自殖民地越来越多的噩耗——死亡和叛离,抑或是财力乏竭,总之,英格兰开始了反思。起到重要推动作用的,是在詹姆斯一世时期1609年年初,伦敦公司财务主管托马斯·史密斯爵士收到的一份意见书,题为"弗吉尼亚殖民计划"。这份意见书洋洋洒洒近12000字,对弗吉尼亚殖民地做了整体评估,虽未署名,可作者显然对詹姆斯一世的脾性和志向非常了解。文中敦促殖民者们摒弃淘金痴梦,转而开发殖民地的贸易。"贸易……是一个王国所能拥有的最好矿藏和最大财富。"文中说道。这位匿名作者声称,是贸易让英格兰在16世纪成为一个富庶的强国,而假如北美的自然资源得到有效利用,贸易还将引领英格兰走向更好的未来。[8]

国王显然听取了他的谏言。1609年5月,他颁布了新的许可状,用皇家控制权取代了弗吉尼亚公司伦敦分公司的商人们所掌握的商

---

① 俄斐:《圣经·列王记》中盛产黄金和宝石的王国,位于非洲南部。——译者注

第三章
商界巨子

业控制权。整日拌嘴的詹姆斯敦殖民管理委员会被废止，取而代之的，将是一位拥有独裁权的总督。在他之上，便是在伦敦建立的新皇家委员会和伦敦公司董事会。而他们所有人，都处于公司财务主管托马斯·史密斯爵士的管辖之下。也正是他，即将亲手播下白奴制的种子。

几乎没有哪个英国人比史密斯更有资格担此重任，带领弗吉尼亚一步步走向成功。不知为何，如今人们已将他遗忘，可几个世纪以来，他的商界地位一直受到史学家们的肯定。维多利亚时代伟大的亚历山大·布朗如此评价："他是……直接牵涉国外殖民和贸易的所有英国公司的领导者（并且还是大部分公司的创始人），而这些公司后来成为大英帝国财富和权力的主要来源。"[9]

在莫斯科，沙皇公开认可史密斯的卓越。当这名商人带着英国使团觐见时，沙皇允许他不摘帽，这是一种莫大的荣誉。在阿格拉，莫卧儿君主将史密斯的画像挂在宫殿里。在好望角，当挂着红白条纹旗的东印度公司船只停靠在桌湾（Table Bay）时，据说每个科伊部落的人都会吟唱起来："托马斯·史密斯爵士！英国的商船！"

史密斯既能狡黠地应对风险，又冷酷无情，还善于讨好各国王室。在印度，他了解到莫卧儿君主和王子极嗜饮酒，便定期向莫卧儿帝国供应勃艮第佳酿。史密斯还送了莫卧儿君主一辆1∶1仿制的伦敦市市长的马车——和如今伦敦市市长年度巡游乘坐的马车无甚差别。

史密斯还时常联络圣詹姆斯王廷。得知国王对异域哺乳动物和鸟类兴趣浓厚，史密斯就让船长们带回长尾鹦鹉、猴子、大型猫科动物和熊，充实皇家的宠物笼子。传言美洲有一种会飞的松鼠，在詹姆斯国王表示感兴趣后，史密斯的船队便接到捉些回来的指令。

  詹姆斯国王还对船舰感兴趣。于是，1610年，史密斯便邀他出席一艘名为"贸易增长号"的1200吨级巨型商船的下水仪式。通过此事，可一瞥此人做事风格及其与国王的关系。登船那日，詹姆斯国王携王后、王位继承人亨利王子及其他王室成员一同乘坐皇家游船，来到商船建造地德特福德。至于王廷其他的成员，按照当时仪制，必须整齐划一、浩浩荡荡地从怀特霍尔宫①一路行至德特福德。新船下水后，紧接着举办了盛大的宴会，"各色食物盛放在精致的瓷质餐具中"。再然后，是皇家颁授仪式。据称："国王赐予托马斯·史密斯爵士一条华美的金色链子……上面镶嵌着一颗珍珠并饰有国王的头像。国王亲手把这条项链戴在他的脖子上。"[10]

  "贸易增长号"下水几个月后，史密斯开始掌舵弗吉尼亚未来的发展方向。眼下最棘手、最关键的，便是为殖民地挑选最有才干的管理者。不管由谁出任总督，都将获得弗吉尼亚的专制权和近乎君王的领导地位。最终，34岁的特拉华男爵托马斯·韦斯特中选。他和托马斯·史密斯曾是同僚，在加的斯突袭中并肩而战，同因作战英勇获得嘉奖。后来，两人又都因埃塞克斯叛乱被捕，且都幸存下来。他们有太多共同点，毫无疑问，在如何开拓美洲财富的问题上，两人也是一条心的。

---

① 怀特霍尔宫：又称白厅（White Hall），从1530年到1698年，白厅是英国君主的主要住所。——编者注

第三章
商界巨子

史密斯委派3名经验丰富的军人追随特拉华,他们分别是:乔治·萨默斯爵士,他曾在沃尔特·雷利麾下作战,担任这支旨在复兴殖民地的新舰队司令;托马斯·盖茨爵士,他是荷兰战争时期的老兵,担任副总督;托马斯·戴尔爵士,他是另一名荷兰战争老兵,担任大元帅。

接下来,他们必须重新树立公众对弗吉尼亚殖民计划的信心,并为之筹措资金。有关死亡和灾难的消息渐渐穿越大西洋,产生了极大的负面影响。关于这点,从几年后公开发表的抨击文章中可见一斑。该文章驳斥了"那些心怀恶意和轻易认输者,他们对殖民地满口轻蔑与奚落",同时坚称:"迄今为止,还没有哪个通用语汇或名字,比'弗吉尼亚'更为深刻地被心无虔信者所鄙夷、诽谤和嘲弄。"[11]

公司展开了声势浩大的宣传活动。牧师们被授意督促会众"前往支持这项崇高的事业"。与公司有所关联的商贾们纷纷开始动员他们的朋友。还有圣保罗教堂边的小印刷店,更是被征用以印制传单和通告,宣扬弗吉尼亚是"一方人间天堂",生活着"温和的土著居民",出产着"各色美味",是"太阳底下最好的国度之一"。

身处詹姆斯一世治下的英格兰,史密斯既会打爱国牌,也能关照民众的利己心。他收到的一封信函里这样说道:

整个欧洲都目睹着我们努力将福音传给弗吉尼亚的野蛮人,在那里建立一个大英属国,在那些地区开展贸易。这一切在英格兰实属罕见,可最终,我们将因此摆脱被更为勤勉的邻国(荷兰)独吞所有贸易利润的命运。[12]

目前看来，招徕一批技术娴熟的工匠，比再来一批绅士冒险家们显得更为重要。依照约定，7年之后，"凡掌握一门手艺或有一副耐劳体魄者"，都将获得100英亩土地。史密斯显然是一个不管在高低阶层都游走自如的人，他让人散播消息，"任何有一技傍身……从事任何一份职业的工匠"，都欢迎到菲尔波特街他的住所一见。于是，这个全英格兰最富有的人，就在他的齐普赛府邸，等着接见木匠、瓦匠、皂匠、铁匠、珍珠匠、农夫、渔夫及其他各类手艺人和小生意人。只要他们愿意签约前往新大陆，便为他们提供衣食住行、一份报酬和一块土地。

这张网撒得很广。法国的玻璃匠人和酿酒师、波兰的工人都应声而来，招募名单上甚至还有传教士。公司颁布指令，允许绑架北美土著儿童，将他们培养成顺从的新教徒。

运作初期，史密斯是否也和波帕姆一样从监狱招募人手，还不得而知，可他确实尽力说服伦敦的当权者们为过剩贫困人口的安置贴补资金。其中两人——罗伯特·约翰逊和罗伯特·格雷积极推动弗吉尼亚公司的发展。在提出重新安置议案时，他们表示，英格兰即将被淹没在一片茫茫的流浪者当中。约翰逊还发出警告，"此类闲置人口大军"除非获得海外工作机会，否则其"恶言恶行一旦相互传染，只会比瘟疫更不可收拾"。[13]

在伦敦市民看来，利用美洲新大陆解决贫困人口问题，倒不失为良策。一想到白衣修士区、阿尔德盖特区和萨瑟克区的贫民窟里塞满了衣衫褴褛的穷人，他们就心生厌恶，并对移民之举表示充分理解。弗吉尼亚公司提出，伦敦市民每新购入一股，就会将一名穷人输出他们的大都市，市长大人对此态度积极。只是，该倡议似乎

第三章
商界巨子

收效甚微。往后十几年，人们都不再会听到"将穷人送往海外"的消息。

在面试移民者的间隙，托马斯爵士还频频走动于伦敦各家同业公会。他希望获得公会的资金支持，并承诺回报以公司未来势必积聚的黄金，或者其他有价商品的现金股利，或者一块土地的分红。不管何种条件，7年后皆可兑现。假如投资者买入10股，每股12英镑，便可期望获得至少500英亩土地的回报。

说服其他商人投资弗吉尼亚并非易事。时间很紧迫，眼看另一项投资——阿尔斯特种植园殖民计划也启动了。国王还宣称，支持这项爱尔兰殖民计划是爱国者应尽的义务。因此，史密斯这方更加步履维艰。他自己所在的皮货商行会只买入了60多英镑的股份。鱼商行会的持股计划微不足道，乃至被"鄙夷地拒绝了"[14]。最后，30多家公司和650名个人投资者按照每股12英镑的价格，共计投资弗吉尼亚18000英镑，而史密斯预期的数字是30000英镑。

尽管困难重重，可船队依旧集结到位，准备支援和补给詹姆斯敦。这是迄今为止欧洲强国发起的最大规模的殖民探险之一：9艘船、600个移民，有若干妇女分散在各条船上。船队于1609年夏初从普利茅斯港启航了。此次航行由托马斯·盖茨爵士和乔治·萨默斯爵士统率，被后人称为"第3批补给"。殖民地新总督特拉华随后也将赶上。

可好运依然未与他们相伴。船队行至亚速尔群岛，一场飓风将其冲散。搭载着萨默斯、盖茨和另外150名乘客的"海洋冒险号"被飓风吹离既定路线几百英里。身为乘客之一的威廉·斯特雷奇生动地描述了这场风暴:"海面都升到云上去了,这场战斗似乎要把我们带往天边。一个巨浪将船裹挟起来,仿佛一件长袍或一片广阔的云。"这艘船的几乎所有"关节"都散了架,海水瞬间灌进舱内。恐惧袭来,即便最勇敢的水手也心惊胆寒。[15]

连续3天,萨默斯经常亲自掌舵。其他人都忙于向舱外舀水、填塞漏洞、把货物扔到船外,努力让"海洋冒险号"浮在水面。这艘船一路艰难颠簸,最终竟闯入了百慕大群岛。而此处,水手们一向避之不及,称其为"魔鬼群岛"。他们说,在这些礁石边,能听到魔鬼的哀号,它们潜伏在水下,只等船只现形,便激起巨大的漩涡。传言但凡进入这片海域,都不可能活着离开。萨默斯等人历经千辛万苦,终于将船停靠在一个岛边,停靠之处就是我们今天所知的百慕大发现湾。

岛上无人居住,但之前的一次沉船事故似乎让一群猪流落到岛上。如今它们大量繁殖,也很容易捕杀。"海洋冒险号"上的人靠猪肉、葡萄柚和野莓度日,可他们没有满足于为生存而寻找食物。萨默斯和盖茨都是意志坚定的领导者。在困于孤岛的人当中,有个技艺娴熟的木匠,还有个造船工人。他们遵从指令,要设计和建造一艘船,带所有人继续完成中断的旅程。人们用从"海洋冒险号"上取来的橡木和岛上的柏木,建造了两艘中型航船,载着他们继续前往弗吉尼亚。"海洋冒险号"失事42周之后,"忍耐号"和"拯救号"启航了,整个航程花了10周。

他们史诗般的故事传回伦敦,引起了不小的轰动。被困孤岛期间,盖茨和萨默斯施行苛政,处决了一群质疑他们权威的人,可英格兰将此忽略不计了。同时,整个国家都热烈庆祝他们创造的奇迹。威廉·莎士比亚更是以此为素材，创作了他的最后一部戏剧《暴风雨》，让这一传奇不朽。第一幕中，莎士比亚让国王普洛斯彼罗借助魔法制造了一场可怕的暴风雨，"无人不感受到一股疯了似的狂热"，只在女儿米兰达劝说后，他才缓和下来，并对她说：

擦干你的泪水，放宽心吧
沉船的可怕预感
激起了你内心同情的美德
而在这暴风雨中，我敢保证
他们都是安全的；没有哪个灵魂——
不，没有什么万劫不复的灾难
将降临到船上这些血肉之躯
你不会听见他们哭喊，也不会目睹他们沉沦

毫无疑问，1611年11月，在万圣节盛会之夜，弗吉尼亚公司的几位重要人物观看了《暴风雨》首演，英格兰国王也出席了这次盛会。莎士比亚的赞助人南安普敦伯爵是弗吉尼亚公司的创始人之一，而莎士比亚本身也是一位投资人。那么，伯爵和他的朋友托马斯·史密斯爵士是否也在怀特霍尔宫，在首演之夜为它喝彩呢？

而在詹姆斯敦，却没什么好喝彩的。1610年，托马斯·盖茨爵士、乔治·萨默斯爵士和"海洋冒险号"其他幸存者终于抵达詹姆斯敦定居点。但他们很快发现，这个托马斯·史密斯爵士极力鼓吹的人间天堂，却更像人间地狱。第3批补给船队原本应当送来足够的物资和人，以缓解殖民地的困局。虽遇飓风，但仍有6艘船最终停靠在了詹姆斯敦港口。可惜,船上的补给已所剩无几,它们也并未停留太久。1个月内,有4艘船离去了,并带走了唯一真正展现出领导才能的人物——约翰·史密斯。

随着詹姆斯敦的食物匮乏再次蔓延,"饥荒时期"又降临了。情况到底多严重,资料上始终不甚明了。各种报告都是仓促写成、服务于各自目的的,且它们之间相互矛盾。所以,真实情形当时就没搞清楚,至此也从未明晰。可以确定的是,当"海洋冒险号"的幸存者终于抵达詹姆斯敦时,他们眼前所见的是一个幽灵镇。栅栏后边,是几间破屋舍、一座荒废的教堂和污秽不堪、瓦砾遍地的街道。经验丰富的指挥官托马斯·盖茨爵士认为,这件事从头再来是没有意义的,他决定放弃这个定居点,并把剩余40至60名殖民地居民带走。正当盖茨准备向纽芬兰进发时,特拉华带着补给船队出现了,并及时让他回心转意。

显然,这位新总督听了很多有关殖民地居民落到这步田地的解释。见证者之一乔治·珀西是殖民地委员会最后一任主席,他后来把一切都写进了回忆录。他目睹了殖民地居民与北美土著们隔三岔五的打斗,因此他们的活动范围几乎不能越过栅栏。接着便是严重的饥荒,为后来陷入几近人吃人的恐怖境地拉开了序幕。鱼肉和玉米吃光了,人们便开始吃"马和其他动物"。接着,他们捕捉"害虫……狗、猫,还有老鼠"。再然后,他们吃"鞋靴或其他任何皮革制品"。他们疯狂地在树林里找吃的,捕到几条蛇,还找到一些"不知名的野生根茎"。最后,他们开始挖尸体吃。"饥荒让每个人都换了一副阴森惨白的面孔,再也没有果腹保命的东西了。"珀西回忆道。有个人把妻子杀死,"剁成几块,腌制成食物"[16]。发现他的时候,旁边是他妻子被吃了一半的尸体。珀西下令将他从拇指处吊起来,直到他认罪,然后把他处决了。

此等困境,殖民地居民自身应负一定责任,但他们相互指责,而且盗窃、谋杀、叛乱都出现了,还有出人意料的倦怠和懒散。太多居民沦为"酗酒和暴食之徒"。太多人"本就粗鄙,前往新大陆是为了过上闲散安逸的生活,贪图享受和金钱利益,结果事与愿违……他们发现,不仅必须劳动,还可能吃不上饭"[17]。

总督还未来得及让殖民地步入正轨,自己就为詹姆斯敦所累。据说登陆6个月后,他就倒下了。具体发生了什么,至今未能找到让人满意的答案。人们普遍怀疑,造成他崩溃的症结,或许并不是所谓的昆虫叮咬,而是他所面临的"拯救殖民地"的可怕任务。不管何种原因,他命令一艘船载着他离开了切萨皮克湾,前往加勒比海域更利于他康复的地方;再从那里出发,最终回到了英格兰。在一个人们笃信征兆的年代,这可不是个好迹象。

在特拉华男爵之后,官方从未正式宣布总督继任者。为了填补他的空缺,先是托马斯·戴尔爵士,再是托马斯·盖茨爵士,再回到托马斯·戴尔爵士,先后担任了代理总督一职。他们是殖民地的拯救者,并为它开启了走上繁荣的道路,颇为后世所赞扬。其中最难以磨灭的印记是托马斯·戴尔爵士留下的。这位大元帅被描述为"一位坚定的监察者,有着与其热忱相当的残忍,对任何一个侵犯公共利益的人都毫不手软"[18]。从第一天开始,他就获得了此等名声。特拉华男爵离开詹姆斯敦后,他来到这里,便颁布了殖民地新法典。

《关于神权、道德和军事的法典》最有可能是特拉华、盖茨和戴尔在与史密斯商议后起草的。后来，人们称之为《戴尔法典》，因为他才是真正实施法案的人。[19] 类似的法典最初由一位荷兰王子颁布，旨在保障他的军队井然有序，而法典所要求的，是对所有指令的无条件服从：

任何人在任何情况下，皆不可违抗上帝的旨意……对法令予以贬损、诋毁、诬蔑、抱怨、反叛、抵抗、违逆或漠视。不管是总督大人、总司令、副司令、元帅、委员会成员，还是上校、中校或军官，皆一视同仁。若是初犯，则鞭责三十，于安息日集会当天，当众下跪认罪，乞求宽恕；若是再犯，则发配至桨帆船上服3年苦役；若第三次犯，则直接处以死刑。

甚至对当权者"言辞不当"，都和谋杀或鸡奸一样，会被判处死刑。

不止谋杀、鸡奸、强奸、冒犯君主等罪名，这部法典把亵渎神明和不按时去教堂都归为死罪。每人每天必须做两次礼拜。每逢星期天，第一次礼拜时间前半小时会鸣钟警示。詹姆斯敦各大门守卫森严，搜查队挨家挨户搜查没去教堂的人。被发现3次不按时去教堂，将面临死刑。根据法典，每4个普通人将由1位牧师作为其道德督导，监视和报告他们在其余时间的一言一行。

和北美土著进行交易属于死罪，正如擅自离开殖民地，或向偶然到访的水手出售物品一样。盗窃几个马铃薯会被处决，同理，摘一朵玫瑰可能也会。

第三章
商界巨子

任何男人或女人，但凡盗窃任何花园，不论花园公有或私有，不管是否受人指使，私自撷取任何根茎、花草……或摘一串葡萄、偷几棒玉米……都将被判处死刑。

几乎一切物品都是公有的。用餐必须去食堂，没有私有制，所有劳动都是为了公司。永远有人监督着你，确保没人"疏于职守、无所事事"。每天，鼓声或哨声将宣布劳动结束，这时，所有工具都要上交，包括自己随身携带的工具。唯一的好处在于，正式工作时间比在英格兰短了不少，或许是考虑到气候因素，或许是给军事任务预留时间。

并非所有人都需要劳动。"显赫人士、神职人员、管理阶层、国务大臣、司法部部长、骑士、绅士、医生以及有特殊利用价值的人"不需要劳动。一如既往，英格兰等级制度就这样自然而然地传到了海外。

戴尔所做的，是最大限度地秉公执法。虽然为人十分虔诚，可他不光让敌人，也让朋友们感到害怕。有一次，他对克里斯托弗·纽波特发脾气，揪住这位老船长的胡子，嘴里嚷着要处决了他。纽波特的失误，现在看来，在于对弗吉尼亚持过于乐观的态度。乔治·珀西亲眼看到戴尔对6个逃跑后被抓回来的人施以警戒性的惩罚，而他们之所以逃跑，是因为接到了重新修建一座堡垒的命令。逃亡者原计划一路向南，跑到由西班牙人占据的佛罗里达。可戴尔大元帅雇用北美土著追捕逃亡者，最终将他们带了回来。珀西说："他一声令下，有的人受绞刑，有的人受火刑，有的人受车轮刑，有的人受桩刑，还有人被一枪毙命。"

至于窃贼们，受死的方式则更为煎熬。他们被绑在树上，只等着哪头熊散步经过，或干脆活活被饿死。如果有人违逆了宗教规定，也会遭到类似的处置。唯一不同的是，亵渎者的舌头上会穿一根烧红发烫的刺针，然后被绑在树上，听天由命。还有一类不法之徒会被置于"40名警卫"中间，任由每个人用头顶撞，然后扔出堡垒之外，无疑慢慢等死。

戴尔在殖民地任职不到一年，就迈出了意义重大的一步，请求王室为殖民地输送囚犯劳工。面对人手紧缺的困局，这位弗吉尼亚硬汉选择用他一贯直截了当的方式解决问题。1611年8月，他给詹姆斯国王写了封亲笔信，信中起誓，如果第二年4月前增派2000人，他将能够战胜阿尔衮琴部落，并在两年内全面巩固殖民地。在意识到这么短时间内无法凑齐人员后，他便力劝国王未来3年内"将普通监狱里被判死刑的囚犯们流放到这里"。"如此一来，人手就是现成的，而且不论从出身、信仰还是体力来看，也都不是最差的。"戴尔补充说，"西班牙人在西印度群岛就是这么殖民的。"[20]

后来的总检察长弗朗西斯·培根带头反对让英格兰社会的渣滓祸害殖民地。早在1609年弗吉尼亚公司的宣传中，就出现了对接收渣滓的猛烈抨击："接受懒惰者、邪恶者为移民，既是丑闻也是隐患……这些人本就是所在国家的稗草。""在这片年轻、脆弱、尚未定型的殖民土地上"，他们"不啻一剂毒药"。我们所需要的，是那些"信仰虔诚、能与邻居和谐共处的人"。[21]

而其他一些人——不仅限于枢密院成员，则一直希望找到某种方式来摆脱囚犯和这个国家的流浪"种群"。他们辩称，只有把英格

第三章
商界巨子

兰不需要的人群全部送出去,这个国家的饥荒和瘟疫才终会消失。

詹姆斯国王当然也持这样的态度。他是个谨小慎微之人,惯于穿着特制的紧身棉衣,时刻提防刺客的尖刀。詹姆斯一世于1603年3月继位,首次在伦敦亮相时,恰逢首都暴发一场可怕的瘟疫。和过去一样,瘟疫最早暴发和最严重的区域,就是流浪汉聚集的自由区和其他贫民窟。这位新君主刚到伦敦,就发现商贾和贵族们悉数逃往乡村寻找庇护之所。而国王也照着他们的样子,疾速逃离首都。此番他得了个教训,穷人是留不得的。

托马斯·史密斯爵士定然不会与国王争辩。史密斯曾收到一封抗议信,内容正合詹姆斯的心意。信中称,除非远处某个地方可以安置这群"卑劣粗鄙、游手好闲的人",否则,英格兰将不得不修建更多的监狱。一个被反复提及的方案是,与土耳其或北非的海盗船交换他们信奉基督教的划船苦役,从而摆脱国内大批囚犯。建议交换比例是4名囚犯换1名划船苦役。另一方案是,寻找一片远离英格兰、杳无人烟的土地,流放这些重囚犯,给他们一些种子,余下的就各安天命。率队寻觅合适流放地的,正是托马斯·史密斯爵士,并且,他最初挑选的是南非,而不是美洲。

1609年,史密斯收到其代理人托马斯·奥德沃思写来的信,建议他选择好望角。当时,奥德沃思正去往印度,途经桌湾,对眼前景象非常满意。曾有位欧洲探险者在桌湾上方的陡峭山崖上刻下一个巨大的叉形记号。狭长的半岛上,草木繁茂,当地土著也貌似友好。奥德沃思满是热情地向史密斯报告,好望角居住着"温顺有礼的土著",是流放囚犯的理想场所。他估计,此地"每年可容纳100个英国囚犯"[22]。

053

白　奴
一段被遗忘的美洲殖民史

一向谨慎的史密斯决定先送 10 名囚犯过去,试探情形如何。他从何处,以何种方式获得这些囚犯,我们无从得知。不过,其中有个叫詹姆斯·克罗斯的拦路抢劫犯。之所以知道此人,是因为公司将他列为好望角一众囚犯的领导者。克罗斯和另外 9 人按时在桌湾登陆,并从史密斯下属们那里获得了被视为足够他们生存的物资:"大量萝卜种子"、其他一些种子"和一把掘地用的铁锹"。[23] 可是很不幸,这项实验失败了。

克罗斯和其他囚犯们手无寸铁,无法保护自己,看到远处科伊部落的人①便吓坏了。或许他们听说过葡萄牙商人与科伊人发生争执后被他们所屠杀的故事。囚犯们藏起来,成功躲避了土著居民。后来,他们来到了桌湾旁边一个岩石林立的小岛。这个避难之地,后来成了臭名昭著的罗本岛。3 个世纪之后,纳尔逊·曼德拉和诸多反对种族隔离的斗士们被关押于此处。10 名英格兰人在这里勉力维持着惨淡的生计,大约是靠贝类或在海滩晒太阳的海豹为食。终于,一艘经过此地的船只同情他们的遭遇,便将他们带走了。其中 3 名犯人回到了英格兰。他们被卷入一个抢钱包案,很快被捕,再后来都被处决了。

史密斯又做了一次尝试。他命另一批囚犯搭乘开往印度的船,中途在好望角登陆。船行至桌湾抛锚了,囚犯们乞求船长,宁可被绞死,也不愿留在非洲。可船长无法施此恩惠。于是,他们被丢弃在岸边。不过,这次幸运女神眷顾了他们。几天后,另一艘船经

---

① 科伊人:Khoikhoi,也拼作 Khoekhoe,是第一批欧洲探险家在内陆地区发现的非洲南部族群的成员,他们现在一般生活在欧洲定居点或南非或纳米比亚的官方保护区。——编者注

第三章
商界巨子

过,把他们带走了。自此,将近两个世纪后,才有英国囚犯再次被送往好望角。

自从托马斯·戴尔爵士1611年提出希望把囚犯运到殖民地,未来4年内,争议不断发酵。与此同时,在看不见的美洲大陆上,更为血腥的争斗正在发生。弗吉尼亚公司两位纪律严明的领导者——托马斯·戴尔爵士和托马斯·盖茨爵士,把移民者们送到了切萨皮克湾,或深入阿尔衮琴部落腹地,目的是修建新的堡垒。

这便是波卡洪塔斯生活的时期。神话故事里,令人着迷的北美土著公主将殖民者们从大屠杀的命运中解救下来,后来爱上了一个殖民者。这个传说让当时的人们惊诧不已,也在后世广为流传,殖民地也多了一层传奇色彩。如下是一段对这些年弗吉尼亚的描述,带有典型的抒情色彩,出自玛丽·约翰斯通的《昔日南方的先驱者们》(Pioneers of the Old South):

> 随着公司送来更多的人,围绕着詹姆斯敦开始出现零零落落的白人建造的小屋和林间垦伐的空地,各用一圈栅栏围着,河畔还有一块未开垦的荒地和一只拴住的小船。如今,对于金矿、银矿无休止的搜寻已懈怠下来。反之,人们把注意力转移到此地茂密的植被、繁盛的林木,以及毛皮生意、渔业资源上来。[24]

而真相并非如此,血淋淋的游击战时常爆发于白种人与红种人①之间,也爆发在白种人内部。在戴尔和盖茨所派部队的强大火

---

① 红种人:又称亚美利加人种,曾被认为是第五大人种,是对美洲印第安人的一种误称。实际上美洲印第安人皮肤是黄色的,头发长而黑。——编者注

055

力面前，阿尔衮琴部落撤退了。1613年，盖茨命一艘100吨级船"特雷休尔号"驶向北方，将法国人从芒特迪瑟特岛上赶走。此行的指挥官是萨姆·阿高尔，正是他后来绑架了波卡洪塔斯。在芒特迪瑟特岛，据说阿高尔船长打响了英法两国在北美的第一枪，此后战火一直延续了150年。[25] 他在定居点劫掠烧杀，活下来的法国人中，有一半被送上敞舱船漂流而去，任由他们自生自灭，其余人被带回了詹姆斯敦。他们所面临的，势必让他们悔之不迭，还不如和伙伴们一起漂流离去。"戴尔一见到他们，嘴里蹦出的字眼，要么是绳索、绞架，要么就是把'他们每一个'都绞死。"

而詹姆斯河沿岸栅栏后边的英格兰人，生活境况依然严峻。1613至1614年，有个西班牙人被囚禁于此，他对詹姆斯敦的生活有过一番描述，虽未予恭维，却也非刻意贬损。唐·迪亚戈·德·莫利纳把船开进了切萨皮克湾，后被逮捕。他把一封信缝进鞋底，然后设法送到马德里。谈及弗吉尼亚公司，他如是写道：

商人们未能以足够开阔的胸怀来治理殖民地，因此，人们生活凄惨，唯靠极有限的燕麦或玉米生存，成日衣着褴褛……每年，都有半数居民死去。去年，殖民地共计700人，如今已不足350人。究其原因，食不果腹、过度劳累都足以致命。况且，更重要的是，他们眼看自己沦为暴政下的奴隶，内心怨愤至极。[26]

殖民地居民的满腹牢骚一点一滴地传回英格兰，对招募新人和争取资金都很不利。曾经承诺投资殖民地的那些人如今也食言了。西班牙大臣贡多马尔写信给国王费利佩三世："弗吉尼亚殖民地在伦敦的名声已经坏到家了，如今谁也不愿意去那里。"[27]

第三章
商界巨子

百慕大群岛成了弗吉尼亚殖民地的竞争对手，这使他们的情况更加惨淡。1612 年，一纸皇家特许状下令在百慕大建立殖民地，60 个殖民者登陆了。为了纪念曾在岛上孤立无援的乔治·萨默斯爵士，它被命名为"萨默斯岛"。和弗吉尼亚一样，它也被宣传为一个人间天堂，而不同的是，此处没有北美土著为敌，气候也很适宜居住。弗吉尼亚移民者数量锐减，百慕大的人口却迅速增长。截至 1614 年，百慕大已有 600 人。在海滩上发现的一块巨型琥珀似乎也向人们昭示，百慕大群岛——而非美洲大陆——才是未来。

一时间流言四起，说公司准备终止弗吉尼亚的一切运作，将所有人转移到新殖民地。托马斯·戴尔爵士甚为焦虑，便以个人名义给托马斯·史密斯爵士写了一封请愿书。照他一贯的风格，这封请愿书的措辞也毫不客气：

所有深居国内的人听着，我想告诉你们一件事，但愿你们能记住。倘若你们放弃这片国土，丢掉了它，你们所有的智慧都是枉然，还踩进了天大的陷阱。我们的国家，自从丢掉了法兰西领土以来，尚未铸成如此大错……我向你们保证，以一个诚实的灵魂起誓，这片国土，我丈量得越多，越对它憧憬无限。我曾见证欧洲最好的国家，可我敢在上帝面前断言，把这些国家全部相加，才能和这里相提并论，但前提是要有合适的人群定居下来。[28]

其实，戴尔无须担忧，史密斯早已为维持弗吉尼亚公司的运营筹措了资金，成功帮公司躲过一劫。史密斯说服了国王，同意他效仿威尼斯、热那亚的大商贾们，以"乐透"彩票的方式筹集资金。

白　奴
一段被遗忘的美洲殖民史

这是近 50 年来的第一支、英格兰历史上的第二支彩票，净收益高达 8000 英镑，相当于今天的 100 万英镑。可即使如此，还是不够。下一场危机来临时，史密斯希望投资者们放弃第一笔分红，转而接受在弗吉尼亚分得一大片森林的承诺。不知详情如何，总之，史密斯说服了他们。不仅如此，他还一次次去法庭，追责那些对所承诺的投资扭头反悔的人。

自从克里斯托弗·纽波特带领第一批人来到弗吉尼亚，7 年已经过去了。这就意味着，幸存者们已不再依附于公司，可以选择回家或继续做承租人。在留下的人当中，戴尔特别中意的一类是农民。他给每个人分配了 3 英亩田地，如他们拖家带口，便分配 12 英亩。并且，他们可按个人意愿种植作物。但是，公司希望收取每英亩 2.5 桶玉米作为租金，且租户每年须提供 30 天公共服务。留下数量较多的还有劳工，给到他们的条件更加严苛。不管哪一年，劳工都需要为公司劳动 11 个月，唯留下 1 个月种植玉米以养活自己。

这样的条件，和七年前的承诺相去甚远，可至少它开了个头，土地私有制将迅速扩展开来。戴尔的秘书拉尔夫·哈默在一段用以教育美洲儿童的表述中，感受到了变化之重大：

当我们的人民都靠公有粮食果腹、共同投身劳动时，一定有人庆幸自己得以开个小差，或偷偷打个盹儿。即便他们中间最诚实的那些人，一周内所付出的真正劳苦，也不及如今他们一天里的不遗余力。[29]

私有制企业新兴时期，人们发现，弗吉尼亚可以种植一种适合英格兰人口味的烟草。1613 年，种植园主约翰·罗尔夫，即日后

第三章
商界巨子

波卡洪塔斯的丈夫，成功产出了殖民地的第一批烟草，并于第二年将其运回英格兰。虽然没找到金矿，可这种经济作物的价值堪比殖民者们梦寐以求的矿藏。然而，种植烟草需要投入大量人力，过程也极其艰辛，很少有人愿意长期坚持——人力损耗是相当可怕的。

在伦敦，罗尔夫生产的这一新品种瞬间引起轰动。很快，其他种植园主也跟上了罗尔夫的步伐。可是，弗吉尼亚惨淡的名声使得移民率低迷不振。新的移民计划迫在眉睫。1614年，弗吉尼亚公司律师理查德·马丁爵士代表公司向议会下院发表演说。他怒斥他们别在细枝末节上浪费时间了，必须集中精力拯救弗吉尼亚。马丁要求他们成立委员会，认真考虑如何增加殖民地人口，但此举在议会激起众怒。历史上，英格兰曾错失一次在美洲建立帝国的机会。当时，克利斯托弗·哥伦布向亨利七世国王请求支援，却遭到拒绝。而当马丁力劝他们不要错过第二次机会时，却被勒令第二天回来向议员们道歉。

1615年年初，枢密院终于在囚犯问题上做出决策。弗朗西斯·培根一派落败，囚犯们被允许流放到新大陆。宣布这一决定时，枢密院格外谨慎。我们很难相信，詹姆斯一世身后这群精明而富有的顾问们，会真正关心流浪汉和重囚犯的权利。但是，这一时期，王权对平民的专制正处于风口浪尖，备受质疑。没有任何法律条文规定，王室有权流放任何人并要求他们接受强制性劳动，即便罪大恶极之徒，也不例外。法学专家表示，《英国大宪章》本身是保护所有人的，甚至包括这些囚犯。因此，枢密院决定粉饰言辞，将囚犯们的命运表述为：王室出于仁慈，特准许他们移民海外；但凡同意移民者，便可免于死刑。

枢密院颁布的法令如下：

吾国陛下宽仁以治，面对此等十恶不赦的囚犯，虽国法无情，然几经熟虑深思，唯愿其改恶从善，远赴海外，效力联邦，生而有所适从，自此获益良多。[30]

从"活着总比死了好"的角度看，把囚犯们送去殖民地确实比送上绞刑架要好些。或许这些渣滓在殖民地能发挥一定作用，甚至某天在弗吉尼亚获得自由。可这并不是统治者的初衷。4年后的1619年，枢密院终于明诏天下。诏令中说，送往"海外地区"的囚犯将"终日缚于劳作之中，此等劳役应比死亡本身更恐怖"。

对某些人而言，流放海外从一开始就比死亡更可怕。西班牙驻伦敦大使向国内汇报，两名即将流放弗吉尼亚的囚犯——就像被抛弃在非洲海岸的囚犯们一样，恳求被处决。

枢密院指令一经颁布，就有17名囚犯被派给史密斯，后来又有5名，接着再有6名。似乎史密斯获准在被判刑者中择优挑选，以获得他认为最有用的人。据说，其中1名囚犯被豁免死刑，恰是因为他"会做木匠活儿"。

而詹姆斯国王对于"挑选"一说，却有着完全不同的概念。执政早期，他在东安格利亚建了一处宫殿，可惜距伦敦太远，这点他很不满意。而此处，是国王最钟爱的避难所。"去纽马克特！去纽马克特！"往往意味着铺张华丽的场面：盛宴豪饮、化装舞会、骑马比武，还有赛马。在纽马克特，詹姆斯毫不避讳地公开展示其同性恋倾向：他放浪形骸，甚至当众爱抚罗伯特·卡尔、乔治·维利尔斯和其他男性情人。这样的狂欢往往旷日持久,任何人胆敢叨扰,便会招致国王震怒。

1617年某个时候,宫廷里开始出现一群惹是生非的年轻人。关于他们的真实来历,众说纷纭。有人说,他们是一群无业游民,成日里跟着王室扈从闲逛。有人说,他们就是一群流氓恶棍。还有人说,他们是王室朝臣的私生子。无论何种来历,从未发现他们的犯罪记录。又或许,他们专为引诱宫廷里嗜好拉夫领、钟爱香水的年轻人,而后者意在投国王所好?不管怎样,詹姆斯国王突然大发雷霆,把这些年轻人统统抓了起来。

1618年1月,托马斯·史密斯爵士收到国王的一封信,信中表示,"一有机会"就将100个年轻人遣送到弗吉尼亚,然后任由他处置。这段情节并无定论,有说他们"风流放纵"的;在未找到任何法庭审判记录的情况下,也有说他们本就是囚犯的。国王指示史密斯,"务必让他们在殖民地好好干活儿"。

然而,不论伦敦、布里斯托尔,还是普利茅斯港,都没有弗吉尼亚公司的船停靠了。纵观托马斯·史密斯往来于全球的商船,也确实没有可以闲置下来的。可是,国王不能容忍任何借口。罗伯特·塞西尔的继任者、国务大臣乔治·卡尔弗特爵士把史密斯召到怀特霍尔宫,冲他猛拍桌子:"陛下旨意不容耽搁。"于是,史密斯和弗吉尼亚公司的商人们不情不愿地投了1000英镑,将这些年轻人关押在伦敦一所监狱,直到海外运输安排妥当。可史密斯依然心存顾虑,怕一旦到了海上,囚犯们会冲破牢笼,反过来控制运囚船。实际上,囚犯交易的规模将逐渐扩大,每次可多达200人,而且循环往复,无止无休。

最后，公司决定，将囚犯们分为更多批次，便于管理和掌控。经慎重考虑，至少需要 4 艘船。正当公司为这群不期而至的囚犯们犹豫不决时，3 位财力超群的股东却看到了机遇。沃里克伯爵、埃德温·桑迪斯爵士和约翰·费拉尔都在弗吉尼亚的姊妹殖民地占有土地。看来，他们都利用纽马克特的风流韵事，为各自的种植园增添了强制性劳工。从弗吉尼亚公司的会议记录可见，3 人都提出将部分"风流放纵者送到萨默斯岛上……成为他们土地上的奴仆"。公司其他股东同意了。

这 100 名囚犯后来是否都运出去了，我们无从得知。但是，鉴于詹姆斯国王以儆效尤的决心可以推断，他们应该是被送往某一殖民地，或被分别送到不同的殖民地，很可能再没回到国内。自此，英格兰开启了这扇将被厌弃的人群运往美洲的大门。而首批如潮水般涌入殖民地的，当属流浪街头的儿童。

第四章
城市里的儿童

早在 17 世纪初，如有游客到访伦敦，从圣保罗大教堂的位置向南，会望见泰晤士河岸边的一座文艺复兴时期的宫殿。它坐落在如今黑衣修士桥的位置。宫殿外墙呈深红色，西侧以圣殿区域分布不规则的各家法院为界；东侧是舰队河的河口——伦敦城里的污秽尽数倒入泰晤士河之处。旁观的人应该会注意到此处 3 个宽阔的院落，四周呈裹挟之势的狭长走道，面朝泰晤士河的露台，以及每扇厚重铁门下的守卫们。

这便是布里奇韦尔宫，近 1 个世纪前由年轻的亨利八世所建，便于来访的王公贵族和使团下榻，国王自己也会时而小住。亨利八世欲与阿拉贡的凯瑟琳离婚，教皇特使出面调停，正是被安顿在布里奇韦尔宫，可一切终归徒劳。也正是在此处，凯瑟琳得知自己王后的位置被安妮·博林取代。英格兰历史上所接待的最伟大的外邦君主——神圣罗马帝国皇帝查尔斯五世也应邀下榻于此。

可到了1618年，一切都彻底改变了。国王爱德华六世曾将布里奇韦尔宫捐给伦敦市做医院，后来，它又被改造成一座声名狼藉的感化院。"娼妓、扒手、乞丐和无业游民"被抓了进来，给予警示性的惩罚——先被鞭打一顿，然后在监狱作坊里拣麻絮、打汉麻一到两年。[1]不管有罪的、清白的，每次都有数百人被抓进来，接受詹姆斯一世时期盛行的严爱管束。

当托马斯·史密斯、助理埃德温·桑迪斯爵士和伦敦市市长大人达成一致，准备清理伦敦街头的流浪儿童并将他们运往新大陆殖民地时，感化院被选为储备这群"待运货物"的场所。后来，这里还关押过很多人，都是准备运往殖民地的。

8月8日，围捕行动开始了，巡警逮捕了3名男童、1名女童，并安置于感化院。他们得知，自己被判定为"流浪者"，根据法庭指令，他们将被"拘留并运往弗吉尼亚"。接下来的6个月，另外108名男童和28名女童也被抓了进来，年龄在8到16岁不等。[2]第二年2月，他们在感化院整齐列队，便于弗吉尼亚公司代表们按需挑选。海外运输开始了，首批100名儿童于1619年复活节前后抵达美洲。4个月后，一批备受关注的黑人奴隶也来了。接着，另外100名儿童抵达。一批又一批，循环往复，多数孩子不到成年便会死去。

早在弗吉尼亚殖民地建立初期，运输流浪儿童的想法就曾浮出水面。当时，公司首度承担巨大压力，要为英格兰所厌弃的人群寻找一个遥远的流放地。驻里斯本领事休·李曾在1609年写给托马斯·威尔逊的信中提及此事，后者是国王首席大臣罗伯特·塞西尔的事务官。以往，李的报告一般与葡萄牙国内备受质疑的天主教难

第四章
城市里的儿童

民有关,童工倒是个新议题。一天早上,李亲眼看见一支大帆船队伍驶出塔霍河河口,而且船里装的都是儿童。他很疑惑,经过调查发现,这群10岁左右的儿童将被运往东印度群岛的种植园。决策者的理由是,儿童比大人更能适应热带雨林的灼热气候。

实际运输人数相当可观:引起李注意的5艘大帆船共装运了1500名童工。在写给伦敦的报告中,这位领事建议,英格兰可以借鉴葡萄牙的做法,在自己的殖民地上使用童工。他对威尔逊说:"英格兰在弗吉尼亚殖民,类似葡萄牙的路径并没有什么不妥。"[3]

结果,葡萄牙在东方的殖民点落到了所向披靡的荷兰舰队手中,只得中止输送童工的计划。可这个设想却在英格兰落地生根。1615年后,流放囚犯的大门一经打开,当权者就把目光落在流浪儿童身上。看样子,终于有可能摆脱他们了,尤其是将其从拥挤不堪、瘟疫缠身、犯罪蔓延又飞速运转的伦敦市驱逐出去。

当然,16至17世纪,流浪儿童问题并不仅限于伦敦。威尼斯人哀叹:"在圣马可和里亚托广场周围游荡的小乞丐、小无赖越来越多了。"瑞典人也对小窃贼们顾虑重重,以至于克里斯蒂娜女王加冕期间,斯德哥尔摩监狱拘留了数百名儿童。法国人抱怨里昂街头充斥着"大量哭哭啼啼的孩子,饿着肚子不分昼夜在城里晃悠",即便在教堂里,他们也"大声喧哗,干扰秩序"。[4]

那么,伦敦人势必也听过同样的声音,见过类似的场面,只不过规模更大罢了。整座城市里,充斥着无家可归的淘气鬼和离家出走的少年。一封要求管制流浪儿童的请愿书中这么写道:"大量流浪儿童躺在街头,不分性别……无处安身,也无亲友依靠。"[5]流浪儿童的具体数目尚不明确,可在一个拥有20万人口的城市,也一

065

定成千上万。他们中的大多数人依靠小偷小摸、沿街乞讨、出卖身体勉强糊口。

1617年，来自100个教区的议员们聚集起来，在圣保罗大教堂召开会议，商讨流浪儿童问题。会议气氛应该是有些紧张的，因为枢密院刚刚怒斥这座大都市的官员们，称他们放任"数不清的乞丐和无赖们"在自由区游荡。议会警告他们，国王正考虑委任一名亲信担任宪兵司令，专门处理这一问题。会议决定，将根据每个教区减少的流浪儿童数来对他们做出评价。于是，大家都把目光投向弗吉尼亚，寄希望于殖民地帮他们解决难题。

根据《济贫法》，教区可以强制一些贫穷儿童到几英里外的其他教区当"学徒"，可是，经此方式摆脱掉的人数很有限。当下摆在眼前的方案是：大规模抓捕街头流浪儿童，再把他们送到世界的另一边。

弗吉尼亚公司似乎也乐于合作。公司一方面希望儿童在烟草种植园做工，另一方面也希望对殖民地的家庭生活状况的改善起到促进作用。公司有档案显示，曾计划输送数百名妇女，任何殖民者娶其一为妻，可同时获得一名"学徒"以示奖励。[6]

1618年年初，伦敦市政官和弗吉尼亚公司就开始商议此事。托马斯·史密斯爵士和身为清教徒政治家的埃德温·桑迪斯爵士是当时的公司代表。桑迪斯作为议会下院的主要人物之一，是弗吉尼亚公司的一大投资人，早在1609年就参与公司事务。一般来说，他只扮演幕后角色，可在1615年后，托马斯·史密斯爵士的健康状况开始恶化，埃德温爵士在公司事务中的地位便明显提升，当托马斯爵士缺席时，他可代表这位大商人行使职权。

第四章
城市里的儿童

与市长讨价还价几周以后,双方终于就流浪儿童问题达成一致。伦敦市往北美输送100名"学徒",并向公司支付每人5英镑的处置费。按照协议,所有儿童都必须在伦敦出生,且年龄在8至16岁。

与特许流放囚犯的政令一样,这项计划也被套上了光鲜的人道主义外衣。弗吉尼亚公司被粉饰为饥馑儿童的救世主。孩子们将在殖民地学得一门手艺,日后还可能分些土地。约翰·张伯伦在一封信中总结了当时伦敦贵族们的观点:"把100个在伦敦街头忍饥挨饿的男孩、女孩运往弗吉尼亚……这是我们能做的最大的善事之一。"[7]

然而,真实情况是这些来自伦敦东区的"学徒"中,很少有人(假如有的话)能像在英格兰那样,学到打铁、烘焙、裁缝、医护或其他任何"神秘技艺"。按照与伦敦市政府的协议,公司掌握了自由行使权,可自行决定他们的命运。有份文件表明,他们可"在公司认为合适的行业里"做"学徒"。另一份文件指出,他们只需在殖民地"供应劳动力"。其实,多数人最终都会去烟草种植园,所以他们唯一学会的,或许是如何当一名种植园工人。

1618年夏天,围捕行动开始了。市长大人命令巡警们"沿街搜捕……一旦发现流浪儿童出现在大街、集市或于夜间游荡,无一例外,立刻逮捕……将他们全部送进感化院,等候下一步指令"[8]。

巡警们似乎是偷偷摸摸展开围捕行动的,理由很明显,在伦敦拥挤的后巷里大张旗鼓抓捕很快会引发骚乱。麦考利在描述圣保罗大教堂和泰晤士河之间的白衣修士区时,如此写道:

白奴
一段被遗忘的美洲殖民史

……没有哪个治安官的生命是有保障的。只要听到一声"求救！"，操刀携棍的恶霸们、口吐唾沫、手提扫帚的悍妇们，就会成百上千地涌过来。擅闯者若能逃回舰队街，即便被推搡、脱光衣服、拳打脚踢，都算是运气好的。如果没有一队步兵跟着，即便有皇家首席法官的委任状，也无济于事。[9]

为了避免麻烦，巡警们在主要街道和集市围捕儿童，每次只抓一到两个。最初的两人，罗伯特·金和约翰·布罗姆利在布里顿街被巡逻的教区执事逮捕，这条街就在打铁场边上，街上摆满各种小摊。同日，一名女童简·温敕曼和一名男童安德鲁·纳丁在舰队街被捕，这是伦敦市内人口最密集的大道。还有一个男孩托马斯·奥特利在齐普赛街被擒。

围捕的大网迅速铺开，西至圣墓教堂，东至克里波门和主教门，到处都有孩童被抓。对大多数孩子而言，感化院账簿上的名字是他们留下的唯一痕迹。极少数人还能有更多故事流传下来，第三个被捕的女孩伊丽莎白·阿博特便是其中之一。

截至1619年2月，感化院已有140名儿童被贴上"待运至弗吉尼亚"的标签。无疑，他们将排成一列，由公司一名官员——或许是托马斯·史密斯本人——挑选最身强力壮的那些。那一次，共选出74个男孩和23个女孩。

1619年春，他们乘坐3艘船从伦敦出发。一艘叫"职责号"，还有一艘可能是"乔纳森号"。一到殖民地，孩子们就被卖去种烟草了。虽然他们和后来抵达弗吉尼亚的孩子们被统称为"职责号男孩"，可在第一批次中，约四分之一是女孩。

第四章
城市里的儿童

第二批孩子出发前，发生了重大变故，一切似乎随之而变。托马斯·史密斯爵士被迫离开弗吉尼亚公司财务主管的岗位，埃德温·桑迪斯爵士取而代之。他向所有人——投资者和殖民者承诺，即将出台新政策。

埃德温·桑迪斯爵士和托马斯·史密斯爵士之间的关系神秘莫测。最终，两人反目成仇，都想置对方于死地。鉴于双方的性格和观点大相径庭，关系破裂也在情理之中。可是，在1619年危机爆发前，两人还是长期保持着看似和谐的合作关系。

桑迪斯是约克大主教的儿子，早在詹姆斯一世执政初期，便担任国会议员（而且很出色），声名鹊起。他曾率众人抨击国王的君权神授观点。埃德温爵士坚信，君王的权力只能通过与人民达成契约而获得。詹姆斯继位后，桑迪斯颇受圣宠，被列入新国王首批晋封骑士的名单中。可是很快，他的政治观点便使他丧失了君主的欢心，因为其在国会中持续带头反对詹姆斯最心仪的国家方略——将英格兰和苏格兰这两片国土合二为一。

桑迪斯是个平民主义者，沉迷于挑战权贵。他与这个国家最惹人嫉妒和遭人厌恶的群体——伦敦商会为敌，持续博得国王好感。桑迪斯精心筹划，让自己成为下院垄断委员会的主席，向有权有势的商人们宣战。他说，英格兰有5000至6000人从事商贸，可是因为伦敦龙头企业管理层的垄断性交易，"整个国家的贸易额实际掌控在不超过200人手中"[10]。对此，他可能并未言过其实。伦敦每年的关税是11万英镑，而该数字是英格兰其他地区关税总额——1.7万英镑的6倍以上。[11]

没有哪位商人比托马斯·史密斯爵士更富有，或领导着更多垄断企业。可是，自1609年起，史密斯便允许桑迪斯这一商界宿敌加入弗吉尼亚公司，并在管理委员会担任要职。这位弗吉尼亚公司财务主管似乎也很高兴看到这位清教徒政治家被选入另外两家企业——萨默斯岛和东印度公司的管理委员会。或许托马斯爵士践行了林登·约翰逊的理论，宁可让敌人待在眼皮子底下，也不放任他们暗箭伤人。不管他动机何在，1615年后，史密斯的健康状况急剧恶化，直到没法参与弗吉尼亚公司运营时，桑迪斯便取而代之。他一手操作了包括发行第二支彩票、与清教徒前辈移民们商讨新英格兰殖民计划等事项。

1618年，就在流浪儿童遭围捕的时候，桑迪斯开始在行动上反对托马斯·史密斯爵士。他摇身一变，领导着一伙愤愤不平的小投资者，要求审计弗吉尼亚公司的财务状况。曾经，史密斯可以轻松扳倒埃德温爵士。毕竟一直以来，这位大商人都不仅拥有弗吉尼亚公司股东大会商业领袖们的支持，也颇受贵族投资者们——即所谓的在朝党的青睐。可如今，在朝党领袖——沃里克伯爵罗伯特·里奇已与他背道而驰。

他俩矛盾的核心在于对待海盗的态度。沃里克伯爵对私掠船情有独钟，逐渐把弗吉尼亚用作基地，时不时对西班牙船只发动突袭。1617年，国王任命萨姆·阿高尔为殖民地新总督。阿高尔与沃里克伯爵相互勾结，允许私掠船驶入切萨皮克湾。谁知，风声走漏给了远在伦敦的公司高管。传言称，由于阿高尔的纵容，沃里克伯爵名下的"特雷休尔号""正载着殖民地最富才干的一群人到西班牙管辖海域里巡游"。[12]

反对阿高尔的呼声日益高涨。史密斯曾提示他，治理殖民地无须十分铁腕，可伦敦城却被淹没在一片抗议他蛮横专制的浪潮中。

第四章
城市里的儿童

一次,面对一群劳役期满的工人,总督拒绝还之自由,而种植园主意欲释放他们,结果种植园主被总督判了死刑。史密斯命阿高尔返回伦敦。"保护伞"被召回,加之在海盗问题上再生争执,沃里克伯爵与托马斯·史密斯爵士彻底闹翻了。1619年,沃里克伯爵与埃德温爵士结盟,史密斯被赶下了台。

史密斯想在败势显现之前主动请辞,挽回些许颜面。于是,他当众宣布,国王已委任他为皇家海军专员,因此无暇管理弗吉尼亚公司事务。6年后,他离开了人世,据说是感染了瘟疫。

埃德温·桑迪斯爵士获胜了。他执掌公司乃至殖民地走过了4个重要的年头,受到历史学家们的交口称赞。按照《哥伦比亚百科全书》的说法,他是"公司掌控弗吉尼亚最后几年里呈现诸多良好态势的根源"。最有成效的是一个代表性会议——市民议会①的产生,某近代历史学家认为,它可谓"自由的萌芽"[13]。

一部分人的自由不代表其他人的自由。1619年11月,市民议会召开首次大会的3个月后,埃德温爵士开始重启流浪儿童移民计划。当月,他告知伦敦市市长大人,第一批百名儿童已安全抵达,"在路途中死去的除外",而且公司想要更多。"我们祈祷大人您……能继续迈开如过往般可敬的脚步,继续绘制您的蓝图,同时,让我们来年春天收获第二批百名儿童。"[14]

桑迪斯希望再次向伦敦市议会采购儿童运至北美,可这回,对方却提高了要求。议会希望在书面协议中加上一条,确保"学徒"

---

① 市民议会:原文"House of Burgesses",殖民地时期弗吉尼亚议会下院,也译为"民众代表院"。——译者注

的身份待遇真实可靠。并且,公司还须承诺,在"学徒"们成年后,分给他们每人一块土地。多年以后,只有极少数"学徒"熬了过来,且满足获得土地的条件,可分得的土地实则需要深入阿尔衮琴部落腹地。

接下来 1 个月,围捕儿童的计划再次启动。1619 年圣诞前夕,10 名男童被抓进感化院。1 周后的新年前夕,另有来自伦敦市的 34 名儿童和来自米德尔塞克斯郡的 25 名儿童被抓进来。后来,还有孩子们零星被抓。从感化院的档案可以看到,除了他们的姓名、命运——"待运至弗吉尼亚",其他一片空白,没有关于年龄的记录。可是,账簿上倒是留下一些奇怪的备注。比如,威利·拉莱特名字后面跟着"这个小男孩说他妈妈住在威斯敏斯特乡下"。可以推断,孩子们其实非常年幼。

前一年的儿童抓捕行动似乎并未产生严重后果。我们没找到任何有关抵抗的记录,孩子们似乎也默默承受着命运的安排。无疑,他们以为自己会在感化院监狱里待几个月,然后就会被释放。可这次不同了。街头传言四起,大家知道发生了什么,孩子们也不再逆来顺受。一月下旬,巡警们抓进来五十几个男孩,半数是在一天内集中逮捕的。监狱里人心惶惶,终于,感化院内部爆发了一场"叛乱"。[15]

接着,有人——可能是家长或是檄文作者抛出一个问题:这是谁给的权力?追根究底,似乎并没有哪条法律允许儿童被强制性流放。所以,前一年送到弗吉尼亚的百余名男童和女童是被私法押运的。埃德温·桑迪斯不得不承认,伦敦市无权在违背儿童意愿的情况下将他们移交给公司,而公司也无权将他们运至新大陆。

第四章
城市里的儿童

可是没关系：前面的儿童已经成为历史。桑迪斯需要迅速运作，确保不再引起法律纠纷。1620年1月28日，他写信给国务大臣罗伯特·农顿爵士，重申运送儿童是一项符合人道主义的举措，并希望获得授权，以应对其中坚决不服从安排的顽固分子。他在信中将他们描述为"伦敦市极力希望摆脱的人群"，并坚决表示，"在弗吉尼亚雇主们的严厉管教下，他们才可能改恶从善"。[16]

3天后，枢密院给予回复，对伦敦市议会的人道主义动机表达敬意，称他们"救赎了那么多可怜的灵魂，帮助他们脱离苦难和毁灭，并在弗吉尼亚给他们创造了一个成长成才、报效国家的机会"。然后，文中以一种希律王①大概会欣然同意的恶意歹心，将矛头对准了孩子们：

我们授权并要求……伦敦市和弗吉尼亚公司，或任何一方，将之前所述的每一名儿童运送到弗吉尼亚，这是权宜之计。如果他们中任何人顽固抵抗或拒绝接受指令，我们同意将其监禁和实施惩罚，或做出其他相应处置。鉴于他们对社会秩序、犯罪率的影响，可在条件允许的情况下，尽快将其运往弗吉尼亚。[17]

凭借这一纸特许状，流浪儿童便可毫无阻碍地被运往北美，他们及其父母的意志都不再是问题。第二批儿童大约是在1620年春季搭乘"职责号"出发的。与此同时，公司也开始将载满女子的"新娘船"发往弗吉尼亚。这是埃德温·桑迪斯爵士计划中的

---

① 希律王：罗马帝国犹太行省的代理王；据记载，希律王是位暴君，为了权位，曾下令杀害自己的家人与多位拉比。——译者注

一部分，旨在鼓励移居者在当地定居和婚配。桑迪斯让殖民地的公司官员们大力宣传，将有更多适婚少女远道而来。为了进一步鼓励殖民地男子迎娶她们，公司宣布，一旦婚配成功，夫妻将获得购买1名"学徒"的机会。[18] 1名女子的交易条件是120磅烟草，1个儿童则是20磅烟草。这笔生意的利润如此可观，以至于后来埃德温爵士个人投资200英镑，成立了一家股份公司，专门经营推销适婚女子的生意。

在距离感化院200米的圣保罗大教堂里，新任座堂牧师只看到了赴新大陆的诸多好处，而罔顾其他。这位牧师约翰·邓恩是一个诗人，某次布道时，他热情洋溢地赞美了弗吉尼亚公司：

（公司）掀起的这股风潮，将席卷大街小巷，清理各家各户，让游手好闲者及其子女们总算获得一份工作。没错，倘若整个国家都和这家感化院一样，强制要求所有懒散之人工作，那将是一件莫大的善事。况且，它所发挥的作用，已不仅像一副脾脏，清除人的坏脾性；而更像是一副肝脏，正在进行良性造血。如今，这项事业已然在培养着一个个海员。海面上不仅运输单纯的商品，更将孕育出锦绣的诗篇。他们所取得的成就令人艳美，也叫我们的敌人望尘莫及。[19]

在运送到弗吉尼亚的儿童中，只有少数能活到成年。从名册上看，1619至1622年最初被运到弗吉尼亚的300名儿童当中，幸存到1624年的只有12人。很显然，他们的身体并不比成年人更适应切萨皮克湾的灼热。

第四章
城市里的儿童

这些被围捕于伦敦各大街头的孩童们的命运,人们大凡遗忘了。不过,1619年,当首批儿童抵达弗吉尼亚几个月后,另有一群男女来到此处,历史对他们的命运有着格外的关照。他们搭乘的轮船飘扬着橙白蓝三色的荷兰国旗①,约翰·罗尔夫曾在写给埃德温·桑迪斯的信中提及此事。身为已故美洲土著公主波卡洪塔斯的丈夫,约翰·罗尔夫在一次伦敦的短暂停留期间去世。

罗尔夫写道:

大约8月下旬,一艘160吨级荷兰军舰来到波因特康福特。指挥官是乔普船长,他的西印度群岛领航员是个叫马默杜克的英格兰人……船上装着20多个黑人。总督和凯普·麦钱特(弗吉尼亚公司贸易代表)用食物和他(他似乎表示船上粮食紧缺)交换了这群黑人,交换比率对他们颇为有利。[20]

之后400年,有关该情节的重要性被不断提及。可是,直到20世纪90年代,鲜少人知道这艘船的存在或船上所载何人。后来,人们好不容易在西班牙档案中发现,非洲人缘何而来,当初又是谁将他们卖到了美洲。[21]

这艘"荷兰军舰",实则并非来自荷兰,而是属于英格兰的。它是"白狮号"——一艘吨位虽小却威力巨大的军舰。30年前,弗朗西斯·德雷克爵士曾指挥着它,对阵西班牙无敌舰队。而它的指

---

① 橙白蓝三色的荷兰国旗:荷兰曾被西班牙统治,16世纪,奥兰治亲王威廉领导人民发动独立战争,设计了橙白蓝三色国旗,3个颜色源自奥兰治家族的徽章;如今的荷兰国旗为红白蓝三色。——译者注

挥官乔普船长也并非荷兰人。他的真名叫约翰·科尔温·尤普,是英格兰康沃尔郡人,从德雷克麾下的一名船长处获得了这艘船。[22]

尤普原是一位加尔文派受命牧师,后来成为私掠船船长。和众多意志坚定的新教徒一样,他对《圣经》持有狂热的信仰,并认定劫掠西班牙船是上帝交给他的神圣使命。他用10年时间将"白狮号"整饬一新,然后带它来到加勒比海,打劫从伊斯帕尼奥拉岛回国的西班牙珍宝船队。当时,葡萄牙也处于西班牙统治之下,所以,尤普也将葡萄牙大帆船视为劫掠的目标。

"白狮号"之所以挂荷兰国旗,是为了躲避人们对其海盗行为的指控。詹姆斯一世国王会迁怒任何一个攻击西班牙船只却悬挂圣乔治十字旗①的船长。

没人知道约翰·尤普是何时将"白狮号"驶入加勒比海的。可是,大约1619年春夏之际,他和"特雷休尔号"船长丹尼尔·艾尔弗里斯联手了。"特雷休尔号"是沃里克伯爵名下的私掠船,前几年的海盗行动曾令弗吉尼亚公司颜面无存。

据西班牙人记录,7月中旬,海盗船埋伏并俘获了葡萄牙奴隶贩卖船"圣若昂·巴蒂斯塔号",舱内载有370名安哥拉人,是葡萄牙军队在罗安达的血腥征战中俘虏的。他们以奴隶的身份被运至韦拉克鲁斯港贩卖。当时的海盗船毫无疑问正是"特雷休尔号"和"白狮号"。

由于"特雷休尔号"比"白狮号"吨位更大,艾尔弗里斯便把多数安哥拉人带上了船,而尤普船上似乎不到30人。

---

① 圣乔治十字旗:英格兰国旗,由白底和红色十字组成。——译者注

第四章
城市里的儿童

而后,两名船长先后驶往弗吉尼亚。在萨姆·阿高尔掌权下,弗吉尼亚已成为海盗船的避风港。尤普率先抵达,比"特雷休尔号"提早了4天,于是,他便与殖民地达成了船上所载战利品——黑人奴隶的交易。

可轮到艾尔弗里斯时,就没那么顺利了。似乎突发某种状况,让他不得已提前离开了弗吉尼亚。动身之时,非洲奴隶还未来得及交易。于是,他只好带他们去了百慕大,确保黑奴们有所安置——他的雇主沃里克伯爵在当地占有一片土地,而伯爵也是"特雷休尔号"真正的主人。

基于约翰·罗尔夫有关"二十多个黑人"交易的只言片语,史册里从此记录下一艘荷兰奴隶贩卖船将首批奴隶卖到美洲的故事。往后,卷帙浩繁,都将波因特康福特的那次交易视为奴隶制的发端。而实际上,契约劳工制早就为奴隶制埋下了伏笔,约翰·尤普手中的非洲人只不过参与了这一进程——他们后来也成了契约劳工。

此后,非洲黑奴并未如潮而至,因为那场交易是单一事件。尽管荷兰人和葡萄牙人将数千名奴隶带离非洲,却并没有在当时的弗吉尼亚打开市场。6年后,即1625年,殖民地依然仅有23名非洲人。数十年后,也仅有小几百人。这一情形,将在世纪末发生重大变化。不过眼下,英格兰贫困人口依然是殖民地契约劳工的主要来源。

第五章
契约生涯

首度踏上新大陆,来自英格兰的囚犯和贫民窟儿童一定颇感恐慌,甚至绝望。可相对应地,希冀与憧憬也必定让某些人血脉偾张,他们自愿以契约劳工的身份奔赴此地——只是,很多人发现自己不慎陷入一场噩梦。这些自发前来的人,后世称之为"自由意志者"。结果,他们发现自己并不比囚犯、流浪儿童享有更多自由,也很容易遭受虐待。他们之中,一位处境尚可的劳工意识到,拖家带口到弗吉尼亚是要付出代价的,不管于他自己,还是于其妻儿,都意味着一层额外的束缚。

"契约"(indenture)一词来源于拉丁文"indentere",指的是"以牙齿咬断"。中世纪以来,该词在英格兰流传开,意指将协议写于羊皮纸上,然后呈齿状地撕开,一分为二,看似是以牙齿咬断的。立约双方各执半份,以资为据。地权证明可称为"契约",婚姻证明也是,而劳动协议并不是。一般而言,确立劳动关系无需契

第五章
契约生涯

约,英国有着完善的法律体系明确规约雇用关系。可是1618年,一切倏忽改变,弗吉尼亚公司引入"人头权"概念,整个劳工市场发生了一场变革。

从本质上讲,人头权利制是对弗吉尼亚土地的潜在投资者发出邀请,将更多穷人运往新大陆。整体设计出自埃德温·桑迪斯爵士的手笔:每成功输送一个移民者并承担其路费,可被授予50英亩土地。该消息在投机商和种植园主圈子里引发轰动,他们争先恐后地与那些存有希望、甘愿为仆的年轻人签订契约,将他们送去弗吉尼亚,成为自己名下的劳工。在如此大环境之下,"契约"得以广泛应用,将劳工们束缚其中——同样地,应该也制约着投机商与种植园主们。

该契约的限制条款会一如既往地向其中一方倾斜。依照约定,劳工们须在相当长的时间内——3至11年,甚至更久——提供无偿劳动。而作为回报,多数人仅能获得通往弗吉尼亚的路费,以及契约到期后在弗吉尼亚展开新生活所需物资的承诺。时而,契约还提及给予他们小块土地,可唯有极少数人真正得到契约兑现。

上述条件极为苛刻,可在当时,英格兰的圈地运动已让众人丧失土地,加之大萧条日渐凸显,依然有很多人愿意接受。1620至1624年,弗吉尼亚公司飞速运转,让4500名移居者抵达弗吉尼亚。这个数字,与此前12年的移民总量相当。他们之中,三分之一至二分之一归属劳工类别。[1]

史上记载的首名契约劳工,是个名叫罗伯特·库佩的铁匠,来自科茨沃尔德地区的尼布利村。300年前,尼布利就曾在史书上留下浓墨重彩的一笔。当时,国王爱德华二世被囚禁于附近的巴克利城堡,据传言称,他被王后的情人残忍地杀害。

我们之所以了解罗伯特·库佩的故事，是因为他的契约文书得以流传，并且是迄今为止年代最早的一份。[2] 契约双方分别是库佩和当地士绅财团，后者刚在弗吉尼亚获取 8000 英亩土地。他们根据祖籍所属的科茨沃尔德地区，将这片原生态美洲森林命名为"巴克利百区"。1619 年夏，库佩与他们订立契约，并因此获得前往美洲的路费、粮食和住处；作为交换条件，他必须连续 3 年心甘情愿做财团的劳工。一旦契约期满，他便可从财团处获得 30 英亩土地的租用权。

未曾想，罗伯特·库佩因故未能履约。不知是太过聪明，还是对前途命运太过担忧，他后来留在了英格兰。而库佩家族的另一成员——托马斯·库佩只身前往，估计是顶替了罗伯特的位置。和罗伯特类似，托马斯也有一技之长，可兼做木工和车工。据资料记载，他与罗伯特待遇相同，并且财团同意在其赴美期间给予托马斯的妻子若干先令的补贴。和其他劳工相比，这样的条件可谓相当仁慈，可托马斯·库佩没能活到那时，领受相对而言的好运气。

1619 年 9 月，库佩从布里斯托尔登上一艘 40 吨级名曰"玛格丽特号"的大帆船，这是弗吉尼亚公司名下相对较小的船型。该船奉命搭载首批 35 名契约劳工和 3 至 4 名绅士前往弗吉尼亚的巴克利百定居点。他们当中，很少有人如托马斯·库佩这般具备多种技能，且从他们的契约来看，须承担的劳动任务也比托马斯繁重得多。为了换取前往美洲的路费，同行劳工当中有人不得不签约劳动 5 年，有的签了 7 年，还有的签了 8 年。不仅如此，部分人的契约中，甚至只字未提劳役期满后可获得小片土地的租用权。

第五章
契约生涯

最初，一切仿佛运转正常。财团顾问们似乎很明智，提醒决策者不要让他们在抵达美洲时遇上切萨皮克湾的盛夏——"一个体感最不舒适的时节"，因为船上乘客们登陆时势必已经体弱多病，却要一下子置身于灼热的气候当中。那样的话，会有很多人在航行过程中或登陆后很快死去。因此，"玛格丽特号"于9月份启航时，就已做好规避该情况的准备，结果仿佛也很成功。那次航行过程中，似乎无人丧生。

抵达切萨皮克湾后，没有出现任何人员伤亡，也未遭遇阿尔衮琴部落的袭击，并且很快就找到了指定的区域。今天，这里矗立着一座国家级文物建筑——一栋宏伟的佐治亚风格宅邸，也是美国第九任总统威廉·亨利·哈里森的出生地。而1619年，此处还是一大片让人望而却步的荒野。首批契约劳工于12月4日抵达目的地，他们举行一种感恩仪式庆祝，并发誓往后每年都要举行同样的仪式。因此，正是詹姆斯河岸边的这群格洛斯特人——而非新英格兰清教徒移民，在美洲首创了感恩节。

财团绅士们自然也有感恩的理由。他们要感谢人头权制度，靠"玛格丽特号"上的一群人，财团合伙人们又获得了1900英亩土地。接着，他们在英格兰西南地区招募了53名劳工，又换得2650英亩土地。不仅如此，鉴于财团在弗吉尼亚公司也持有股份，又将有好几千英亩土地收入囊中。总之，短短一年内，科茨沃尔德地区的绅士们所持美洲土地面积就翻了不止1倍。

其他财团纷纷效仿，个体富豪也紧随其后。1619至1623年，共计44支力量——或个人或群体，将劳工们送至弗吉尼亚，单位运输量都超百人，并据此索得各自的土地奖赏。

至于巴克利百区的契约劳工们在投入工作后待遇如何，我们尚不知晓。仅有的资料是死亡率记录，从整个殖民地来看，劳工们的命运是极其惨烈的。在1619年的1200名新移民者中，逾800人一年内死亡。有的为北美土著所杀，有的在殖民地患病，有的早在拥挤不堪的航船上即被感染。从我们所掌握的接下来几年烟草种植园的情况看，也有人可能过劳致死。

巴克利百区的死亡率似乎比大多数地区低一些。根据我们找到的记录，在库佩等人登陆9个月后，有4人被杀，他们很可能遭到了北美土著袭击；1名"绅士"被另1名"绅士"所弒；1人溺水而亡；另有9人死因不明。[3]

头几个月，库佩都熬过来了。他被任命为助理、监工，显然是具有较高价值的人——乃至他自认为可以和财团讲条件，他想把妻子乔安和孩子伊丽莎白、安东尼都接来殖民地。财团应允了——当然，他要付出代价。为了让全家人获得"玛格丽特号"下次航行的席位，库佩必须延长契约期限，具体几年暂不明确，或让全家人都成为契约劳工。财团决策者的方案是："丈夫需要通过延长自身、妻子和儿女的契约时间，给予令我们足够满意的回报——这是前提条件。"[4]

当时，对极度困窘的家庭而言，以合约方式把子女寄养出去，还是比较常见的，所以财团的条件并不似今天看来这般匪夷所思。无论如何，协议达成了，托马斯·库佩的家人于1620年前往美洲与他团聚。可是，18个月后，库佩一家仅一人活了下来。

库佩等人来美洲的4个月前，一群在当地有名望的人齐聚詹姆斯敦小小的教堂里，初步商定了有关如何处置契约劳工的法律条

第五章
契约生涯

文。这是市民议会——弗吉尼亚公司建立的殖民地自治机构召开的首次会议。而他们的首要议题,便是商讨如何应对像托马斯·库佩这样因人头权热潮而来的百来号人,以及今后极有可能发生的成百上千名劳工的到来。

教堂是殖民地唯一可容纳22名议员的场所。市民议会在机构设置上仿效了英国议会下院。为了营造一种类似威斯敏斯特宫的隆重氛围,他们也让守卫们身着红色长袍立于两侧。不光有发言人、警卫官,而且同英国议会下院一样,议员席位也是由地产权益决定的。乔治·耶尔德利爵士接替声名扫地的萨姆·阿高尔担任殖民地新总督并主持议会。

首要议题就是如何处理针对劳工展开的激烈争夺。种植园主及其代理们早在劳工们抵达殖民地之前就争得面红耳赤。而在英格兰,刚刚签约前往美洲的劳工们也面临各种"诱惑",和前一家雇主毁约,转而投向另一家条件更好的雇主。还有些劳工受到怂恿,一到新大陆就弃船潜逃,和新主人签订契约。

议员们决定,"实施引诱者和被引诱者都将面临严厉的惩罚"[5],可结果,只有劳工一方沦为被惩处的对象。他们被迫与前后两家雇主都签订契约。

自此,某种先例得以形成——背弃契约就意味着追加劳役期。未来几十年里,随着越来越多的劳工叛逃,弗吉尼亚和其他殖民地都开始变本加厉地援引先例,对他们横加阻拦。17世纪30年代,劳工每逃离1天,追加2天劳役时间;40年代,每逃离1天,追加5天;50年代,在马里兰,每逃离1天,追加10天。劳工们如潜逃数个礼拜,可能因此追加若干年的额外劳役。当然,任何人协助他们潜逃,也会遭受惩罚。

在这次大会上,议员们强调了雇主对劳工享有绝对权利。他们授权主人"可在劳工不服管教时实施体罚"[6]。于是,各地纷纷立起了鞭刑柱。雇主可以选择将劳工带来,绑在柱子上施以惩戒,也可以自行在种植园里用刑。[7]

这一追加劳役时间的先例也适用于劳工违背指令的情形。除了受鞭刑,违背主人或监工的指令还意味着追加两年的劳役期。[8] 本次会上还模拟了惩罚劳工的场景,议员们构成法庭审判者,审理一起劳工犯有过失的案子。受审者被控诽谤雇主,还与一名女仆当众"言行放纵"。议会授权雇主"给劳工戴上4天的刑具,将双耳钉在柱子上,每日当众鞭笞,以儆效尤"。[9]

往后的几年里,议会还授权主人实施更严酷的刑罚,包括割掉劳工一只或两只耳朵。可正是同样一批种植园主,当初还怒斥托马斯·戴尔爵士治理殖民地时的黑暗,称其对劳工"奴隶般的待遇"放任不管。

这次会议还初步提到了限制契约劳工的家庭权利。此事似乎因首批"新娘船"的到来而引发。在埃德温·桑迪斯爵士的计划中,引入"适婚少女"是为了促进家族繁衍,起到振兴殖民地的作用。并且,男性殖民者应当为迎娶他们的新娘而埋单。可是桑迪斯担心,一些少女可能会被面容俊朗的劳工俘获芳心。于是,伦敦传来指令阻止这种情况的发生,弗吉尼亚公司表示,"不允许这些适婚女子嫁给劳工"[10]。议会的相应策略是,对殖民地少女或女性劳工颁布禁令,"不可在未经父母或主人允准的情况下结婚"。后来,这条规矩逐渐演变为禁止所有劳工——不分男女、不论年龄——在未获得主人允准的情况下结婚。不仅如此,女性劳工一旦怀孕,将被

第五章
契约生涯

追加两年劳役期——即便孩子的父亲是她的主人。此类管控个体行为的措施对女性劳工造成了非常重大的影响。

而这才刚开始。接下来的150年，弗吉尼亚市民议会及周边殖民地议会将投入大量精力，反复商讨如何更好地约束契约劳工。

在伦敦，弗吉尼亚公司依然为了纸上的数据而忧心忡忡。1619年，令人咋舌的死亡率并未阻止埃德温·桑迪斯爵士自认为救世主般的言行。当70%北美劳工身亡的消息传来，埃德温爵士和助手约翰·费拉尔答复，他们对此深表遗憾，希望种植园主们更为诚恳地向上帝祷告。一转身，他们就继续到别处招募劳工了。埃德温爵士成立了一个委员会，在全国范围内搜寻年龄在15岁以上、被当地教区视为累赘的年轻人。各教区都接到了通知，弗吉尼亚公司愿意送年轻人去北美当"学徒"，并为他们支付每人5英镑的路费。与此同时，第二、第三批伦敦儿童也踏上了旅程。[11]

桑迪斯的传记作者明确表示，总的来说，此人处世傲慢，对运送何人、采取何种方式等肮脏细节概不过问，皆由其副手约翰·费拉尔代为处理。[12] 不管是谁负责遴选劳工，他们倒不十分挑剔。伦敦市的囚犯们继续被流放到北美，而很多被选去当"学徒"的伦敦女孩实为雏妓。从感化院的档案来看，一名准备被运往弗吉尼亚的姑娘被标注为"举止轻佻的流浪女"；另一个则"长期以来"一直"过着不甚检点的生活"。"新娘船"上的一些少女，十之八九也是妓女。一名公司官员不免抱怨，有些少女是从感化院出来的，"甄选程序很有问题，殖民地恐怕再不敢接收了"。[13]

对埃德温爵士而言，最烦恼的事莫过于契约劳工亲属们愈发激烈的抗议。公司记录表明，有关契约劳工遭受虐待的控诉闹得沸沸

085

扬扬。最后，公司只得发表声明："一些种植园主确实诱导、欺骗了某些年轻人以及一些愚昧而缺乏技能的人，让他们在一种不堪忍受、非基督教义许可的条件下从事劳动。"[14] 另有一份声明不无悲恸地表示，"有些人信仰不虔诚，只顾一己私利""诱使年轻人为换取越洋路费而签下多年劳工契约"[15]。

可埃德温·桑迪斯爵士本人也须承担很大责任。正是他一声令下，首批少女和儿童才被运往北美，并定价售卖。如此看来，被流放的囚犯们若不是在公司所辖土地上劳作，便应是卖给了种植园主们当劳工，很可能长达7年。在赤裸裸的市场规则下，运气不好的劳工们很可能被二次出售，以牟取差价。同时，市场上也势必涌现出一批全职劳工贩子。据埃德蒙·S.摩根所述："人们对契约劳工有明确的需求，他们采取各种方式，或偷、或骗、或争，哄抬价格，直至最初投入的4倍、5倍或6倍。"[16] 如泰德·纳杰所说，弗吉尼亚正趋于"一种将人类物化的劳工制度"[17]。除了寝食难安的亲友，英格兰几乎无人反对殖民地日趋凸显的劳工交易问题。然而，约翰·史密斯船长是个例外。作为英格兰殖民美洲的热心撰录者，他曾在此过程中扮演过重要的角色。但现实令他惊愕不已，因此，他于1624年在伦敦写下这段话：

上帝不允许……在那里，雇主享有的劳工特权竟不同于伦敦本地，他们以40、50、60英镑的价格出售劳工，而公司将他们运往北美时，仅仅支付了8英镑，最多不超过10英镑。不仅如此，那里的雇主还毫不顾及劳工们有关食物、衣着和住宿的需求，实在令人憎恶。

史密斯提出警告，放任此类人口交易"足以让一个健全的国家走向灾难，而不仅限于弗吉尼亚"[18]。

史密斯写下这段话时，弗吉尼亚公司已经走上下坡路，并且将很快面临清盘。

第六章
他们异于牲畜

1622年,正值复活节,英属弗吉尼亚殖民地差点儿被彻底摧毁。之所以能够逃过一劫,全凭一位皈依了基督教的阿尔衮琴部落青年钱科。事情发生前夜,他向移民者们发出警示,印第安人翌日将发动全面突袭——包哈坦部落新任大酋长奥普查纳坎奴计划一举歼灭所有入侵者。也就是说,他们印象中态度亲善的印第安人将于星期五一早潜入移民者领地,与他们兵戈相向。

有关该计划的消息沿着詹姆斯河与查尔斯河传到了种植园里,而那个时候,虔诚的男女信徒们正在为一年中最神圣的日子筹备。消息传得还不够快。第二天清晨,殖民地1240人中,347人被杀。鉴于一些种植园根本没有留下死亡人数记录,实际的数字可能更高。

巴克利百区,即托马斯·库佩的家人特地赶来与之团聚的地方,也在遭遇屠杀的种植园名录中。那个星期五,巴克利百区官方公布的死亡人数是11人,库佩一家并不在其列。然而,在一份发

第六章
他们异于牲畜

回英格兰的报告中,托马斯及其妻子乔安、儿子安东尼都被标注为"死亡"。从记录上看,只有他女儿伊丽莎白活了下来,直到1624年还是一名劳工。即便奥普查纳坎奴的士兵们没让她成为孤儿,疾病也很可能带来同样的结果。托马斯一家的命运传到了身在格洛斯特郡的罗伯特·库佩耳朵里,或许他当时心怀感恩,不管是谁、是什么事让他放弃了前往美洲的计划,这个决定都太明智了。

复活节的血色屠杀之后,殖民地面临的就是可怕的物资匮乏。所有人都要想办法承受大屠杀所带来的严重后果,尤其是处于食物链底端的劳工们。在这期间,广为流传着一个不幸劳工的故事。他名叫理查德·弗莱索恩,22岁,于1622年圣诞前来到弗吉尼亚。

年轻的理查德·弗莱索恩是马丁百区的一名劳工。这里有着两万英亩森林,沿詹姆斯河的一个河湾展开,距离詹姆斯敦9到10英里的样子。这片土地归属于理查德·马丁爵士领导的某伦敦商人财团。我们前面曾提到此人,他代表弗吉尼亚公司对着下院的议员们高谈阔论。当奥普查纳坎奴的士兵们突袭时,种植园里大约有100至150名移民者,其中80人被杀害,另外20人(都是女性)被俘虏。

发生突袭约9个月后,理查德·弗莱索恩来到这里。一场与美洲土著的消耗战正在进行中。他写了几封信,从中可知他生着病,食不果腹又担惊受怕。疾病肆虐,四下蔓延。在他眼中,似乎每棵雪松后都藏着一个伺机而动的印第安人。

他每天披星戴月地劳作,往返于种植园和詹姆斯敦运送补给。这时,他写下了3封信,在第一封中他描述了自己的艰难处境,央求父亲为他赎回自由:

白 奴
一段被遗忘的美洲殖民史

我——您的孩子，正身处一种最悲惨的境地。鉴于这片地区的自然条件，太多人得了坏血病、血痢和其他各种疾病……我们生病的时候，得不到丝毫慰藉……（我们）必须起早贪黑地工作，才能喝到一碗粥，吃上一片面包、一口牛肉。价值一便士的面包要分给4个人吃……假如您是我，就能亲眼看见大家没日没夜地哭喊——哦！要是能回到英格兰，哪怕断手断脚都无所谓……

我们无时无刻不活在对敌人的恐惧之中。我们在忏悔节前的星期天已与他们一战，我方活捉了两人，让他们做奴隶……可假若部落族人再次涌来，我们区区32人，如何对抗3000人的大军……我们的种植园已经不堪一击，同伴们死的、伤的太多了……同一批的20个人和商人们订立了契约，现在算来，半数人已经死掉了；未来每增加1小时，就会有两人迈向死亡。曾有另外4人和我们一起生活，如今只剩1个还活着。我们的中尉死了，他的父亲和兄弟也死了。

……我身无分文，更无任何有价值的物品，没法换取一些佐料或往水里增添一丝味道，不管甜的、咸的、辣的都可以，否则生活真的难以维系……和在英格兰时比起来，我的体力已不及八分之一。我发誓，在家里一天的食量，比这里一周的还要多。您施舍给门外乞丐的钱，比我每天的薪水还要丰厚。[1]

一个名叫古德曼·杰克逊的枪匠非常同情弗莱索恩，发现他干完了一天的活儿，却只能睡在敞舱船上淋着瓢泼大雨时，便为他提供了住处。弗莱索恩告诉父亲，这名枪匠是如何看待他的处境的："他非常震惊，您居然会把我送到公司当劳工。他说还不如当时一枪杀了我。"

第六章
他们异于牲畜

弗莱索恩恳求:"如果您还爱我,就该立刻救我回去。为此,我诚恳地乞求您。"

如同一年前的托马斯·库佩,弗莱索恩的行踪也很快从史料上消失了。人们普遍推测,他没有被父亲救赎,而是在弗吉尼亚待了不到一年就死了。

而移民中的一些佼佼者却在复活节大屠杀中看到了机遇。埃德温·桑迪斯爵士的弟弟乔治·桑迪斯便是其中一个。他领了殖民地财务主管的肥差,成为仅次于总督的第二号人物。桑迪斯提议,应当大范围地奴役土著居民。他辩称,鉴于部落的大屠杀行径,"现在可以名正言顺地将他们收作奴隶,领受殖民地的苦差事"。种植园主约翰·马丁表示,北美土著是理想的奴役对象,因为他们"干起活儿来比我们的移民者更快更好""在炎热气候条件下也无所顾忌"。他还说,土著们甚至"极其合适做帆船上划桨的奴隶"。[2]

这是当时普遍持有的观点。并且从弗莱索恩的信中看,移民者们希望尽快将此付诸实施。可是,在原住民的土地上,大范围奴役他们是不太现实的。之后的几年,大量部落民众确实成了奴隶,境遇凄惨。可在当时,移民者们最终选择了向原住民发起清洗战争。包哈坦部落村庄被战火湮没,美洲土著被杀,移民者旨在将他们统统逐出切萨皮克湾,或一个不留地杀掉。

实际上,1622年发起奴役行动的是美洲土著而非移民者——在复活节屠杀中,印第安人从约翰·马丁的种植园里俘虏了20名女性。针对女性的奴役和解放,在弗吉尼亚公司历史上留下两桩不堪回首的往事,而且每一次,殖民地外科医生约翰·波特都曾扮演恶人的角色。

第一次是 1623 年 5 月，移民者与部落首领在波托马克河附近的中立地带谈判。威廉·塔克上尉带领移民者代表与奥普查纳坎奴会面，后者也带了一大群士兵助阵。这次会面原本是为商讨释放白人人质，可实际上并未走到那一步。塔克邀请印第安人饮酒，酒袋里的酒是波特医生提前装好的。阿尔衮琴族人早就学会了不轻信移民者，便要求担任翻译的移民者先喝一口。他确实饮了一大口，不过手上耍了个小把戏，实际是从另一酒器喝的。阿尔衮琴部落的猜疑不无道理，波特医生的确在酒里兑了慢性毒药。

部落士兵们一个接一个地饮了酒。移民者们兴高采烈地上报，他们杀死了 200 名士兵。显然，奥普查纳坎奴没有饮酒，而且趁乱逃跑了。可在当天傍晚，他的两名部落首领连同五十几个族人中了埋伏，当场毙命。

被抓去的女性依然是部落人质，解救她们也非移民者的首要目标。他们真正希望的，是彻底歼灭美洲土著，而解救女性同胞仅为其次。9 个月后，她们才被赎回殖民地，然而波特医生再一次出了阴招。他以两磅彩珠为赎金，获得一名叫简·狄更森的年轻寡妇，称其从此为自己所有。我们翻阅资料得知，狄更森夫人亲眼看见丈夫在部落袭击中身亡，而他是一名契约劳工，尚余 3 年契约期。于是，这位"好心"的医生便要求这个年轻寡妇做自己的奴仆，直至完成她丈夫的契约。1624 年，简·狄更森向公司提起申诉，希望获得自由，并称其服侍波特的 10 个月以来，"与给印第安人为奴毫无差别"[3]。

资料上并未记载，公司后来是否将其释放。有迹象表明，波特医生因群体性下毒一事遭受抨击。可我们没找到任何显示周围有人

第六章
他们异于牲畜

指责他强迫简·狄更森为奴的证据——更无人采取任何行动。事实上，不出几年，波特医生便广受赞誉，其地位甚至相当于实际意义上的弗吉尼亚总督。

在种植园里，人们时刻担心遭遇阿尔衮琴部落的袭击。如我们下一章所见，一阵箭雨可以瞬间夺人性命。然而，之后几年里，大量劳工宁可冒险选择与美洲土著亲善，以寻求他们的庇护，也不愿在种植园里忍受煎熬。或许，烟草地里的生活当真是如此糟糕。

切萨皮克湾西岸泰德沃特地区不断延展的林中空地便是一个典型的早期种植园。此处，詹姆斯河、波托马克河、约克河和拉帕汉诺克河不约而同地奔流入湾。于此处的契约劳工而言，生活便是一连串永无间断的劳作。寒冬时节，他们要冲进森林，砍伐橡树、松树、山胡桃树，清理出可用于耕作的空地。而每年剩下的时间里，他们又要无可奈何地投入耕种、培育、再植、除草、除虫的无限循环中。每名劳工都要负责成千上万株脆弱的烟草，每株都要在根部堆起一个小丘，要像对待初生的婴儿般精心看护。因为，任何稍不经意的失误都可能是致命的。当日色渐暗、不再适宜田间劳作时，他们便被分配其他的任务。最让人痛恨的是"研钵作业"——用研杵敲打浸润的玉米粒，为所有人制作日常所需的面包。当然，要优先满足主人一家所需。

时而，当我们熬过了一整日的苦累与奔忙
却不得不跛进玉米研磨坊
直至零点、一点的钟声敲响
可一早日头没亮，又得背起沉重的行囊[4]

白　奴
一段被遗忘的美洲殖民史

烟草种植是"一种能够发酵无穷无尽悲惨与不幸的文化现象"，托马斯·杰弗逊在1个世纪后如是说。受雇于该行业的人们"长期处于一种脱离了自然支撑的状态——烟草种植园几乎不出产任何品类的粮食，因此，人类和牲畜都难以果腹，而土壤也很快变得贫瘠"。杰弗逊本人也是一位相当成功的烟草种植园主，后来当了美国第三任总统，可他得出的结论是："这一作物终将耗尽我们的人力和土地生产能力。"[5]

1622年，种植园主们正挣扎着从大屠杀的损耗中恢复元气。他们听到的谏言是，如何才能最好地配置种植园人力，以实现土地经济效益最大化。此前，虽然契约劳工越来越多地出现在种植园里，可弗吉尼亚公司还是相当倚重佃农，所以，大量租户得以在种植园劳作。一些大财团的操作方式也大抵如此。当然，也存在一定比例的付薪劳动力，往往属于技术性工种。随后，公司聘任了托马斯·努斯上尉——詹姆斯一世时期的公司管理顾问，请他核算种植园劳工成本。努斯判断，通过削减佃农数量，公司将"更稳定地保持赢利态势"[6]。基于他的谏言，弗吉尼亚公司决定"缩小佃农与劳工的待遇差距"，并很快付诸实施。大种植园主们也紧跟公司脚步，不出6年，在运往殖民地的劳动力中，多达90%都成了契约劳工。

与公司签约的100名佃农发现，行至中途，他们的地位和前景突然发生了转折。在双方合约上，他们是可获得收益分成的"佃农"，而一踏上切萨皮克湾的土地，却被告知，一半人已被雇用，而另一半将被送至殖民地富裕的种植园，主要任务是抵御阿尔衮琴部落的袭击。在50名被移交种植园的佃农中，不知怎的，有两人

第六章
他们异于牲畜

成功将消息传回了伦敦，继而被还予自由。可是，大多数劳工是孤立无援的，只能任由掌握契约的雇主们宰割。某个劳工原本应是自由人的身份，可在描述其雇主（弗吉尼亚公司官员、种植园主）时如此说道："他把我们变成奴隶，不管我们的意愿如何。我们不知道该怎么办，因为他掌控着这里的一切。"[7]

大屠杀之后两年，虐待劳工的案件不断涌现，引发了众人关注。一名弗吉尼亚公司官员对此敲响了警钟。1623年，他在报告中写道："弗吉尼亚多名雇主漠视、虐待劳工，使其不堪重负，处境堪忧。"[8]

一年后，在多项残酷案件之中，终于有一桩浮出了水面。在詹姆斯河北岸，有一名为"瓶颈地带"的烟草种植园，两名年轻劳工在雇主的连番暴行下死了。其中一人是来自伦敦东区的女孩伊丽莎白·阿博特。她是伦敦首批流浪儿童中的一个。身为田间劳工，伊丽莎白是极少数在印第安人袭击、疟疾、霍乱中幸存下来的并耐高温的。可是，1624年10月她被殴打致死。[9]

这个意志坚定、性格倔强的姑娘，言行举止时而惹怒雇主。她经常撂下烟草种植园的重活儿偷逃出去，有时一连几天不见踪影，因此常遭痛打。某日，主人命另一名劳工狠狠抽她，作为最近一次逃跑的惩罚。有目击者称，当时她被打了500下。伊丽莎白步履蹒跚地走出种植园，终被发现死在附近的路上。此事深刻反映了弗吉尼亚奴隶制度的情状，即便看她躺在路上奄奄一息，照看她的人还是准备把她送回来，让她向主人道歉。

通过调查伊丽莎白死亡案件，执法者们发现，一年前，种植园另有一名年轻劳工伊莱亚斯·辛顿在抗议雇主用锄头砸其头部后不幸身亡。种植园主和他的妻子双双被控虐待劳工。在辩护过程中,他们自称对劳工们甚为关切,伊丽莎白·阿博特与伊莱亚斯·辛顿因言行叛逆必须"加以惩戒",况且,他们仅仅下令施以"温和"处罚。从现存残缺的记录看,法院似乎支持种植园主的做法,并判其无罪。

基于当地法庭档案,可以看出类似虐待白奴的案件层出不穷,在切萨皮克湾各地时有发生,殴打、鞭笞或冷漠、残暴的言行数不胜数。然而,与伊丽莎白·阿博特、伊莱亚斯·辛顿案一样,施暴者要么从未被惩治,要么即便被判了罪,法官对他们也极为宽容。马里兰两名嗜虐成性的种植园主,所判之刑仅仅是手背烙印,以示警告。在美洲奴隶制度方面,埃德蒙·S.摩根教授的研究比大多数人都更触及根源。他评判,法庭"严重偏袒种植园主,这在英格兰是根本不允许的"[10]。

法庭之所以对种植园主的暴虐置若罔闻,一个明显的解释就是,不论法官还是要员,他们无一例外都是种植园主。16世纪60年代,在弗吉尼亚重要官员当中,就有这么一个种植园主,其虐待劳工名声在外。这样的人坐在审判席上,显然不愿与他们的同类作对,更不可能站在劳工一边,为其伸张正义。

还有另一种可能的解释,那便是人们普遍认为:所谓契约劳工,必定是英格兰的社会渣滓——犯罪者、危险分子和游手好闲者。追根溯源,这种观点的形成,最初是因为皇家首席法官波帕姆一手炮制了臭名昭著的囚犯移民计划。偏见一经形成,便难以更改,且随着每一批新囚犯的到来而加深。

即便最狂热的殖民地拥护者,也对契约劳工们持有偏见。17世纪60年代,曾当过契约劳工的约翰·哈蒙德出了一本小册子《利

第六章
他们异于牲畜

亚和拉结》(*Leah and Rachel*)。书中，他对两个切萨皮克殖民地① 不吝赞美，可对生活在殖民地的人却不敢恭维，称他们是"流氓、妓女、骗子和浪荡之徒"。弗吉尼亚和马里兰正是"监狱被清空、青年遭诱唆、放荡女子被强行押送"[11]的产物。1670年，威廉·伯克利总督称弗吉尼亚是"一个极佳的教养所，让那些任性顽固、目无法纪的不羁青年们当即懊悔不迭，当初是怎样的野性难驯、放浪形骸才至于被流放此地"[12]。另一生活在同时代的人认为，殖民地就是"消化英格兰囚犯的桨帆船"②。

种植园主们曾遇到过一名契约劳工，并视其为恶魔一般的存在。他就是来自多塞特郡惠特彻奇市的托马斯·赫利尔。28岁时，赫利尔与商人签订协议，以契约劳工的身份前往弗吉尼亚。一开始，他心存忧虑，早就听闻殖民地上的暴行。可是，在小酒馆里几杯酒下肚之后，他被劝服了。商人向他保证，只需要伏案工作，必不会被当作奴隶使唤。在纽波特纽斯港登陆后，他被卖给了卡思伯特·威廉姆森。威廉姆森向赫利尔承诺，"除非逼不得已"，他的工作仅仅是给孩子们当家教。威廉姆森的种植园，名字取得恰如其分——苦役种植园。而让这个年轻劳工深感沮丧的是，"逼不得已"的状况时有发生，根本不存在所谓的家教。赫利尔的日常工作便是在烟草种植园劳动。最初，他并无怨言，发誓将坚持到底。其实，他别无选择。法律已将他牢牢束缚，他必须对主人绝对顺从，直到契约期满

---

① 两个切萨皮克殖民地：指的是面向切萨皮克湾的弗吉尼亚殖民地和马里兰殖民地。——译者注

② 消化英格兰囚犯的桨帆船：旧时的桨帆船由大量人力驱动，划桨者常为奴隶或囚犯。——译者注

的那天。可是，赫利尔未能兑现承诺。威廉姆森的妻子——"毒舌女主人"一次次地激怒他，羞辱他，终于让他忍无可忍。他尝试过逃跑，可几周后又被捉了回来，"遭受比以往更恶劣的对待"。后来，在一个春日清晨，他穿上自己最好的衣服，取了一把刀、一柄斧，当了谋杀犯。他杀死了卡思伯特·威廉姆森、他的妻子和一名劳工。

他的罪行令英属殖民地各种植园主及其家人们背脊发凉，不寒而栗。行刑前夜，他的谋杀供词被递到某位大臣手中，[13] 行文描述细致入微。当时，他抡起斧子，朝沉睡中的威廉姆森致命一击。威廉姆森夫人闻声惊醒，从床上跳起，边尖叫着，边搬了把椅子掩护。眼看这个发了疯似的劳工走过来，她乞求他饶自己一命。"可那是徒劳。除了她的性命，什么也不能让我满足。在我眼中，她便是最大的仇敌。"一个名叫玛莎·克拉克的劳工曾试图阻拦，便成了赫利尔刀下的受害者。

在绞架前，赫利尔说了很长一段话，忏悔自己的一生和犯下的杀人罪行，可同时，他也将矛头直指劳工交易的始作俑者和诸多买家。他痛斥商人和劳工贩子的"卑劣和欺诈行径"，将如他一般轻信的人们引向"深重的灾难和彻底的毁灭"。接着，他对雇主们喊话：

在这片国土上，你们身为劳工的雇主，请尊重他们，在言语上给予他们起码的尊重。不要冲他们大喊"给我滚下去！"，别这么说话。他们并非牲畜。[14]

当然，在涌入切萨皮克湾的劳工中，也不乏恶棍与杀人犯，他们也不仅存在于囚犯之列。不少挤上"烦扰重重"的移民船的自由

第六章
他们异于牲畜

意志者，也堪称社会的败类。更何况，大多数人都在 15 至 30 岁，特别容易惹是生非，赫利尔便是他们中的一个。行刑前夜，他忏悔自己的一生，对自己的罪行供认不讳，可这分明只是一个浪荡子而非囚犯的做派。本质上，和大多数劳工一样，他在出发前往美洲之时，除了一贫如洗和心怀希望，何辜之有？

而关于契约劳工的另一观点，则居心叵测得多。他们逐渐被视为动产，即各自雇主的财物——且具有殖民地法律依据。当时，有一种观点认为，契约制并非意味着附属财产。该观点坚称，契约制代表着抵押个体的劳动力，仅此而已，基本权利未发生变更，个体在本质上也是自由的。可这是无稽之谈。真实情况是，自主与自由都听凭雇主的裁决。

1620 年以前，当弗吉尼亚公司官员首次贩卖儿童和囚犯时，所谓的契约劳工奴隶化就正式开始了。1623 年，相关文件已将劳工们称作"财产"。虽然法律未明确指称他们为"动产"——如同黑奴的命运，可他们已然真真切切地成了奴隶。

契约劳工开始出现在种植园主的遗嘱里。通过搜索系谱资料和其他信息来源，我们发现，劳工们频频以可置换财产的方式出现，与奶牛、银器、烙铁、被褥等被归为同类：

1622 年 8 月 20 日，伦敦，麻布制品商威廉·怀特的遗嘱：
我将把弗吉尼亚所有地产、劳工、货物、债款、动产以及其他一切，都赠予我亲爱的兄弟约翰·怀特。

1635 年 11 月 26 日，弗吉尼亚，伊丽莎白·考斯利的遗嘱：

白　奴
一段被遗忘的美洲殖民史

我，艾肯麦克的伊丽莎白·考斯利，作为我亲爱的亡夫亨利·考斯利的唯一委托遗嘱执行人，将我的种植园，包括所有……我的劳工、物资等，交由我的孩子阿涅斯和弗朗西斯继承。

1684年12月26日，马里兰省圣玛丽斯县，亚伯拉罕·库姆斯的遗嘱：

在我死后，我的所有劳工——两名男童和一名妇女，连同所有圈养的猪，全部归我亲爱的妻子所有。

1673年9月9日，怀特岛郡，托马斯·卡特的财产清单：

5匹马，3只母驴，42头牛，22头猪，5500磅烟草借债，价值400磅烟草的一套木工工具，一张克里斯托弗·霍利曼的账单（价值800磅烟草），一张科布斯先生的账单（价值35磅烟草），两床羽毛褥垫，两床毛绒褥垫，4名劳工（其中两人各余3年契约，1人余5年契约，1人余4年契约），102盎司锡铅合金，两把手枪，3只铁坩埚。

与遗嘱类似，劳工交易商的账簿上也是异曲同工。倘若劳工们在赴弗吉尼亚的途中遭遇海难，将被视作货物损失而不是像正常人一样被哀悼。1655年，一艘原本开赴弗吉尼亚的航船"天使号"在海上遭遇风暴，不得已驶向巴巴多斯。船上很多货物遗失了，某份报告里如此下笔："余下的货物里，有3名价值30英镑的劳工，在巴巴多斯当地转手。"而另有3名劳工设法在新英格兰一个结冰的港口圣玛丽港上岸，随后消失于冰面上。为此，船长遭到起诉，要求按劳工估价给予赔偿。

第六章
他们异于牲畜

有的遗嘱会给劳工们定价——一般都不如牲畜的价格高。身居弗吉尼亚的亚伯拉罕·摩尔将一名"尚余3年契约"的男童定价为1200磅烟草,而他给一匹灰色母马定的价格是2000磅烟草。1664年,在伊莱亚斯·埃德蒙德的资产清单中,"一名余8个月契约的女性劳工"价值600磅烟草,约等于一张床、几条毛毯、少量窗帘和小地毯合计价格的一半。

人口买卖状况确实让某些观察敏锐的人颇为震惊。弗吉尼亚公司秘书约翰·波利和探险家、历史学家约翰·史密斯船长都对此愤愤不平。持相同观点者不在少数。1626年,一位名叫托马斯·韦斯顿的远洋船长拒绝将一批劳工从加拿大运往美洲。他的理由是,劳工们在弗吉尼亚"犹如马匹般被四处贩卖",所以,他认为"运输劳工也是非法行为"。[15] 另一荷兰船长表示,他曾亲眼看见种植园主们在玩扑克牌时拿契约劳工做赌注。他当场斥责了他们,并说道:"即便土耳其人都从未如此对待奴仆。"[16]

17世纪20年代末,登陆切萨皮克湾的人群中,四分之三都是契约劳工。而且,这个比例还将持续下去。在几个重要层面上,他们与身处英格兰的劳工有所不同。在英格兰,如果劳工签约期为1年,便不会被强制追加契约时间。在英格兰,签约后的劳工不允许被贩卖。在英格兰,劳工往往被视为家庭成员而非牲口。在英格兰,雇主们虽然也可能鞭打劳工,但一旦致其死亡,便不可能轻易脱身。可是,假如你轻信20世纪上半叶出版的通俗美国历史著作,便会产生一种观念,认为来到弗吉尼亚的契约劳工和留在英格兰家乡的劳工,其身份和处境是几无差别的。玛丽·约翰斯顿的论述代表了当时社会的普遍观点:"契约制度似乎正中某些中等阶层人士的下怀，他们在该制度中看到了绝佳的机会，既可以享受他人埋单，又可以到美洲碰碰运气，只需付出几年劳动而已。"她补充道："当时，既没有剥夺劳工的人权，也没有在体制上贬低他们。"[17]

几十年后的 1922 年，托马斯·J. 沃滕贝克则对此更为赞赏：

契约制……与奴役制或奴隶制毫无瓜葛。它仅仅意味着新来者在严惩的苦痛之下，有义务通过提供劳动来抵偿路费。而在完成劳动之前，他必须暂时放弃一部分自由，尽管这份自由对每个国人而言都无比珍贵。[18]

沃滕贝克断定，这样的安排，"对各方参与者，都可谓是满意的"。

然而，在遥远的弗吉尼亚荒野之中，土地所有者手执长鞭，又有法律保障，可以要求劳工们无条件服从。伯纳德·贝林在《西行的航海者》(*Voyagers to the West*) 中说："移民者在极端条件下生存……他们在内陆地区扎下根来……需要忍受各种极限，甚至得万般辛苦才能勉强维持还算得上'文明'的生存状态。"[19]

当然，等到契约期满，劳工们即可获得自由。这是白人契约劳工与黑人奴隶最本质的差别之一。一个是暂时状态，另一个则是永久性的。可惜，大量白人劳工并没有活到重获自由的那天。早期，大部分劳工在契约期内就死掉了。而且，即便熬过了契约期，大多数人的命运并不比来的时候更好。摆脱契约束缚之后，他们依然没有田地，依然一贫如洗。

第六章
他们异于牲畜

随着人口买卖常态化，弗吉尼亚公司也好景不长了。公司确实有过一段光辉岁月，可荣耀的背后也掩藏着无尽的叹息。在托马斯·史密斯爵士领导时期，死亡率令人咋舌；而换了埃德温·桑迪斯爵士，这个数字更是有增无减。1619年，埃德温爵士接管殖民地时，已有700名移民者定居于此。未来3年里，又有3570名男女劳工和孩子加入了他们。所以，总人口达到4270人。可1623年，仅900人活了下来。除去347人被美洲土著所杀，尚有3000多人死因不明。

复活节大屠杀之后，殖民地的死亡率问题受到严格审查。詹姆斯一世成立调查组，专门考察殖民地的运营机制，并且委任一名局外人——萨默斯岛总督纳撒尼尔·巴特勒执行调查。弗吉尼亚公司高管及其殖民地支持者纷纷将矛头指向托马斯·史密斯爵士掌权时的积弊。这位大商贾被控贪污舞弊、治理无能，乃至让殖民地沦为奴隶制的温床。对于如上控诉，巴特勒不予理睬。他在报告中称："管理过程中，殖民者蓄意罔顾英格兰法律与传统。"他认为，骇人听闻的死亡率应归咎于公司管理者的暴虐行径、疏忽职守和牟取私利。他提出警告，除非诸多恶行"经由至高无上的神权之手及时矫正，否则种植园将难免'屠宰场'的声名，不仅为我们自身所不齿，也将遭受全世界的鄙夷"[20]。

弗吉尼亚公司的治理于1624年宣告终结，詹姆斯一世撤销其特许状，并以皇家政府取而代之。可是，对于托马斯·库佩、托马斯·赫利尔、伊丽莎白·阿博特身后的契约劳工们而言，艰难时世还远远没有结束。

第七章
人口贸易

延续至17世纪30年代的烟草经济，最终挽救了弗吉尼亚殖民地：新种植园诞生了，劳动力需求也随之而来。与此同时，随着英属殖民地沿北美东海岸拓展以及新殖民地涌现，契约劳工制也日渐普及。总体而言，各殖民地广泛分布着两类人，一类是被迫押运而来的男女劳工，另一类是甘愿抵押个人自由的自由意志者。到17世纪末，共有约20万成年男女和儿童从英伦诸岛被送至英属美洲殖民地，移民者中大多数是契约劳工。

首批在切萨皮克湾之外永久扎根的，是探寻宗教自由的人们——清教徒前辈移民。基于埃德温·桑迪斯爵士的支持，1620年，他们获得一份特许状，在新英格兰建立普利茅斯殖民地。8年后，更加激进的清教徒们又获得一纸特许，在新英格兰建立一家马萨诸塞海湾公司。几乎同一时期，天主教徒也在美洲获得一个庇护所。信奉天主教的巴尔的摩勋爵成为切萨皮克湾东部和北部大片区域的

第七章
人口贸易

领主①，并将之命名为"马里兰"。英国绅士阶层中持相同信仰者被敦促迁至马里兰。

殖民地扩张的步调是由清教徒们掌控的。17世纪30年代，逾20000名清教徒涌入新英格兰，他们将用事实证明，30年前约翰·波帕姆爵士的移民者们过早地放弃此地，是犯了天大的错误。在第一次移民潮中，20%的人是契约劳工。大体上，这批自由意志者未曾像弗吉尼亚种植园劳工们那样饱受蹂躏，可即便如此，他们也属于被压迫的下层阶级。1630年，马萨诸塞湾殖民地总督约翰·温斯罗普阐述了清教徒对他们的看法：

全能的神已向我们昭示其神圣而智慧的意旨，任何时候，人类的境遇都有所差别。有的人富有，有的人贫穷；有的人大权在握，显赫尊贵；有的人平庸无奇，凡事顺从。[1]

1628年发生的两个事例表明了清教徒对待劳工的态度，一方面自以为是，另一方面又带着某种阴郁的商业眼光。第一个例子围绕着一个名叫托马斯·莫顿的律师——一个来自伦敦的自由意志者展开。他平素嗜好诗歌，管理着一家种植园，可惜他犯了个错误，以为可以还予劳工们自由，还承诺接收他们当种植园"合伙人"[2]。

莫顿是由托马斯·沃拉斯顿掌舵的一家贸易公司的高级合伙人。1624年，他和沃拉斯顿带领约30名契约劳工来到马萨诸塞湾。他们与一家山区种植园做毛皮生意，该种植园位于今天波士顿湾

---
① 领主：美洲独立之前，英王颁发特许状同意其独占某块殖民地的人。——译者注

的西南角。现在，它已属于被当地人称为"总统之城"的昆西市郊。殖民者们曾舍弃美洲原住民给它起的名字，而改叫作沃拉斯顿山。

新英格兰让托马斯·莫顿颇为着迷。"我觉得全世界没有什么地方能与这里相提并论。"他写道，"如此繁茂而美妙的森林，秀丽而绵延的山丘……甘洌的山泉如水晶般透亮，还有清澈的溪水奔流不息……这是大自然的神来之笔……如果这片土地还谈不上富饶，那全世界都是贫瘠的。"[3]

他被阿尔衮琴部落深深打动。"他们极富同情心，宁可所有人饿肚子……也不让其中一人独独饿死。这里没有饥肠辘辘的乞丐，也没有'吊着一群可怜人'的绞架。"于是，他得出结论："柏拉图的理想国正在这群人当中实现。"托马斯·莫顿想留下来。

莫顿一行人登陆两年后，他们的首领沃拉斯顿船长认为，南下弗吉尼亚，一定还有更肥沃的原野。殖民地大本营迅速扩张，比以往任何时候都更渴求劳动力的补充。于是，沃拉斯顿带着一些契约劳工踏上了前往詹姆斯敦的漫长而有投机意味的征程。到了那里，他显然不费吹灰之力地卖掉了劳工。既然此类交易有利可图，他便向马萨诸塞湾发出指令，把剩下的劳工全都送来。此时，托马斯·莫顿正决心妥善经营种植园，便对该指令尤为抗拒。他迅速集结力量，发动了一场"政变"。莫顿将沃拉斯顿的副官逐出种植园，又把身边的自由意志者们召集起来，给他们两个选择。第一，他们可以去弗吉尼亚，以奴隶身份被贩卖；第二，他们可以做他的合伙人。莫顿承诺："我们将以平等的身份，自由交谈、劳动、贸易和生活，相互支持，相互保护。"[4]

第七章
人口贸易

接下来发生的一切让清教徒移民们极为愤怒。一个自由联邦在种植园里宣告成立,并被重新命名为"马雷蒙特",依照阿尔衮琴部落的原始命名音译而来。在其短暂的存续期内,被人们——无可争议地——称为"欢乐山"①。

莫顿是一位英国国教徒,乐于享受舒适的生活。劳工们终于首次迎来自由,他们便借着最近一个节日组织了一场庆祝活动,让清教徒们低声念出"撒旦"。这个节日是五朔节。莫顿和他刚刚解放的劳工们在种植园里庆祝这个古老的传统节日。欢庆现场的核心装饰是一根80英尺②高的五朔节花柱,顶部悬挂有牡鹿角。莫顿创作了一首寓言诗,致敬古希腊女神迈亚,拿出"一大桶精心收藏的啤酒佳酿",外加很多瓶装酒。人们"为所有来宾欢呼",尤其是阿尔衮琴的朋友。众人手拉着手,围绕花柱起舞,沉浸在"纯真的欢乐"当中。对于附近普利茅斯殖民地冷峻而虔诚的清教徒而言,这载歌载舞、纵情豪饮、不啻发布"胜利"宣言的场面,或许太过喧嚣了。

果不其然,眼前这群"无神论者"令清教徒移民们怒不可遏。他们称五朔节花柱和西奈山下的金牛犊③一样,不过是一种偶像崇拜。普利茅斯殖民地总督威廉·布拉德福德也公开谴责:

他们……立起了五朔节花柱,一连几日围着它饮酒、跳舞,邀请印第安女人为伴,嬉闹、作乐(如同一众妖孽,或者说更像复仇

---

① "欢乐山":原文"Merrymount",取马雷蒙特(Ma-re-Mount)的谐音。——译者注
② 英尺:长度单位,1英尺=0.3048米。——编者注
③ 金牛犊:《圣经》中的"金牛犊"是在摩西上西奈山领受十诫时,以色列人让亚伦制造的一尊崇拜偶像;后世广为流传的"金牛犊之罪"和"以色列人的背叛"也由此而来。——译者注

女神），甚至有更恶劣的举动。他们仿佛觉得自己上演着古罗马女神弗洛拉的盛会，并为之欢呼雀跃；又或者，他们是在仿效疯狂的酒神与狂欢之神巴克斯的放荡行为。[5]

更有谣传说莫顿把枪支卖给阿尔衮琴部落的朋友，可以设想，这让移民者们惶恐不安，甚至增添了几分怨恨。而这中间，还夹杂了其他的情绪。其一是害怕，生活在周边的种植园主们担心，莫顿所建立的自由联邦会对他们的劳工造成不良影响。的确，很多劳工开始试图逃脱主人的控制，到欢乐山寻求庇护。虽然确切数字不详，可布拉德福德总督将矛头指向莫顿，称其放纵劳工的不满情绪，包庇了"这片土地上的所有渣滓"。对雇主们而言，欢乐山是"威胁"的代名词。或许莫顿在商贸方面也委实出色，让他们心生嫉妒。由于和阿尔衮琴部落颇为亲善，他控制了毛皮交易的很高份额。在欢乐山短暂的存续时期，据估算，其利润高出其他殖民地 6 倍。

清教徒们一窝蜂地涌入欢乐山，几经周折，终于抓住了莫顿，给他戴上枷锁，押到布拉德福德总督跟前。莫顿的人脉很广，最终未被行刑，只是被送回英格兰。五朔节花柱被一刀砍断，屋舍也被毁了。劳工们何去何从，资料上并无记载。我们猜测，他们可能重新被契约束缚，或许被送到弗吉尼亚贩卖，正如原先的主人们所愿。

第二个例子是同一年发生的。1628 年，清教徒领袖们将 180 人送往新英格兰，其中很多人都是来自东安格利亚的契约劳工。他们在塞勒姆登陆，依照指令驻扎在梅里马克河畔的小块区域。两年后，著名的温斯洛普舰队来到此处，他们满心期待获得食物补给。可是舰队卸货时,他们发现原定补给梅里马克河劳工的粮食不翼而飞。这群自由意志者,本已患病且死伤无数,又逢粮食匮乏,形势雪上加霜。他们只得恳求塞勒姆当地的清教徒领袖们施舍"赖以为生的口粮",却遭无情的拒绝。清教徒领袖托马斯·达德利在1631年致林肯伯爵夫人的信中解释了原因:

我们发现,当时已完全没有能力向他们提供补给,因为船上的粮食早在装运时就被挪用了。我们寄希望于另一条船运送补给,可结果大失所望,也没能运来粮食。因此,我们不得不选择一个将蒙受巨大损失的结果:解除契约,将他们全体释放。[6]

换言之,这群自由意志者被抛弃了,任凭他们自生自灭,或乞求当地土著的施舍。从达德利信中的口吻来看,这还不是最糟糕的。真正令清教徒们沮丧的,是他们要承担将劳工运至美洲的经济损失。达德利懊恼不已,这批劳工"从置备必需品到海上运输,每人大约耗费16到20英镑"[7]。

一旦丧失利用价值,劳工们只能自生自灭——这是契约劳工制的一大特色。无法续用或命不久矣的劳工确实会遭到雇主的无情遗弃。一些殖民地专为此事建章立制。成立于1636年的罗德岛殖民地将率先出台法令,禁止雇主假借"归还自由"之名,撵走患病或残疾的劳工。1个多世纪后,弗吉尼亚也终将如此。

此后若干年,清教徒对待契约劳工的态度飘忽不定,时而将他们视作孩童,时而认定他们是潜在的囚犯。他们限制劳工的各项基本权利,从立法层面允许对逃跑者实施严厉处罚,也允许针对劳工的自由贸易。不过，劳工权利获得了更广泛的关注，也没有出现大量关于雇主施虐和暴行的申诉。关键因素之一在于劳工规模。在新英格兰，一般来说，小型农场可能仅有一到两名劳工。

可在切萨皮克湾，人口贸易已经形成规模，状况就天差地别了。烟草种植园的劳工需求量很大，人口贸易应运而生，而且其规模随着殖民地的不断扩张而增长。事实上，它已具备一切贸易应有的要素——投资人、代理人、承运人、贸易商，一应俱全。

形形色色的投资人瞅准商机，将劳工们送到殖民地，据此获得人头权。弗吉尼亚劳工可为投资人带来50英亩土地。而最早投资马里兰殖民地的，每送去5个移民者，可获得2000英亩土地；若移民人数不足5人，则每人可换取100英亩土地。后来，马里兰承诺的土地面积有所削减，可这项政策本身依然太过慷慨，以至于殖民地最终不得不放弃人头权利制，避免所有土地都流失于他人。

各类人群都可能热衷此道，想着投资盈利。比如，旅店老板，他们有亲戚或朋友在殖民地，又有几个闲钱愿意投资。再如，伦敦和布里斯托尔的大金匠、布匹商、杂货商，他们结交广泛，又有大笔可调配的资金。弗吉尼亚史学家蒂莫西·保罗·格雷迪想查明究竟是哪些人与劳工们立约，将他们从英格兰各地送往美洲。结果他发现，1654至1686年，仅布里斯托尔一地就有近3000个契约发起人。[8] 他们当中，有人签了一群劳工，然后和劳工们一起抵达新大陆，索要他们自身及其劳工的人头权。接着，他们要么将土地和劳工全部卖掉，要么就在新领取的土地上种植烟草，而劳动力正是他们带来索取地产的劳工。

第七章
人口贸易

还有一些人，则依托专营此道的商人和代理人来寻觅和运输劳工。某个贵族投资人发现，只要提前一天提出需求，很快就有40个契约劳工被送到眼前。这些人口掮客会印刷一套格式化的契约，留下很多空格，随时填写劳工姓名，附加任何劳工义务。他们会占用码头周边的一些屋舍，用以安置和安抚启航前聚集的劳工。显然，他们必定时不时地给官员们一些好处。如果劳工们在最后时刻改主意逃跑，他们就得采取必要措施把他们追回来。这时，就需要官员们睁一只眼闭一只眼。

那些已经在美洲站稳了脚跟的，往往乐意在往返英格兰的途中顺便做点儿劳工的小生意。在《仁主良仆》(*A Good Master Well Served*)一书中，劳伦斯·汤纳引用波士顿铸币厂厂长——著名金匠詹姆斯·赫尔在17世纪60年代的日记里的一句话。"几个孩子，"他写道，"我带过来了，他们健康状况良好，也顺利卖掉了。可是，大概是天意，我遗漏了那个叫萨姆·盖洛的孩子。他后来跟着克拉克先生，却在来美洲的途中不幸落水，殒身大海了。"[9]

在美洲，来自英格兰各大港口的船只会载着劳工们定期往返切萨皮克湾的主要河道，哪家需要购置劳动力，便可停船交易。轮船靠岸前，殖民地会做好相应的宣传工作。无论是张贴的海报，还是后来载入切萨皮克湾史册的报刊新闻，都将预告新劳工的到来。潜在买主据此了解劳工们的年龄、性别、技能以及何时可以登船，亲自查验、挑选人口货物。

此外，甚至还有"售后服务"条款。这些条款规定了劳工交易的前提："健康状况良好"或"具备某种技能"。如发现劳工不合格，可以将其遣返，按"退货"处理。有些买家事后发现，劳工已身患疾病或非常虚弱，于是一怒之下将代理人告上法庭，追偿货款。某次，有买主发现新购入的一名年轻女性劳工身患"天花"，便强行要求商家支付诊疗费，并退回部分货款。

与众多高收入行业一样，这笔买卖也是有风险的。轮船和所载劳工有可能突然间杳无踪影。1637年，不少商家曾向法院控诉，劳工们在去美洲的途中被劫。商人约瑟夫·桑德斯抗议，他名下83名劳工在委托代理人死后，被运送劳工的船长拐走。因此，桑德斯请求枢密院下令召回这批劳工。紧接着，又有1名商人起诉，控告3艘船的船长"擅自挪用……各渠道汇集来的劳工"[10]。

始于英格兰的航程依旧形势严峻，难以名状。1634年，因航行过程中和刚登陆时的人口死亡率太高，时任弗吉尼亚代理总督的约翰·韦斯特向殖民地委员会抱怨不已。他认为，一个重要原因是大多数船上的人口密度太大，商人们"不断往船上填塞人"，致使瘟疫"在人群密集和散发恶臭的同时"蔓延。[11] 体质不佳、出身城镇的劳工们是最易染病的。4个月内，"五月花号"上已有8名劳工死亡。

很显然，对承运人而言，追求利益最大化的方式便是让劳工们晚点儿签订契约，在登陆美洲之后才开始计算。如此一来，船长就可以按照船费与他们签约，然后再一一销售。维多利亚时期的历史学家菲利普·布鲁斯曾言，船主们通过大幅提高"船费"，狠狠地剥削了这些不幸的移民者。"渐渐地，船费涨为天价，劳工们不得不延长契约期，而船主们坐拥更高的营运利润……往往可涨至正常运费的4到5倍。"[12] 将个人命运交付船长，如今已成为臭名昭著的高风险选择，可此类情况还在持续。

第七章
人口贸易

论及契约劳工的主要购买者,自然是各大种植园主。他们每购得一名新劳工,所持资产便会自动增长。1622年大屠杀之后,曾率领殖民者们反攻包哈坦部落的威廉·塔克正是这样一个种植园主。20年后,塔克在他的遗嘱中透露,他曾买入至少180名劳工:

我曾将为数不少的劳工运到美洲,而每名劳工可为我带来50英亩土地的收益。通过首批劳工,我累计获得3000英亩土地,第二批、第三批又分别追加3000英亩。

塔克的陈述一向含蓄。遗嘱的最后,他轻描淡写道:"日后,这些土地或许对我的继承人有点儿用。"[13]

"每年,都有数百人来到殖民地。他们之中,只有极少数是非卖品。"殖民地事务官理查德·肯普1637年向伦敦汇报。

与此同时,殖民地诈骗、偷盗之风盛行。17世纪30年代,切萨皮克湾充斥着坑蒙拐骗之流,他们坐享人头权制度之利。方法很简单:即便死掉的人也可以通过人头权审批,只要他们是在前往殖民地的途中死去或曾经到过殖民地。殖民地欺诈、腐败状况丛生,而弗吉尼亚1624年成为王室直辖殖民地后,形势变得愈发严峻。曾有人接连8次横跨大西洋,而每一次都成功索取到自身的人头权收益。据说,运送劳工的船长们将全体船员都登记为移民者,给每个人申报人头权,等到全部出售,就带着所有人离开。等到下次回到切萨皮克湾,他们就故技重施,另选一个聚居点靠岸。在某个案件中,一名劳工先后3次易主,运送他的船长、购买他的商人以及商人转卖的种植园主都声称是该劳工的主人。

白　奴
一段被遗忘的美洲殖民史

菲利普·布鲁斯似乎翻遍了弗吉尼亚的人头权申报材料，对腐败之严重深感愤怒，并在《弗吉尼亚经济史》(*Economic History of Virginia*)中阐明：

黑白颠倒，光怪陆离——人头权下的姓名表甚至是从旧名册中拷贝而来的。追根溯源，殖民地办事处形成了非法出售人头权的恶习。任何人只要愿意出1到5先令，就可以购买一份人头权，而不管他是否违反了法律。

显然，唯一拿不到那50英亩土地的移民者，就是契约劳工。

然而，人头权骗局只是大量违法犯罪行为的冰山一角。早在1618年，英格兰各大码头就开始爆发人口失踪案。遭绑架后，他们会被卖到美洲的劳动力市场。第一桩有迹可循的案件发生在萨默塞特。当时，绑匪们利用非法拘捕令绑架了一群妇女，并把她们送到弗吉尼亚。另一个案件中，一个名叫罗宾逊的办事员伪造了一批搜捕令："逮捕……自耕农之女，或将她们赶到围区内，为陛下的弗吉尼亚子民们繁衍后代。"后来，这个人被判吊剖分尸刑。领受如此酷刑，并不是因为他绑架他人，而在于他伪造了皇家印鉴。后面您将看到，未来20年里，绑架生意确实愈演愈烈。

可是，官员们真正感兴趣的并不是劳工从何处来，更多的是如何掌控好他们。马里兰殖民地不仅吸收了弗吉尼亚针对劳工大军而设计的一套管理规定和惩罚机制，而且还更进了一步。1639年，马里兰议会将劳工潜逃判为死刑。第二年，该刑罚有所调整。死刑仅适用于劳工在契约期满后拒绝追加期限的情况。起初，每潜逃1天意味着追加劳役2天，后改为4天，后又改为10天。

第七章
人口贸易

其他殖民地倒不似这般,他们极少像切萨皮克湾的殖民地一样对劳工高度依赖,所以同样的镇压动机并不充分。即便在卡罗来纳和佐治亚,白人劳工也少得多。而宾夕法尼亚是个例外。之后数十年里,抵达宾夕法尼亚的劳工数量堪比弗吉尼亚,而且相关法律条文几乎与切萨皮克湾的一样丧失人性。唯一没有大规模蔓延(仅有少量渗透)至宾夕法尼亚的弗吉尼亚旧例,便是劳工的买卖。

当然,假如结局美好,多年束缚或许算得上有价值。可事与愿违,契约一般会牢牢束缚住劳工,而雇主的待遇则不同。有时,对雇主的唯一要求是含糊其词的"自由费",且"按照当地风俗习惯"兑现。很多人以为,这意味着可获取一片土地,而多年后重获自由的那天他们才发现,这句话根本就是空谈。人们猜测,在沃平地区昏暗的小酒馆里,或布里斯托尔商人热闹非凡的办公室里,愚弄一个未受过教育、满脑子幻想、期盼新生活的年轻人,并非难事。太多劳工懊悔不迭,希望扭转命途,由此可见上述情况在当时很普遍。

蒂莫西·保罗·格雷迪细细查阅了多年来两个切萨皮克殖民地的法庭记录,发现了众多雇主以"自由费"之名欺骗劳工或在劳工服役期满后不还予其自由且丝毫不受惩罚的案件。格雷迪判断,依照当时的法律体系,在种植园主的控制下劳工们的权益经常是失效的。[14]

可是,也不能因此说法庭重荷难承,所有劳工都必然败诉。事实上,也有很多案件表明,他们获胜了。17世纪60年代,在马里兰的查尔斯郡法院,辩护者开始为劳工主张权益,并且打赢了官司。他们是谁,帮了多少人,我们无从得知。但是,有资料显示,

白　奴
一段被遗忘的美洲殖民史

当地法官决定叫停此类官司，拦截法庭上的"鲁波尔①们"。档案里有个段落令人哭笑不得，写着：

鉴于数位律师承接了劳工状告雇主的案子，给雇主们招致重大罪名和损失，特此下令，从今往后，除非法院特别委派，否则任何人不得担任劳工一方的律师。[15]

法院实则由种植园主们掌控，因此，如下裁决屡见不鲜：

当成就最为显赫的种植园主理查德·卡特及其兄弟爱德华拒绝释放9名契约期满的劳工时，其他种植园主都站在卡特一边。他们的理由是，这些契约并未在市长大人或治安法官的见证下签订。后来，9人被迫回到卡特种植园继续服劳役。

他们将契约视作无效，因为它"只是英格兰某机构开具的证明，并未经任何人签署"。

托马斯·戴默称，自己不应当"按照本地风俗习惯"被迫服劳役7年，因为他离开伦敦时仅签订了4年契约。因他无法提供书面证据，法院对此不予理会，并判其按7年期服劳役。

他们驳回了申诉人的自由申诉。申诉人在年契约期满后，又被追加了4年劳役期。法院判处他们"重新回到"主人身边。

---

① 鲁波尔：赫拉斯·鲁波尔是英国作家约翰·莫蒂默笔下的虚构人物；身为伦敦老贝利刑事法院的律师，经常以低廉报酬为弱势群体辩护；曾有多部广播电视作品以此为题材播出。——译者注

第七章
人口贸易

终于，马里兰"按照当地风俗习惯"治理的做法激起谩骂声一片，上级议会不得不制定具体的规章条例。无法出具契约的成年劳工将服 4 年劳役，但同时也能获得 1 套衣服、亚麻织物、鞋袜、两把锄头、1 把斧子、3 桶玉米以及宝贵的 50 英亩土地。可是，似乎这并未带来实质变化。一份针对 17 世纪 70 至 80 年代来殖民地的 5000 名契约劳工的调查显示，只有不到 1300 人获得了"自由费"中应许的土地，而仅有 241 人成为土地所有者。这 5000 人当中，大约四分之一死于契约期内。1300 人获得了权益，却有近 900 人立刻卖掉了土地，因为他们大多负担不了土地测量费用。[16]

当然，人性战胜丑恶的例子也是有的。对生活在马里兰殖民地圣迈克尔斯的托马斯·艾伦的儿子们而言，正是如此。17 世纪 30 年代初，艾伦成为首批马里兰殖民地劳工中的一员。15 年后，他回归自由人身份，拥有少量土地，养育了 3 个儿子，可他时时担心自己身陷险境，唯留下孩子们孤苦无依。显然，当时托马斯的妻子已经不在了。1648 年，艾伦在遗嘱中透露了他的恐惧。这个秉性耿直的新教徒曾与一群爱尔兰天主教徒发生冲突，一直担心对方伺机谋杀。遗嘱表明，如果他被杀，一定是爱尔兰人所为，请求朋友们帮他照顾两个尚且年幼的儿子，因为"我不愿将他们卖作奴隶"。[17]

4 个月后，托马斯·艾伦果真被谋杀了，可凶手并非爱尔兰人。1648 年 8 月的一个清晨，他的尸体在圣迈克尔斯的望海崖海滩被发现。当时，他身上有 3 根箭射穿的痕迹，而且被剥了头皮。两个儿子托马斯和罗伯特也失踪不见。

白　奴
一段被遗忘的美洲殖民史

男孩们是被帕塔克森特部落绑架了，该部落还杀死了他们的父亲。部落散布消息，说两个男孩可以被赎回。他们给稍大些的托马斯定价 900 磅烟草，弟弟罗伯特 600 磅烟草。一群议员被召集起来，商定对死者的财产做个评估。结果并不乐观。托马斯·艾伦所拥有的土地几乎没有价值，而他唯一的契约劳工也快期满了。在殖民地生活了 16 年，他名下可称作财产的，唯有 1 艘小船、1 把枪和 15 头猪。扣除诉讼费、清偿完债务后，艾伦所剩资产并不足以支付赎金。身份显贵的议员们宣布，郡县本身不会为两个孩子支付赎金，但是他们提出了一个解决方案。如果有人支付赎金，男孩们将归其所有，在 21 岁以前都充当对方的契约劳工——用他们死去的父亲的话说，他们会被"卖作奴隶"。

幸运的是，死者确实有真诚的好友在世。其中两人支付了赎金，带走了孩子——把他们视为儿子而非奴隶。其中 1 人在付完 900 磅烟草后表示，这么做"并非为了签订契约或其他任何考虑，而仅仅出于他身为自由人的爱与关怀"[18]。

多少人可以做得比托马斯·艾伦更好呢？不仅在美洲争取了好的生活，还给子孙留下了一笔财富。从数字上看，答案一定是"很多"。可从比例上看，结果是"很少"。阿博特·埃默森·史密斯认为，每 10 名劳工当中，1 人会当上"体面而富足"的地主，另 1 人"虽无土地"，却以工匠的身份过上"舒适且有价值的生活"。而其他人，要么"在契约期内死去，或者期满后被送回英格兰"，要么成为"穷苦的白人""无论身为劳工还是地主，都未在殖民地获得任何实质地位"。[19] 简言之，即便熬过了契约期，多年来无偿的苦役也并未给他们带来比初次登陆美洲时更好的生存处境。

第八章
隐秘通道

经济学表明，只要有需求，就会有市场。犯罪心理学指出，只要有市场，就会有不择手段的市场供给者。殖民地对劳动力的迫切需求，也催生了日益增多的人口绑架案。1618年，第一个绑匪在英格兰受审（首批儿童从伦敦运往美洲的前一年），罪名是绑架年轻女性送往殖民地。这并非个别现象，而是一个犯罪产业已经诞生。

17世纪中叶，绑架行业已然蓄势兴起。1649年，先后到过弗吉尼亚和巴巴多斯的威廉·布洛克写道："要获得劳工，一般来说，得靠一群被称作'幽灵'的诱拐者。"[1] 换言之，除了涌入殖民地的其他类别劳动力，包括自由意志者、被流放的囚犯、街头流浪者等，成年男女和儿童还可能在被怂恿、诱骗的情况下成为契约劳工，以填补殖民地劳动力的深坑。"幽灵"们成了殖民地的首席招募官。

白 奴
一段被遗忘的美洲殖民史

布洛克描绘了绑匪们是如何悄悄地诱拐人口的：

所有懒散、无知的人，都是他们诱骗的对象，比如那些脸上写明了"无所事事"，宁可乞讨也不愿工作的人；那些听信了"幽灵"们的规劝，将去一个食物从天而降的乐土的人；还有那些被蒙骗了的、鼓足勇气远赴海外的人。[2]

实际数字无从知晓——17 世纪尚无犯罪数据记录。据弗吉尼亚牧师摩根·古德温所说，17 世纪末，每年有 1 万人被隐秘地输送出去。[3] 不过这一数字，也有人说高得荒谬，是为了宣传效果而故意夸张。[4]

沃尔特·布卢门撒尔认为，这个数字"也并非没有可能""某些年份里，被诱骗的契约劳工、被驱逐者、囚犯和被绑架者加起来，可能超过了 1 万"。[5] 而这发生在 17 世纪中叶的可能性则更大，当时克伦威尔远征爱尔兰，使得当地过剩的人口达到峰值。

众多绑架案件皆取自法庭记录。伊丽莎白·哈姆林成为伦敦首个接受米德尔塞克斯巡回法庭审判的"幽灵"。从记录上看，她被控"从街头掳走多名幼童，并把他们卖到弗吉尼亚"。她被判鞭刑，并且下次开庭时继续受审。其他"幽灵"也曾仿效哈姆林的做法，间歇性地把被拐者运往码头。1625 至 1701 年，米德尔塞克斯郡法庭共计审理了 73 桩绑架案。[6]

多年来，相关案件数量不大，可这并不表示问题不严重。相反，它所体现的是执法部门怠于作为的态度。这些案件中，有个叫克里斯蒂安·卡柯莱特的"幽灵"是真正走上法庭受审的。1655 年，

第八章
隐秘通道

他被指控"曾掳掠男女老幼，将他们卖到一艘开往海外的船上"。据多萝西·珀金斯称，卡柯莱特曾诱骗弗尼福尔一家——丈夫、妻子和幼子——登上"殖民者号"，前往弗吉尼亚。1658年，安妮·格雷被控"不务正业、怠惰懒散"，并将一名16岁少女诱拐上船。

这桩"暗市交易"的规模，最佳衡量方式不是看案件数量，而是根据审判时搜集的证据，看它们所揭露的犯罪行为的严重程度，因为绑架者往往供认或被控涉嫌为数极多的绑架案。1671年，一个名叫威廉·哈弗兰德的"幽灵"被判绑架罪，并向法院提供证据检举了共犯。他指控了16名共犯"幽灵"，其中有杂货商、海员、旅店老板和船工。哈弗兰德说，"幽灵"约翰·斯图尔特已经拐卖人口长达12年，他将被绑架者送往巴巴多斯、弗吉尼亚和其他地方——"他曾坦言，每年绑架500人"。

如哈弗兰德所言属实，过去十几年，斯图尔特的受害者将达6000人。可这一数字并无法证实。有证据显示，斯图尔特在同行眼中勤勉有加，是个受人尊敬、家底殷实的商人。据哈弗兰德所说，每向斯图尔特提供1名受害者，将获得25先令。而后，斯图尔特会以每人40先令的价格继续出售。

在另一份证词中，哈弗兰德又状告东史密斯菲尔德路的鞋匠威廉·西恩拐卖840人；指控经常在圣凯瑟琳和圣吉尔斯周边活动的罗伯特·贝利，称他是一名"惯于此道的'幽灵'，别无其他谋生方式"。

所有这些"幽灵"都需要共犯，从暴力的劫掠者或销赃的商人、各艘船的船长或其代理人、身处英国本土和殖民地的商人，一直到大西洋两岸腐败的权贵和地方官。通常来讲，他们需要把无知、轻信、醉酒的受害者们骗到临时监狱,等找到船后再把他们一起运走。如果"幽灵"和船长早有安排,就把他们直接送到停泊在泰晤士河边的船上。

渐渐地,绑架行当演变出多种模式,每种都有其显著特点。一个重要类别被称为"办公室看守"。和"幽灵行动"一样,这也是个委婉的说法。"办公室看守"为整串诱拐行动提供了大本营。从外表上看,它或许是一个酒吧或者一个隐秘的酒窖、阁楼,暂时控制住等候轮船的人群。因此,"办公室看守"制造了呈现给外界的绝佳伪装。与"幽灵"一样,"办公室看守"也采用欺骗或其他手段将粗心大意、容易上当的人们哄上船。唯一差别在于,绑架者不需要操心契约文书的问题,"办公室看守"会用各种手段获取当事人的签名,或者说,因多数人未受教育,只要获取他们的一个印记。如下文字完美地捕捉了伦敦"幽灵"们所从事行当的隐秘而诡诈之特性:

> ……三四名冷血"幽灵",衣着体面光鲜,面目如鹰般冷峻……他们就像趁主人度假期间,换身行头假扮主人的男仆……虽为绑架者,可一番"变形记"后,他们便能诱惑那些希望获得服务的人们,以及一帮恋情不顺的年轻傻瓜——心神不宁之下想去海外一探新鲜。将每个可怜虫诱入此等苦难之中,都需要一群掌事者、船主、商人们的配合与运转。[7]

这可不是什么正当买卖——它前途险恶、凶吉未卜,正如作者所描绘的"幽灵"受害者们的境遇:

第八章
隐秘通道

6个流浪汉，他们褴褛的衣衫、绝望的神情中透着贫穷的气息。他们跟一群尚显稚嫩、仿佛逃跑"学徒"的小伙子关在一处……他们当初一脚踏进的，只是一间"办公室"，而种植园劳工的命运将把他们与悲惨和苦难绑在一起，直到死去……这些年纪轻轻的浪荡子，连同衣衫褴褛的人们，看似享受了不错的待遇，可正是这份美好的期望，给他们套上了奴隶制的枷锁。[8]

一切迹象都表明，这是有组织的犯罪。"幽灵"的目标遍及各个角落。和流浪者、失业者一样，其他人一不留神，也很容易沦为绑架者的猎物。但是，和老人比起来，绑匪还是更喜欢挑年轻人。这并不奇怪，美洲大陆和巴巴多斯的劳动力市场都更倾向于年轻力壮的劳工。面临最大绑架风险的是十岁以上的孩童，尤其是青少年，还有二十几岁的青年男女。

"幽灵"并非仅活跃于伦敦，事实上，在不列颠群岛各地，包括南安普敦、阿伯丁、都柏林等港口，尤其是布里斯托尔港，都遍布他们的身影。出人意料的是，布里斯托尔的非法买卖是由杰弗里斯法官揭发的。这位成日醉醺醺的律师受查理二世委任，成为皇家首席法官。如今，杰弗里斯法官留给人们最深刻的印象是1685年执行的"血腥审判"。当时，他判处追随蒙默斯公爵的反叛者330人死刑、800人流放。审判中，他发现有个男孩从监狱里被非法流放。这个孩子似乎是当前各港口频发的诱拐人口案的受害者之一。小偷、无赖、流浪汉们都被带到当地法院，并被告知要想活命，唯有同意被流放。对此，多数情节轻微的囚犯，唯恐丢了性命，纷纷点头。于是，法官和党羽们便把他们卖给商人或船长，继而远赴新大陆的奴隶市场。

基于这名男孩的案件,杰弗里斯查明了元凶,其中甚至包括这座城市的市长,他被杰弗里斯判罚 1000 英镑。男孩的案子不仅揭露了布里斯托尔的腐败,也体现了时代的堕落。多亏了杰弗里斯法官,这肮脏的诡计才得以浮出水面,并且他尽已所能地予以制止。仅仅 3 年后,詹姆斯二世逃亡,杰弗里斯也意图逃去海外。他想在旅店里喝上最后一杯,却偏偏被指认出来,在伦敦塔里度过了余生。最终,他死于因酒精而恶化的胃溃疡。

渐渐地,绑架案司空见惯,甚至成了小说题材,包括丹尼尔·笛福、罗伯特·路易斯·史蒂文森在内的作家们都在作品中有所反映。其中一名"幽灵"似乎将圣保罗大教堂当作大本营。试想,这名"幽灵"在大教堂周边操练他的诱拐技术,而身为座堂牧师的诗人约翰·邓恩则在布道坛上义正词严,宣扬贫穷孩子被送到国外将如何重获新生。1666 年的一场大火,让老圣保罗大教堂一去不返,或许藏匿其中的那个"幽灵"也被一同带走。很难想象,在克里斯托弗·雷恩指挥重建的这座新古典主义大教堂里,守护者们还会允许邪恶的"幽灵"们徘徊其间。

到了 17 世纪中叶,整个社会对绑架异常恐慌,以至于癔症泛滥,居住在港口及其周边地区的家庭尤其如此,而年轻女性和其他潜在受害者群体中则偶尔会出现集体恐慌现象。民众彼此之间诬告构陷。1645 年,玛格丽特·罗宾逊被传唤出庭,理由是她曾妄称玛丽·霍奇森"是一名绑架者"。威廉·冈特和托马斯·福克纳被控袭击玛格丽特·埃默森,无端指责她是"一个诱拐儿童的'幽灵'……而并未发起正式的起诉"。几年后,苏珊·琼斯又被丽贝卡·艾伦指控,说她"蓄意袭击,并诬陷对方是'幽灵'"。[9]

第八章
隐秘通道

当时，绑架已经是大众通俗新闻中特别容易危言耸听的题材。我们发现一份未署日期的大幅报纸，上面翔实生动地描述了一起发生在伦敦的大规模儿童诱拐案。这篇报道由伦敦舰队街的詹姆斯·瑞德发布，至今仍保存在大英图书馆里。文章标题格外引人注目：

大绑匪终于落网！
全方位纪实：阿扎里亚·丹尼尔船长落网全过程及其绑架动机

阿扎里亚·丹尼尔船长是如何诱拐乔纳森·巴特勒和理查德·布莱格拉夫的？面对斯皮特佛德[①]法院的理查兹法官，他如何供认不讳？爱德华·哈里森的口供如何致使他被移交新门监狱？除诱拐推销员托马斯·弗农的孩子外，丹尼尔还将150多名儿童送上多艘船只，沿河顺流而下。此外，还有他被移交新门监狱的全程实录。

这篇报道非常细致地描绘了诱拐行当的面貌，值得给出更多原文参考：

[①] 斯皮特佛德：即今日的斯皮塔佛德，位于伦敦东区，是伦敦著名的市场街。——译者注

白奴
一段被遗忘的美洲殖民史

为了搜捕绑架者，近来，小镇已经鸡犬不宁。一旦有儿童失踪，痛苦万分的家长们便会发起详尽的盘查。也正因他们的高度关注，所有临近河畔的房屋、当下准备出航的船只，都要接受严格的搜查。的确，很多孩子在多番举措之下幸运获救，脱离危险，可尽管受害者回了家，窃贼们却多数逃之夭夭，不知去向。我们只抓到了3名囚犯，且并非此等恶行的主犯。可这一切在本月7日，那是一个周三，彻底改变了。阿扎里亚·丹尼尔船长，即停泊在河上的某条船的指挥官，在途经股票市场的时候被寻找失踪孩子的两名绅士遇上了。当时，他俩正根据手头掌握的信息一路追寻他的踪迹。

两位心急如焚的家长，情急之下也没有丧失理智，早早地从治安官处获得了丹尼尔船长的逮捕令。两人分头行动，一个去找治安官求助，另一个跟着他进了一家小酒馆。船长被当场逮捕，并被带到本地治安官——理查兹法官面前。法官问这名嫌疑人住在哪里。船长如实回答了。这对他而言可不算幸运，因为治安官立刻下令搜查他的住所，结果在阁楼上找到了那两名失踪的孩童。

铁证如山。两名12岁左右的儿童获救，丹尼尔也被押到新门监狱等候审判。这份报纸还报道了另一桩儿童失踪案：

弗农先生是斯特普尼教区的一名推销员，膝下仅有一子。某天，孩子不见了，他不顾一切地追寻他的下落。为了寻找孩子，他倾尽全力，后来获悉，有个叫爱德华·哈里森的船员住在附近，有人看到他和一个小男孩在一起。从描述上看，那个孩子很可能是他的儿子。不仅如此，此人还总是刻意回避，不与他打照面。

第八章
隐秘通道

于是，弗农先生去找了罗伯特·乔弗里爵士，获取了逮捕证，与一名巡警一同前往爱德华·哈里森的住所……

起初，这名囚犯面对突如其来的逮捕表现得很惊讶，装作一脸无辜，坚称自己是清白的。可后来被送到法官面前时，他胆怯了。罗伯特爵士抛出几个问题，他扛不住，终于认罪。据他所说，3个礼拜前就把这个孩子送上了船，此刻已经在前往巴巴多斯的途中。不仅如此，与他同行的还有另外150多个孩子。他们搭乘不同的船，前往各大殖民地。

不少丢了孩子的家长们获得海事法庭签发的许可证，到各艘即将出航的船上搜寻，盼着把孩子救出来。[10]

为了管控"幽灵行动"，立法部门专门制定了法律。可是，事情并没有起色。1645年，议会要求所有执法官员密切关注"偷窃、买卖、诱骗、私运儿童等犯罪行为"。港口官员纷纷接到指令，要严格搜查一切"河面和唐斯海域上的船只，以寻回失踪儿童"[11]。一年后，又有法令规定英格兰海关官员登记所有离开伦敦的儿童，同时，要求殖民地总督将运抵领地的儿童送返伦敦。

1654年，布里斯托尔议会决定，必须专设名册，将登船赴殖民地的契约签订者一一记录在案。1661至1662年，商人们及其他社会名流向议会提议，希望出台针对"幽灵"的正式处罚条例，可惜未能如愿。1664年，又有人提议，对每个前往殖民地的移民者进行面谈，以确认他们是否出于自愿。1670年，议会宣布，犯绑架罪情节严重者可判死刑，并将绑架定义为"偷盗人口并试图将其出售或运输至海外港口的欺诈或暴力行为"。以上举措均被证明无效，绑架者仍旧大行其道。

白　奴
一段被遗忘的美洲殖民史

在伦敦，正义很难得到伸张。如美洲移民编年史领域的著名学者彼得·科德哈姆在《禁锢中的移民》(*Emigrants in Chains*)一书中所说："在这座都市的各大法庭上，偷窃马匹的罪过也比偷窃人口更深重。"[12] 1680 年，一位名叫安·塞尔万特的"幽灵"在米德尔塞克斯巡回法庭受审，原因是她绑架了一个叫爱丽丝·弗拉克斯的年轻女子，并将她送上了前往弗吉尼亚劳动力市场的航船。安·塞尔万特供认不讳，结果被判缴 13 先令 6 便士的罚金。在同样情况下，假如盗窃的是一匹马，偷盗者将被处以绞刑。

1682 年，政府发起保护儿童的倡议，反对强制私运，并严格管制契约签订事宜。政府方面的压制能起多大作用，我们可从米德尔塞克斯巡回法庭的另一个案件判断。1684 年，一男一女两个"幽灵"绑架了一名 16 岁女孩，结果被判罚 12 便士，仅此而已。此等罚金，既体现了法庭对绑架的普遍态度，也表明治安推事和法官往往允许绑架者以所缴罚金作为对受害者的补偿。从记录来看，很显然，大量案件都未经过庭审程序。

17 世纪末，诱拐人口依然是英格兰各殖民地获取劳动力的重要方式，这与该世纪初的情状如出一辙。绑架行业之所以蓬勃发展，正因它好比硬币的其中一面，翻过来所呈现的是光鲜体面的生意。有权威人士指出："在劳工交易大潮中成为'幽灵'的，并非罪大恶极之徒，而是那些德高望重的商贾们最不可或缺的忠实的助手。"[13] 媒体继续报道有关"幽灵"的故事，而同一版面，或许就有寻找失散亲人的启事。1700 年 10 月，伦敦《邮差男孩》就发布了寻人启事，一位父亲悬赏寻找 11 岁的儿子，担心他遭到了绑架。

第八章
隐秘通道

有两点值得"幽灵"们庆幸：第一，政府对他们采取睁一只眼闭一只眼的态度；第二，受害者们鲜有足够长的寿命来得及重获自由，回到家乡，从而坐实他们的罪行。不过，在后面的章节，我们将看到，确实有被绑架者成功逃了回来，要求伸张正义。但是，绑架行为之所以在17世纪出现甚而肆虐，或许最重要的原因在于，拐卖人口是整个社会用以摆脱它所不需要的穷人和流浪者的快捷方式。而政府往往也认为，还有更紧急的事情需要处理，比如我们下一章将讲到的内容。

第九章
国土上的异客

伊丽莎白时期,锋芒毕露的年轻人前往爱尔兰证明自身价值,随之腰缠万贯。如我们在第一章中所见,沃尔特·雷利爵士与其同母异父的兄长汉弗里·吉尔伯特赴爱尔兰发动了战争。诗人埃德蒙·斯宾塞去爱尔兰定居,在一片豪夺来的地产上过着绅士待遇的生活,而近旁的土地正为雷利所有。当然,风险无可避免。尽管王廷宠臣埃塞克斯伯爵赢得了向来冷酷无情的弗朗西斯·德雷克爵士的支持,但爱尔兰也是他以鲜血和惨败终结其政治生涯之所在。数百年来,爱尔兰土地上所发生的一切跟英格兰人首次登陆美洲的策略与进程有着直接联系。很多英格兰探险家和将士们都曾在爱尔兰有所斩获,而后一路向西,追寻更为美好的未来。

对于伊丽莎白一世时期的贵族和满腔热血的年轻人而言,爱尔兰成了最适合探险的乐园。到16世纪末,各式各样的英格兰人都迫不及待地跨越那片狭长水域,探寻属于他们的财富。一些人得偿所愿,另一些则没那么幸运。可不管怎样,他们的财富大多建立在

第九章
国土上的异客

当地人付出的沉重代价之上。有关爱尔兰发生的一切，我们无须赘述——多年来一众历史学家如此频繁而清晰地勾勒出那段史实，但我们想简单描述，当时是什么样的力量——不管是心理的、社会的还是跟政治相关的，将爱尔兰推向横渡大西洋之历险的最前线。

任何英格兰航船，但凡计划前往西印度群岛或美洲，都会经过或靠近爱尔兰，途中可稍做停留，准备补给。于是，爱尔兰就成为他们西行途中的一个重要关口。正因如此，爱尔兰的男男女女后来被卷入这场隆重的殖民征程，也就不足为奇。从很早开始，爱尔兰人就在契约劳工的框架下被带往大洋彼岸。无疑，很多人因为好奇或闲逛而来到港口——比如东南部的沃特福德港或金赛尔港，在这些码头边游荡的人都被诱骗上船，还没等他们反应过来，就已经成了移民。

此番过程将英格兰和爱尔兰紧密相连，而后又延伸至大西洋彼岸的新殖民地。这样的三角关系在17至18世纪逐渐发展，而千丝万缕的因果链条中，正隐藏着奴役的枷锁。

如前文所述，人头权利制对于美洲殖民地的发展有着关键性的意义，实则很早以前，它就助推了爱尔兰的人口迁移。17世纪，某位来自爱尔兰的种植园主成功瓜分马里兰殖民地的32000英亩土地，这得感谢他从爱尔兰带到美洲的大量劳工。乔治·塔尔博特在短短两年时间里，竟然从罗斯康芒郡转运了多达640名劳工。他似乎下定了决心，单凭一己之力构建一整片殖民地。

在爱尔兰移民者中，还包括爱尔兰北部阿尔斯特的苏格兰移民后裔，即定居于阿尔斯特的苏格兰人。很多人同意前往，因为他们的宗教信仰在家乡并不受待见。结果，在特拉华和宾夕法尼亚这样的殖民地，他们反而寻得了支持和欢迎。尤其是1660年，王政复辟，官方对非国教的宗教信仰镇压更为严酷。这就驱使爱尔兰的贵格会信徒来到宾夕法尼亚（第一个贵格会城邦）和新泽西。18世纪，爱尔兰长老会的牧师们开始带领他们的信徒迁往美洲，尤其是卡罗来纳地区。身为"迷途者们"的领袖，牧师们带领他们寻找梦想之地。官方以经济利益为饵，鼓励牧师们移居国外，这无疑助长了他们的热情。1704年，议会通过了宗教检核法，驱使更多持异议者从爱尔兰迁往美洲。在此法令之下，他们不但无权在国内身居要职，连婚姻也被判无效。

当时在爱尔兰也出台了类似驱逐性质的法令。亨利八世并未对爱尔兰强加苛负，而伊丽莎白一世则更为明确地渴求爱尔兰宗教信仰之统一。17世纪中叶，爱尔兰占比很高的天主教徒发现，他们已经受制于英格兰人的驱逐计划。

当然，几百年来，英格兰人、诺曼人一向与爱尔兰人争执不下。英格兰人将他们视作野蛮人——尽管爱尔兰人会以一种诡秘的方式诱导殖民者们接受他们的文化和生活方式。几个世纪以来，很多维京人、诺曼人、威尔士人、苏格兰人和英格兰人渐渐在爱尔兰被同化，仿佛遗落的酒杯陷入泥沼，一点一滴被周遭吞噬。著名社会和经济历史学家费尔南·布罗代尔指出，在英格兰人眼中，爱尔兰人根本不同于苏格兰人或威尔士人：

爱尔兰人是敌人，是让英格兰人既鄙视又惧怕的野蛮人，产生的结果是双方无法沟通，无法理解。侵略者蛮横霸道，引发血色恐怖，无须赘言。即便英国的历史学家们，也早已翔实、确切地记述了这段历史。[1]

第九章
国土上的异客

同理，前往美洲的英格兰人认为，迁往其他人早已定居的领土也是理所应当的。在他们眼中，土著居民就应当被征服、铲除或奴役。这样的世界观显然是逐渐形成的，很可能源于爱尔兰。他们曾将爱尔兰人视作野蛮人，也就毫无顾忌地侵占了他们的领土。

盎格鲁-诺曼人对爱尔兰的入侵，为400年后英格兰先驱者们横渡大西洋提供了思想支撑。正如每个英格兰孩子都要记住1066年，爱尔兰的孩子则要铭记1166年。当时，被废黜的伦斯特国王迪亚马特·麦克穆赫请英格兰国王亨利二世帮他重夺王位。亨利二世留驻下来，到1171年，他已经稳固地建立了从都柏林通往德罗赫达的桥头阵地。后来此地被称为帕莱，源自拉丁语"palus"，意指搭建藩篱的木桩。爱尔兰人后来的命运，与美洲殖民地上的原住民殊途同归。

亨利二世建立桥头堡几年后，一个名叫吉拉尔德·坎布伦斯的威尔士牧师写了一部广为流传的诋毁群体性人格的作品《爱尔兰历史与地貌》(The History and Topography of Ireland)。书中列举了爱尔兰人的数宗罪：亵渎神明、懒惰、背叛、乱伦、同类相残。坎布伦斯的书为几百年来英格兰人眼中的爱尔兰人提供了一个参照视角，同样也让爱尔兰人怨愤难释。这样的价值观让同汉弗里·吉尔伯特爵士一样的军队统帅的残酷行径获得了"正名"，他的故事我们已经耳熟能详。汉弗里·吉尔伯特爵士在爱尔兰下达了屠杀指令，即便眼前是手无寸铁的平民，而他的理由是，人群当中蔓延的恐慌有助于"我方速战速决"。

盎格鲁-诺曼人远征爱尔兰，是一段惨不忍睹而又旷日持久的仇恨与抗争历史的开端。爱尔兰人被迫剥离了他们自己的法律与规约，与此同时，殖民者们的法律又将他们拒之门外。一群爱尔兰贵

白 奴
一段被遗忘的美洲殖民史

族向教皇抗议,在英格兰法律之下,没有哪个英格兰人会因杀死一个爱尔兰人而受到惩处。爱尔兰人被列为二等公民,无法享受与他人平等的权利。此种情形与美洲奴隶制度下的权利不平等,形成"遥相呼应的鲜明比照",这在西奥多·艾伦的《发明白种人》(The Invention of the White Race)一书中分外醒目。[2]

据艾伦所述,在跨越英美的奴隶制体系下,"强奸一名女奴不是犯罪,擅闯主人领地才是犯罪"。相较之下,我们发现了一个很有趣的现象——1278年,两名盎格鲁-诺曼人被带上法庭,罪名是轮奸一个名为"玛格丽特·偌奇"的女人。结果,他们被判无罪,因为"那位玛格丽特是爱尔兰人"。我们看到,12至16世纪,爱尔兰就像一个试验场,它所锻造的社会理念和法律范式,仿佛投射于日后美洲殖民地的劳工制度之中。1723年,弗吉尼亚通过一项法案,规定"因过失杀死一名(黑人)奴隶可免于处罚"。在爱尔兰施行的盎格鲁-诺曼法律约定,任何被控过失杀人罪者,如能有效表明受害者是爱尔兰人,即可被无罪释放。为此,盎格鲁-诺曼牧师给出的解答是:"杀死一个爱尔兰人,与杀死一条狗或任何其他牲畜所造成的罪孽是等值的。"

第一场影响深远的爱尔兰叛乱发生于1594年,即后来我们所知的"九年战争"。泰隆伯爵(由亨利八世晋封)休·奥尼尔,作为阿尔斯特地区最有威望的领导者,对殖民地的迅速扩张忧心忡忡。尽管开局良好,但泰隆伯爵还是于1603年丢盔卸甲,对刚刚继承伊丽莎白王位的詹姆斯一世俯首称臣。

可是,休·奥尼尔叛乱却激发了爱尔兰各地的武装起义,尤其是在芒斯特,在爱尔兰西南地区。由此引发的伤亡很惨重,甚至

第九章
国土上的异客

波及沃尔特·雷利爵士和埃德蒙·斯宾塞。最终,雷利在叛乱平息后重整旗鼓,而斯宾塞经此一役却耗尽福运。这位描绘了《仙后》(*The Faerie Queene*)中田园理想的诗人,享年46岁,被埋葬于威斯敏斯特大教堂乔叟的脚边。而不久前,他还就如何处置爱尔兰人提出建议:"他们应承受饿殍遍野的下场。"事实证明,斯宾塞的提议简直是一番预言。

叛乱停歇4年以后,休·奥尼尔和其他几位爱尔兰贵族,拖家带口地逃离斯威利湖,从此流亡欧洲大陆。"伯爵出逃"正是英格兰人翘首企盼的信号。阿尔斯特于英格兰而言,一直是芒刺在背,一股土生土长的敌意让西班牙人有机可乘。而随着奥尼尔离开视野,一切有组织反抗行动的可能性也随之而去了。如今,反抗势力清理殆尽,是时候建立阿尔斯特殖民地了。当时是1607年9月,仅比英格兰殖民者建立詹姆斯敦迟了5个月。

爱尔兰殖民化,也就意味着大量原住民成为无根浮萍。英格兰殖民者们发觉,此刻所面临的问题与国内异常相似。漂泊不定的乞丐、无所事事的恶棍,都在这片土地上游荡,但他们比英格兰的流浪汉更自由,因为《济贫法》早将无家可归者牢牢束缚于本地教区。一些人认为,很显然,对付爱尔兰原住民的最佳方式就是将他们流放异地。甚至早在1607年,就曾有提案要将7到8千名最顽固的叛乱分子和流浪者运走。历史证明,这些富有想象力的计划实施起来还为时尚早。直到克伦威尔率部来到爱尔兰,其更为强硬的态度才让这些计划得以制订,并且真正落地。

在伦敦,很多人强烈地感受到比起北美殖民地,爱尔兰殖民地的胜算更大:不说别的,地域上就近得多。副检察长弗朗西斯·培

白　奴
一段被遗忘的美洲殖民史

根爵士认为，爱尔兰计划赢在宗教、政治和投资层面，两大公司的财务安排惊人的相似。事实上，阿尔斯特地区的组织架构是仿效美洲殖民地而建的。正如美洲殖民地的资金需要借由弗吉尼亚这样的新兴股份公司在伦敦募集，阿尔斯特地区也得依靠投资。一个关键差别在于，美洲拓殖计划是由私有企业推动的，而爱尔兰拓殖计划则主要由国王强加于并非自愿的商贾们头上。[3]

英格兰人一边竭力殖民爱尔兰，一边继续推进他们在大西洋彼岸的壮举。后来，他们还会带上几个爱尔兰人一同前往。英格兰人在西印度群岛的首个立足点是圣克里斯托弗岛，即如今的圣基茨岛，当时已有法国人定居。海军上校托马斯·华纳——来自萨福克郡的一名固执的清教徒，他与他的妻子、儿子和少数随行者，以詹姆斯一世国王的名义占领此地。当时，华纳已经游历了新大陆很多地方，也目睹了亚马孙盆地①。如今，他想找个地方扎根下来，做出一些成就。

圣克里斯托弗岛早就有了定居者——卡利纳戈人。被岛上的优质土壤吸引，很多年前他们就来到这里。因在战场上更胜一筹，他们取代了之前的居民阿拉瓦克人。在卡利纳戈人之后，西班牙人在此地登陆，然后是几个法国耶稣会信徒，接着又是西班牙人；后来，第一个英格兰人约翰·史密斯在前往弗吉尼亚的途中经过这里；再后来就轮到了托马斯·华纳。他小心翼翼地维持着与卡利纳戈酋长乌布图·特格里曼特的关系，于两年内建立了一个小小的殖民地，并且觉得是时候回英格兰招募更多移民了。期间，他还获得了查理

---

① 亚马孙盆地：也称亚马孙平原，盆地与平原地形兼具。——译者注

第九章
国土上的异客

一世特赦的许可状,对西印度群岛的大片区域享有控制权。1626年,华纳带着新一批移民——多数是爱尔兰契约劳工回到这里。他们将树木砍掉或烧掉,用以耕种维持生计的庄稼以及可供出售的烟草。

于是,大量爱尔兰人涌进加勒比地区。17世纪40年代,一份颇具想象力的报告中称,大约两万名爱尔兰人住在圣克里斯托弗岛。虽然该数字未必可信,但我们有理由认为,确实有相当规模的爱尔兰人来到了岛上。不管移民方式如何,是出于自愿的契约劳工还是被驱逐至此,大量爱尔兰人都成了种植园里的奴隶。圣克里斯托弗岛靠种植烟草而日益兴盛。来到此地的爱尔兰人,只要熬过契约期,就能获得小片耕地,依托岛上的肥沃土壤生存下去。可是,当弗吉尼亚烟草贸易发展起来,欠缺规模的自耕农就开始遭殃了。于是,加勒比的一些爱尔兰人就让自己变成了大种植园主、奴隶主。

1636年,一艘名为"亚伯拉罕号"的商船驶入了这个严酷而真实的新世界。其往返爱尔兰和巴巴多斯开展的数笔交易都有据可查——伦敦海军部保存着当时一系列罕为人知的信函。而我们也因此获得绝佳的机会,一睹17世纪中叶契约劳工的招募过程。[4]这艘船归商人马修·克拉多克所有。他是一名清教徒,同时也是马萨诸塞海湾公司的首任执行官。克拉多克的代理人或者说押运人是托马斯·安东尼,他负责在商船抵达爱尔兰之前招徕待运的劳工。在安东尼劝说下签了契约的人将面临4年的劳役期,并被送到殖民地劳动力市场上贩卖。

安东尼是个谨小慎微的员工。从他的信中我们看到,他非常希望老板理解,进度的缓慢并不是因为他没有付出足够的努力。虽然

137

白 奴
——段被遗忘的美洲殖民史

足足干了几个月,可是安东尼依然难以凑足老板需要的人数。克拉多克原希望有100个劳工,可安东尼还需要面对一艘本地船以及一艘来自阿姆斯特丹的弗拉芒商船的双重竞争。

4月28日,他抵达金赛尔,比"亚伯拉罕号"早了4个月。安东尼兴致勃勃地向那些期盼开启新生活的人们描绘蓝图,他于9月13日写下这么一段话(他的拼写和语法太怪异,为了便于理解,我们改写为现代式的表达):"这条消息或许能提振你们的士气——等到商船靠岸、走向市场之日,不论是班登、科克还是约尔,都将为你们擂鼓庆贺……"

在全国范围内前前后后招募多次,安东尼还是没有凑足老板需要的100名劳工:

我们好不容易招募了61个人,其中有41名男性劳工、20名女性劳工,年龄在17到35岁不等。他们精力充沛,身强体壮。让这些人从爱尔兰启程,应当是最佳的选择……

为了获得这61个劳工,安东尼貌似采取了一些非法手段,很可能也包含绑架,因为金赛尔市市长将他关进了镇上的牢房,除非他同意释放两名当地劳工。安东尼只在狱里度过了短短几日,这表明他要么行贿官员,早早出狱,要么真的释放了那两名非法招募的劳工。终于,在11月份,"亚伯拉罕号"启航,往巴巴多斯进发。

至于安东尼给他的老板带去了多少收益,我们大致是了解的,因为他在1637年2月13日写了一封信给他,也就是抵达科克大

第九章
国土上的异客

约一年以后。那时，他掌控的劳工数量已经缩至 56 人，3 人很可能在途中死亡（很低的死亡率，因为航行途中死亡率有时会高达 20% 至 30%），另两人在怀特岛郡的考斯镇逃跑了。"我们从考斯为您带来了 56 名劳工用于出售。其中 10 人卖给了本地官员，价格是每人 450 磅烟草。其他人都按 500 磅烟草的价格出售……"从总量上看，安东尼的劳工们共带来 27500 磅烟草的收益——这是个不错的业绩。

再来看爱尔兰，斯宾塞死后 50 年，他的极端提议居然真的要付诸实施了。一项全新的、更为强硬的殖民政策为爱尔兰人大规模跨越大西洋埋下伏笔。诱发这场人口大迁移的政治风波最初源于英格兰，但很快波及爱尔兰。17 世纪 40 年代，随着查理一世和议会间的关系日益恶化，爱尔兰天主教徒抓住了可乘之机。发生叛乱的核心地域在阿尔斯特，大量新教徒殖民者的到来使得当地局势很不稳定。反叛者杀死了大约 4000 名新教徒殖民者，另有高达 8000 人很可能因饥饿和穷困而丧生。伦敦城里谣言四起，号称被杀死的新教徒有 10 万之众。爱尔兰人的起义遍及各地。为了抗击英格兰人，他们组成了联盟，甚至一些早前移民过来的英格兰人也勉强加入，可这样的联盟毕竟夹杂着太多意见分歧的人，军事部署上也有着明显缺陷。

对此，国会议员们决定重拳回击。1642 年，国会通过了一项法案，目的是筹措军资，击垮爱尔兰人。根据法案，250 万英亩充公的爱尔兰土地将以最低价出售给富有冒险精神的商人们——只要他们愿意为镇压叛乱组建的军队投资。爱尔兰人，连同他们的宗教信仰，以及他们与英格兰的敌人相勾结的谋划，都将被一举击垮，而所有冒险家们将获得封赏，领取被查抄的爱尔兰土地，并让新教徒们重新定居于这座岛屿。爱尔兰人将在他们自己的土地上成为流亡之徒，而他们曾经的财产都将以低于市场价的方式出售，从而为这场即将剥夺他们一切的军事行动埋单。这样的计策，既英武睿智又残忍无道——以优雅的姿态实现一石二鸟的效果，让统治者在艰难执政的间歇难得享受一时欣慰。

一位生活在同时代、善于观察却未必公允的宗座大使乔万尼·巴蒂斯塔·利努奇尼表示，运往西印度群岛的爱尔兰人"仿佛一群奴隶，处于残酷的鞭棍政策之下"。[5]

在众多悲伤的故事之中，利努奇尼选择报告一名天主教徒在因宗教问题被驱逐后，他的妻子乞求陪伴他走上流亡之路的例子。可惜，这位妻子的诉求遭到拒绝，因为她不够强壮，无法去西印度群岛干体力活儿。最终，她被投入牢狱，而丈夫将承受命运的裁决。

身为叛乱行动的核心领导者之一，费利姆·奥尼尔爵士非常谨慎地表明，他们兵刃所指的并非国王而是国会。他们的行动有个很好的开局，可在1649年查理一世被斩首之后，一切都不一样了。那年的6月20日，奥利弗·克伦威尔被任命为爱尔兰总督和远征军总司令。麦考利在他的《英格兰历史》（History of England）一书中，生动描述了克伦威尔的成就：

在克伦威尔的气势和才能面前，一切事物都低了头。寥寥数月，他便征服了爱尔兰。自从首个诺曼人踏上这片土地，500年来的杀戮从未让爱尔兰人屈服，而这一切，转瞬间都消逝了。他决定

第九章
国土上的异客

给困扰了这座岛良久的纷争画上句号，而所采取的方式便是让英格兰人和新教徒在人口比例上占据压倒性优势。为此，他放任麾下那些狂热好战的追随者，仿效以色列人占领迦南地，如法炮制地对捍卫者们刀剑相向。这样一来，城市渐渐沦为空城，成千上万人被驱逐到欧洲大陆，另有成千上万人被送去西印度群岛。而岛上遗留的空城呢？大量殖民者被遣送过来，他们血液里是撒克逊民族的基因，精神上秉持了加尔文教的信仰。[6]

1649年8月，克伦威尔发动爱尔兰战争，首个目标便是德罗赫达——都柏林以北约30英里的一个繁华小镇，这也是挺进阿尔斯特的战略据点。9月11日晚，议会支持者们闯入小镇，屠杀官员和士兵。天主教牧师和修士们均被视为参战者，发现一个杀死一个。仿佛一场可怕的闹剧，防守部队的指挥官亚瑟·阿斯顿爵士被人用他的木制假肢给打死了，因为议会派士兵们认为，他在假肢里藏了金币。大约3500人死于这场德罗赫达动乱。议会一方损失大约150人。幸存的抵抗者中，大多被运往巴巴多斯。

一场有趣的双向人口交易正在发端，不论是对爱尔兰殖民的关注者，还是对美洲殖民的支持者来说，都是有利可图的：爱尔兰原住民可以用来充盈供不应求的北美劳动力市场，而腾空的爱尔兰土地正好转移给英格兰殖民者。这似乎并非精心策划的行动，可对于新兴的帝国资本家而言，真是一场妙不可言的意外收获。

这场骚乱远没有结束。战争过后，饥荒降临，贪婪地啃噬这片土地。很快，驱逐人口成了当务之急。我们很难知道多少人在这一

141

白 奴
一段被遗忘的美洲殖民史

时期遭到放逐,因为并没有任何文献记载。可是,当时的情形还是留下了蛛丝马迹。如今,统治爱尔兰的清教徒们目标明确:先消灭爱尔兰人,再从英格兰、苏格兰运送新教徒移民,以此彻底地征服爱尔兰。消灭爱尔兰人主要有3种方法:将他们活活饿死,向西驱逐或赶往欧洲大陆,或者运往大西洋彼岸。牧师、战败的士兵、成年劳工和儿童纷纷在各个时段、从各个地方被运送出去。驱逐爱尔兰人的行动从17世纪40年代开始,在1652到1653年达到了顶峰。当时,爱尔兰的天主教徒们已经被局部清除。

1653年4月1日,克伦威尔的国务委员会向约翰·克洛特沃西爵士颁发了往美洲运送500名爱尔兰人的许可状。许可状中非常谨慎地指出,这些可怜人应当是"天然的爱尔兰人",以免兢兢业业的约翰爵士错将旧时英格兰移民的后代或盎格鲁-诺曼人送走。此类失误曾经发生过,身为早期盎格鲁-诺曼移民后裔的一群年轻女性遭到绑架,并贩卖到西印度群岛的糖料种植园。[7]英格兰商人们全年都可领取许可状。6月,英格兰国务委员会宣布,"各辖区长官均有权向外输送8000名爱尔兰人"。

再后来,还是1653年,国务委员会颁布许可状,将400名爱尔兰儿童运往新英格兰和弗吉尼亚。与此同时,又与波士顿商人签订协议,从爱尔兰南部和东南沿海各港口送走250名女性和300名男性。签订协议的商人们——利德和塞莱克(后者是业内颇有名气的爱尔兰劳工进口商)获准在韦克斯福德、沃特福德、金塞尔、约尔和科克港口方圆20英里内搜寻他们所需的奴隶。在如此狭长的海岸线上搜寻实则苦差事一桩。这时,手握科克郡控制权的英格兰权贵布罗格希尔爵士称,他可以让商人们只在科克一地就挑选到足够的奴隶——这着实卸下了他们的重担。

第九章
国土上的异客

17世纪50年代，爱尔兰是一片荒夷之地。战争、饥馑和疾病，让爱尔兰的人口急剧减少。几十万爱尔兰人在短短10年左右消失殆尽。查尔斯·沃波尔如此描述当时的情形：

> 英格兰为重新殖民爱尔兰找了一个强硬冷酷的借口。这座岛已满目荒凉：三分之一的人口死亡或被放逐；饥荒、瘟疫肆虐；田地荒芜，无所产出；幸存者也过着极度悲惨的日子，不得不靠食动物腐肉和人类尸体度日。狼群过快繁殖，甚至在都柏林出没，为此竟然还加征消灭狼群的税负，每抓捕1只成年狼可获5英镑奖励，幼崽则获2英镑奖励。[8]

狼群并不是唯一的棘手族群，还有牧师和托利党。托利党人喜欢游击作战，他们住在森林、山川、沼泽，往往夜间行动，对那些篡夺了他们土地的人发动突袭。[9]有些人多迈出一步，直接成了土匪。不管是捍卫自由的战士还是流氓，当局对他们都有明码标价。对付他们的方式之一就是，规定每个托利党囚犯可对应4名人质，囚犯落网，则人质释放；如果28天之内案子悬而未决，托利党人也没有主动投案，这4名人质将被运往殖民地。至于牧师之类普通神职人员的价码和1匹狼相同，而主教归案悬赏加倍，即每人10英镑。私藏或收留牧师将遭到放逐，同时查抄所有财产。一名被迫逃离爱尔兰的方济会修士讲述了其中一个事例：

> 1657年，我亲眼见到这条不公正的法律在爱尔兰利默里克市施行，当时的执行长官是亨利·英戈尔兹比。一名来自托蒙德的高

白 奴
一段被遗忘的美洲殖民史

贵绅士,名字叫丹尼尔·康奈利,被控在家中私藏一名牧师。供认之后,他被判了死刑,尽管牧师本人获得了执行官签发的安全通行证。后来,据说出于悲悯判决有所更改,他被剥夺了所有财产,被投入监牢,最终被判处终身流放。这位绅士有1个妻子和12个孩子。他的妻子出身于托蒙德的一个显贵家族,然而在这次变故后染病,最终因物资极度匮乏而死。3个非常漂亮善良的孩子被送往西印度群岛,去到一个他们叫作巴巴多斯的岛屿。如今,如果他们还活着,但一定过着苦不堪言的奴役日子。[10]

对天主教徒而言,如果拒绝去新教教堂,将面临罚款。如果他们凑不足罚款——无疑,大多数人都是如此——将被送往巴巴多斯"卖作奴隶"。在戈尔韦,商人们设法寻找足够数量的人口,卖到西印度群岛的劳动力市场。腐败的官员们也参与了这种种交易,侵略和霸占让人们渐渐生起反抗意识。

然而,被流放或运到海外的爱尔兰人失望地发现,他们因语言和宗教而承受的压迫正在大西洋彼岸的殖民地重演。清教徒们可谓意志决绝,可爱尔兰天主教徒们也毫不逊色。教士们经由各种伪装,在爱尔兰和西印度群岛秘密展开行动,让他们的信仰存活下去。即便在已有法国人或西班牙人(天主教已然存在)定居的岛屿,爱尔兰天主教徒也被禁止参加各类宗教活动——除非去新教教堂,正如爱尔兰国内的情况。

1653年,同盟战争结束,爱尔兰人继续被流放。战争让很多人成为寡妇、孤儿,进而被送去西印度群岛。据查尔斯·沃波尔所说,妇女和孤儿从各济贫院和监狱聚拢来。这些人当中,"男孩们到了可以从事劳动的年龄,而妇女们尚可婚配或至少还有生育

第九章
国土上的异客

能力"[11]。于是，孩子们被发配到田间劳作，妇女们则要嫁给种植园主。

爱尔兰沦为殖民地，对爱尔兰人而言，不啻一场浩劫——他们不仅丧失了国土，名誉也进一步受损。爱尔兰人的品行，业已被吉拉尔德·坎布伦斯抹黑，加之他们时不时来场起义，更是声名狼藉，以至于后来美洲殖民地的人也对其有所畏惧——虽然踏上他们海岸的不过是些身陷困顿、瘦弱憔悴的人。结果，一些禁止爱尔兰人登陆马萨诸塞的法案通过了，其中之一便是1654年由马萨诸塞殖民地议会责令专门委员会制定的，其宗旨在于保护公众利益。

鉴于爱尔兰民族在对抗英格兰民族时经常表现出的残酷与敌意，议会宣布，禁止任何爱尔兰人——不管男女老少——踏入本管辖区域。任何人从商人、船长或代理人手中购买爱尔兰人，将处以50英镑罚款。法院执法官将依据治安推事或法官判决收缴罚款，三分之一归告发者所有，三分之二上缴财政。本法案自公布之日起6个月开始实施。

而那些已身处殖民地的爱尔兰人，则继续被孤立，承受严苛待遇。1658年，当局决定，美洲殖民地上英格兰契约劳工的最短劳役期从4年延至5年。而爱尔兰劳工的最短劳役期已经是5年，所以，为了维持差异，爱尔兰劳工的服役期便从5年增至6年。两年后，随着王政复辟，"为了增加移民数量"，多出来的1年劳役被取缔。据称，新增的1年对那些原本自愿前往新大陆的人而言，是一个抑制他们迁移的因素。

白　奴
一段被遗忘的美洲殖民史

　　1688年，马萨诸塞发生了一桩罕所听闻的事，为受压迫的爱尔兰人打开了一扇神奇的窗户——也让他们的雇主好好思虑了一番。事情牵涉一名老年浣衣女工和一个清教徒家庭被指控恶魔缠身的离奇传闻，此案可谓1692年塞勒姆审巫案的前奏。

　　17世纪50年代左右，身为这个故事关键人物的年迈爱尔兰劳工来到了马萨诸塞。尽管官方已颁布针对爱尔兰移民的禁令，但依然有不少爱尔兰人来到此地。波士顿北教堂的著名牧师科顿·马瑟对此案进行了阐述，开头如是：

　　关于巫术和邪魅附身，上帝的旨意叫人印象深刻。在新英格兰诸多遭受蛊惑、恶魔附体的人们身上，发生了很多令人惊奇的事情，我谨做如实阐述。其中最特殊的一桩，发生在波士顿一个虔诚的家庭，他们近来深受恶魔折磨之苦，历经多番挣扎，终于获得解脱。[12]

　　马瑟生来热衷求索，想象力也颇丰富，很快，他便发现了恶魔魅惑一众信徒的迹象。恶魔几乎无所不在，甚至波士顿某个石匠的孩子们罹患无法解释的病痛，也是因恶魔作祟。

　　这一时期，在波士顿南部地区，生活着一位稳重而虔诚的石匠，名叫约翰·古德温。他的妻子（据说与丈夫一样温和恭顺）生了6个孩子，均存活了下来。6个孩子当中，除了老大遵照父亲安排与他一起工作，以及最年幼的孩子尚处于襁褓之中，其他人无一例外都受到极其厉害而恐怖的巫蛊魅惑。事实上，那个号称"幸

第九章
国土上的异客

免"的长子应该也多少沾了点儿巫术,因为他时不时觉得身体有刺痛感。所以坦白讲,除了对神无比敬畏的父亲和不谙世事的婴儿,这个家庭里其他所有人都在某个时刻被恶魔缠上了。

在马瑟的故事里,孩子们遭遇恶魔袭击,而恶魔却有着一双看不见的手。最初,古德温家的一个孩子感觉脖子疼,然后就一个接一个地发病。不少名医被请来,得出的结论是,这只可能是巫术所为。不知是幸运还是不幸,所谓的嫌疑人近在咫尺——有一位年迈的爱尔兰妇人——无信仰者安妮·格洛弗,后人称其为"古迪",她的女儿在古德温家做浣衣女工。安妮·格洛弗周身散发着一股"受害者"的气息:被迫无奈来到这片由清教徒统治的陌生领土。17世纪末,马萨诸塞殖民地的生活必定索然无味,而"古迪"的出现将很快改变这一切。细数她的各种巫术,其中不乏让孩童腾空飞起,甚至骑上看不见的飞马。

1688年仲夏,古德温家的几个孩子中,大女儿首先对浣衣女工产生怀疑,因为她发现家里丢失了一些亚麻布料,便怀疑是女工盗取的。至于亚麻布对施展巫术有什么作用,诱惑她盗窃的魔鬼自然知道!浣衣女工的母亲就住在附近,是个愚昧无知、名声很差的老妇。她那可怜的丈夫,生前曾抱怨她的巫婆身份,说万一哪天自己人头落地,她一定会因此遭报应。这名老妇为了维护女儿,对质疑她的古德温家大女儿出言不逊。很快,这个可怜的孩子感觉身体不适,进而突发癫痫,全身僵硬,他们称之为"惊恐症"。

白 奴
一段被遗忘的美洲殖民史

在审判过程中,安妮·格洛弗连基础考验也没通过——她无法用英语背诵祷文。这其实毫不奇怪,英语不是她的母语。据说她可以用爱尔兰语、拉丁语背诵祷文,可法院视若无睹。因为在她的住处找到了编织娃娃,就认定她并非善类——外国人、天主教徒、魔鬼崇拜者,安妮连中3项——最终,她被绞死了。马瑟在故事的结尾表示:"这就是古德温家孩子们的故事,这个故事里满是惊奇!"此言不虚。

对于像安妮·格洛弗和她女儿这般生活在马萨诸塞湾的爱尔兰劳工而言,生存举步艰难,而其他美洲殖民地对爱尔兰劳工的涌入依然持开放态度,包括牙买加、巴巴多斯等。时至今日,牙买加的爱尔兰姓氏随处可见。1655年,克伦威尔麾下将军威廉·佩恩(宾夕法尼亚创立者的父亲)和罗伯特·维纳布尔斯未能将伊斯帕尼奥拉岛从西班牙人手中争夺过来,便转而拿下牙买加岛。他们不想空手而归,无颜面对奥利弗·克伦威尔的诘问。要发展牙买加的经济,便需要额外的劳动力,于是他们将目光转向青壮年爱尔兰劳工充足的岛屿:巴巴多斯、圣卢西亚、圣克里斯托弗和蒙特塞拉特。尤其是巴巴多斯,劳动力充足,可任意挑选。1660年,据说巴巴多斯岛上的半数白人都是爱尔兰人。毫无疑问,他们都不是种植园主,而是清一色的劳工。

17世纪中叶,战祸四起,社会动荡。或许有人认为,在那之后,送爱尔兰人到殖民地为奴的情势应该过去了。事实上只是势头有所缓和。在山川与沼泽地带,土匪强盗和叛乱者们依然不时遭到围捕,并被遣送到殖民地,好自反省。即便在殖民地边远地带,爱尔兰人也难以摆脱契约的束缚。17世纪80年代,纽芬兰的渔民

第九章
国土上的异客

们——其中有很多爱尔兰人或苏格兰人，已无法偿还累累债务，于是他们不得已放弃自由，成了契约劳工。

爱尔兰劳工移民潮并未休止，至少还要再静候一段时间。在下一个世纪，爱尔兰及其人民又将受制于新的法律体系，而一项重要刑罚便是流放海外。与此同时，抗议之声也在爱尔兰其他地区继续发酵。

第十章
北部地区的抗议

在苏格兰北部奥克尼群岛的一个荒凉岬角处,矗立着一根仓促建成的石柱。石柱高约40英尺,外形瘦长,自下而上逐渐收窄,样式上类似于方尖碑。不同寻常的是,它没有采用惯常的锥形顶,而是以圆帽形作顶,仿佛一枚巨型的国际象棋棋子。这是一座纪念碑,为了让人们铭记1679年12月10日,即冬至前发生的一桩悲剧。

时值12月中旬,日头鲜少挂上天际,但凡爬到地平线10度以上,便是制高点了。一天当中,太阳仅露面6个小时,从早上九点半到下午三点半,散发着微弱的光亮。正是在这个如此怪诞的世界里,由托马斯·泰迪科船长指挥的"伦敦皇冠号"启航了,甲板下装载的货物实则为257名囚犯。这些囚犯是持宗教异见的战败军。具体来说,即苏格兰长老会誓约者遗留下来的人——他们抗议由国王或主教担任其教派领袖。由于不愿放弃自身秉持的异见,他们曾

第十章
北部地区的抗议

随时准备投身战斗,乃至赴死。当下,在奥克尼群岛最大的梅恩兰岛附近海域,命运将再给他们一记重击。

尽管泰迪科的真实意图曾遭质疑,这艘船还是号称将驶往西印度群岛。隆冬时节驶入这么高纬度的海域,他让"伦敦皇冠号"全体船员和甲板下的囚犯们都担负着不小的风险。"伦敦皇冠号"于11月在爱丁堡以北的利斯港启航,更合适的路线应当是沿着苏格兰东海岸一路南下,绕过英格兰南海岸。但它径直向北驶向奥克尼群岛,这似乎预示着船长需要执行隐秘的任务。

忽然间,狂风大作,泰迪科船长下令在德尼斯湾入海口的斯加瓦泰茵岬角处下锚,静候风暴平息。晚上10点,"伦敦皇冠号"起锚前行,随后便触礁了。有人说,船员们将桅杆砍断,搭了座桥才得以平安登陆。据说还有一名船员,拿了把斧子跑到甲板上,给囚犯们凿开了一个逃生出口。大约40到50人成功登陆,剩下的则与"伦敦皇冠号"一同湮灭了。

"伦敦皇冠号"所遭遇的海难,很可能让罗伯特·路易斯·史蒂文森汲取了灵感。他在描写《绑架》中某个经典场景时,让一艘双桅帆船载着遭绑架的主人公横渡波涛汹涌的大海,后来遇到了殖民地的初创者们。主人公大卫·巴尔福紧紧抱住一根帆桁,后来顺利登陆,重获自由。

在奥克尼群岛沉船事件中,很多幸存者还是没有摆脱被围捕的命运,后来他们被遣送到殖民地成为奴隶。17世纪,苏格兰动荡不安,而这些反叛者只是冰山一角,太多人因宗教信仰问题而惨遭酷刑。一位20世纪的史学家曾指出:"时运维艰,大量不幸的苏格兰人不得已来到新大陆。他们的处境,与煎熬在烟草、蔗糖种植园

151

的黑奴们比起来，几无差别。"[1]这一时期，将因犯流放到殖民地的设想成为现实，而长期施于爱尔兰的政治流放政策，也扩展到了苏格兰。

斯加瓦泰茵岬角死难者众多，可同样的情况多年前就现出端倪。当时，英格兰历史上最重要却最动荡的一个时期正开启。数百年来，苏格兰和英格兰为边境领土问题纷争不休。而我们所熟知的"争议之地"①，向来为强盗、逃兵、恶棍提供了任意妄为的避风港。1617年，英格兰星室法庭②（Star Chamber）向苏格兰枢密院发送了一份维护边境和平稳定的新法案。当然，国王希望苏格兰人服从他的意志，而后者并不买账。被苏格兰人视为症结的是法案的第13号条款。该条款称，将对边境地域内的流氓无赖、闲杂人等进行调查，以便实施围捕，将之运往弗吉尼亚——一处专为麻烦和不受欢迎的人而设的劳改营。

枢密院对法律与秩序的关注毫不亚于星室法庭，乍看上去，似乎没有拒绝的道理。然而，苏格兰立法者们并不认为第13号条款有多睿智。他们发觉了一处破绽：弗吉尼亚和其他殖民地全部由英格兰掌控，因此，任何遭到驱逐的苏格兰人都将受制于英格兰雇主。面临流放命运的或许是社会渣滓，可他们毕竟是苏格兰的国民，应当有更好的安排。一般来说，将苏格兰人驱逐出境，被驱逐

---

① 争议之地：曾有当地氏族盛极一时，雄踞英格兰、苏格兰边界，无视两国旨令，被称为"争议之地"。——译者注
② 英格兰星室法庭：星室法庭是15世纪晚期到17世纪中期（约1641年）英国威斯敏斯特宫的一个法庭，以补充普通法法院和衡平法法院在民事和刑事事务上的司法活动的力量。——编者注

第十章
北部地区的抗议

者有权选择流放之地。而当下的情况是被流放者受制于英格兰。可惜，尽管苏格兰人心思细密，伦敦也毫不妥协。最终，枢密院让了步，同时表示对该条款持保留意见。

第二年，也就是1618年，英格兰的计谋被公之于众后，来自苏格兰的反抗浪潮愈演愈烈。为了逼迫长老会信徒们——苏格兰教会中具有民主意识的长老们就范，詹姆斯一世又下令拟定了新规，强加不少具有天主教教义特点的典礼和仪式。所谓的《柏斯五章》（Five Article of Perth）中，就包含了跪领圣餐、主教裁决教徒准入等内容。为了约束固执的苏格兰长老会牧师们，任何违反《柏斯五章》中宗教仪式的人都可能被驱逐出境。从后来绵延半个世纪左右的王权与长老盟约者之间的博弈看来，这并非危言耸听。

1625年，詹姆斯一世驾崩。他的儿子查理继承王位，而同时承继的，还有在父亲治下萦绕于国家上空挥之不去的政治与宗教矛盾的阴霾。苏格兰与英格兰之间依旧互相猜疑，核心问题之一便是改革派与更重传统与礼教、被詹姆斯和查理同时倚重的保守派之间的持久的敌意。父子俩都没能解决这些矛盾，他们在缓解王权与众多政派之间的矛盾上也无所建树。而所有矛盾累积起来，最终导致了苏格兰和英格兰战场操戈，苍生饱受涂炭之苦。

如今，游客们参观灰衣修士教堂，都会驻足凝视一尊小狗的铜像。这是忠犬巴比，19世纪时，它曾在主人墓前陪伴了整整14年，直到被时光埋入尘土。可是，灰衣修士教堂及其庭院之所以闻名，更在于发生在此的重要历史事件，而不仅仅因为一只小狗和它主人之间的动人故事。

白　奴
一段被遗忘的美洲殖民史

1638年，一大群市民有组织地聚集到教堂里，为了签署一份契约，表达对加尔文主义①的支持和对天主教会的抗议。宗教改革之后，天主教已不再是英格兰国教。尽管如此，很多新教徒还是对新国王深感忧虑。查理一世与法国亨利四世之女——虔诚的天主教信徒亨利埃塔·玛丽亚公主联姻。苏格兰持异见者们认为，教会不应由除上帝以外的任何人领导。他们决定抵制查理一世的一切新政策，包括强推新的、全国统一的礼拜仪式。

苏格兰方面的抵制不仅出于宗教差异，还有政治因素。查理一世在苏格兰枢密院——苏格兰政府执政机构，安插了众多他亲自挑选的主教，因此排挤了不少当地有权势的人物。长老会教徒和贵族阶层因共同的目标而紧密地联合。

第一份国民契约在灰衣修士教堂圣坛前签订后，更多契约书在苏格兰各教区分发。很快，成千上万人都在这份契约上签署了名字，强烈抵制国王的意志，而国王仍极力倡导君权神授理念。首份契约签订8个月后，苏格兰教会总会经过投票将所有主教逐出教会，而这就是主教战争的开端。

查理一世的早年生活经历表明，他并不是能有效应对复杂时局的恰当人选。他生性软弱，还患有严重的结巴。继任王位时，他曾试图改变自己的形象，塑造一个无所不能的统治者形象。他特命安特卫普画家安东尼·凡戴克为他画肖像。在他备受推崇的

---

① 加尔文主义：是新教的一个主要分支，它遵循约翰·加尔文和其他宗教改革时期制定的神学传统，强调神的主权和《圣经》的权威。——编者注

第十章

北部地区的抗议

三面像中,凡戴克从 3 个角度描绘了查理一世,给他画了 3 个脑袋。而最终,查理一世一个脑袋也没保全。

查理原是苏格兰人,可他极少回到苏格兰,那里的政治环境也愈发黑暗。查理的王廷内部纷争不断,加之国会和宗教争端愈加不可调和,矛头直指国王,这些都将酿成一场席卷英格兰、苏格兰和爱尔兰的浩劫,并于 1649 年达到高潮。而查理一世的神授之躯也将身首异处,绚丽夺目的怀特霍尔宫宴会厅外,即将架起为他而设的断头台。

战争时期,国家陷入混沌的泥潭。而若将一切归咎于查理一世或任何其他人,似乎都有失公允,仿佛国家已经到了非得对一切有关权力和道德良知的事项做出界定的地步。可是,即便处决国王,成立共和国,也没有解决既有的问题。

苏格兰人对伦敦议会的势力和英格兰愈发极端的宗教形势疑虑重重。国王被处决后,他的儿子查理二世继承了王位,反抗情绪依旧挥之不去。虽然很多人忌惮斯图亚特王朝执政——因为他们从不向长老会表示亲善,可 1650 年 6 月,查理二世被宣布继任苏格兰国王后,他还是满怀希望地从法国流亡归来。查理二世勉强认可了新盟约,当众宣布废除安立甘宗,这给他在英格兰的潜在支持者们一记重击。17 世纪的政治形态错综复杂,想做国王,就得经历一场权力的游戏。国会猜测,查理二世将很快招募一支军队,向英格兰进发。

1650 年 9 月的一天,克伦威尔率 16000 人越过英苏边界。克伦威尔之所以被视为天才,在于他从不打无准备之战。这位自学成才的将军不仅战备时心思细密,战场上也能灵活应变。要说克伦威

白　奴
一段被遗忘的美洲殖民史

尔的最伟大之处，或许是这位指挥官能够激励军中将士之心。在邓巴镇，他要面对力量雄厚得多的苏格兰大军（23000人组成）。据称，战斗打响之前，克伦威尔曾呼吁敌方将领考虑自身处境。毕竟，克伦威尔与长老会军队并无深仇大恨，他的目标只是查理二世一人。"我以耶稣基督的慈悲之心恳求你慎重思量，或许你的选择是错误的。"他说。然而，苏格兰人未予理睬。大概这群狂热分子们认为，比起信任对手，还有更明智的做法。3000名苏格兰士兵战死沙场，还有很多溃不成军，四散而逃。[2] 那天，克伦威尔以寡敌众。

克伦威尔抓了9000到10000名俘虏。大约半数俘虏很快就被释放了，因为他们伤势太严重，无法构成威胁。至于剩下的俘虏，则准备将他们发配到爱尔兰、弗吉尼亚和巴巴多斯的殖民地去。实际流放者有多少，我们并不清楚，因为之后发生了一系列灾难性事件，让决策者和俘虏们都始料未及。

有5000名俘虏被押往达勒姆。一路上，2000多人死于疾病、疲乏和饥饿。9月11日，幸存者们被赶入达勒姆的各家临时监狱，包括城堡和诺曼大教堂——欧洲北部地区一座宛如神迹的美丽教堂。对很多人而言，大教堂成了他们离开尘世之所。军队指挥官们私吞了用以安置他们的经费，营养不良催生了疾病，而严寒则耗尽了囚犯们的气力。万般绝望之下，这些士兵只能将教堂的长凳和木镶板摔碎，用以烧柴取暖——尽管收效甚微。饥饿是他们的头号敌人。截至10月底，1600人死去了。剩下的1400人中，很多被送去西印度群岛当奴隶，做苦工。具体数字暂无法查明，不过可以断言，与最初的流放计划一定相去甚远。

156

第十章
北部地区的抗议

议会用流放的方式来解决政治分歧并非只此一例。1651 年，由查理二世直接统率的苏格兰-保皇党联军与奥利弗·克伦威尔指挥的议会派军队之间，打响了一场具有决定性意义的伍斯特战役。这是两位指挥官之间的最后一战，用获胜方克伦威尔的话来说，也是"至高无上的仁慈"。查理二世藏了起来，后成功逃到法国，8000 名苏格兰士兵被俘。但是议会派国务委员会特命囚犯委员会颁发许可状，将苏格兰士兵流放到西印度群岛。1656 年，曾参与伍斯特战役并遭到流放的苏格兰囚犯们发起控诉，称他们的奴役期被非法延长至 7 年。为此，伦敦成立了调查委员会，而调查结果是维持原判。

4 年后，国务委员会发布指令，要求将囚禁于普利茅斯城堡的苏格兰、爱尔兰人都送到巴巴多斯，而苏格兰波特帕特里克和爱尔兰诺克费格斯的另外 1200 名囚犯则送至牙买加。

并非所有人都命运惨淡。多年以后，一个 1680 年左右定居新泽西的苏格兰人往家里写了封信，说他和一个"身着鹿皮装的老种植园主"一起喝酒，而这个苏格兰人是"曾被克伦威尔从邓巴发配到新英格兰的奴隶"。如今，他居住在伍德布里奇，仿佛一位苏格兰领主，对故土和同胞们抱有美好的期望，虽然他一点儿都不想回去。[3]

随着 1658 年克伦威尔辞世，1660 年王政复辟，似乎苏格兰持异见者们即将告别被流放的命运。可惜事与愿违。仅仅几年前，查理二世刚签署了支持长老会制的契约，可一转眼又恢复主教制。多年来，苏格兰教会都是依照长老会教制管理的。现在，苏格兰人似乎连按照自己的方式做礼拜的自由也丧失了。

自王政复辟那年开始，多方联合力量在苏格兰教会里推行安立甘宗教义，而后却出现了重大阻碍。1670年，议会通过了新法，规定任何人一旦获悉非国教徒举行秘密集会，必须立刻上报当局。这条新规遭到大规模抵制。很快，各大监狱又涌入一大波囚犯。有关驱逐出境的警告广为散播，尽管实际流放人数难以估计。

60人（甚至更多）即将被流放海外，他们的朋友向两位大主教求情。两位"善良、仁慈"的主教，唯一能做的就是重申他们的判决。[4] 而当某位伦敦商人，名曰拉尔夫·威廉姆森，请求获得以最优价格出售被审判者的权利时，他的请求却获得允准。并且弗吉尼亚总督收到指令，撤销禁止囚犯输入殖民地的法令，便于苏格兰长老会的人入境。威廉姆森将他的人口货物带至伦敦，却发现浩瀚的北大西洋上，没有任何一艘船的船长愿意运送这些人。他们觉得，给持异见者们提供方便将承担莫大的风险。后来，教会专门募资，让这些人回到了苏格兰。威廉姆森无功而返，经此挫折，吃一堑，长一智。

威廉姆森的经历或许有助于解开本章开头的疑团：泰迪科船长缘何为"伦敦皇冠号"选择了前往奥克尼群岛的艰险航程，而不是南下伦敦的稳妥航线？如果泰迪科并不打算带着他的"货物"一路前往西印度群岛，而只想将他们卖给英格兰的美洲代理人呢？或许他曾听闻几年前威廉姆森的悲惨遭遇，决定带着他的人口货物绕过苏格兰北部，然后沿着西海岸航行，在利物浦或者布里斯托尔脱手。或许他觉得，比起伦敦商人的背信弃义，宁可选择海上的艰险吧。

随着王室意图日渐明朗，抗议之声也此起彼伏，尤其在苏格兰西南地区，人们聚集起来，聆听被禁言的牧师们布道。宗教抗议者之中，有些是长老会盟约派的极端分子。一时间，军队也出动了，

第十章
北部地区的抗议

目的是追踪、打击此类非法集会。在拉纳克郡、艾尔郡和加洛韦区,国王新政一度使得疑云密布,涌现出很多告密者,产生了有关监禁或流放的威胁,局部小冲突也发酵成了武装叛乱。

1679年,一队骑兵受命前往艾尔郡的基尔马诺克,去疏散一个大型的宗教秘密集会。而当骑兵们抵达线报所指地点——一个叫德拉姆克洛格的泥泞荒野时,他们发现眼前是由250名武装人员保卫的大规模宗教集会。长老会盟约者们是有备而来。一众武装人员,手持火枪或长柄草耙,顺利地目送骑兵们离去,而后者还将身陷沼泽之中。这一胜利,不仅避免了小规模冲突可能造成的伤亡,也激发了更多人拿起武器。一周之内,数千人在拉纳克郡克莱德河上的博斯韦尔大桥集会。

反叛者们没有把自己武装成一支军队,相反,倒更像是一个宗教辩论协会。他们都期望建立一支精神上更为纯粹的"上帝的军队"。反叛军的人数一度达到7000人,甚至更多。可战斗打响之际,人数已减至4000,很多人渐渐散去了。到头来,圣光没有为反叛者们而闪耀。由查理二世的私生子蒙茅斯公爵指挥的军队在人数上已经超过他们。而人数并不是主要问题,更重要的是反叛军缺乏精良的作战指挥,上了战场,就远不如先前那样纪律严明。反叛军中的步兵团很快被骑兵们抛弃,这场战斗速战速决。400名步兵被杀,队伍被打得七零八落,很多人随各自的指挥官逃窜。蒙茅斯下令,无须继续杀戮,1200名反叛者成为俘虏。

这批俘虏的命运与达勒姆大教堂的囚犯有些相似。他们被带到东面的爱丁堡,但因为那里的监狱已经人满为患,他们只能被关押在灰衣修士教堂墓地南端的临时监狱里。其中几名长老会盟约者早

白奴
一段被遗忘的美洲殖民史

就因危害国家安全罪被列入黑名单,于是在爱丁堡的青草市场被绞死了。至于其他人,囚禁很快演变为一场有关耐力的考验。他们所谓的监狱,不过是砌了几堵墙的露天围栏,所以犯人们只能任由风雨摆布。出于怜悯,当地有些居民会把残羹剩饭从墙外扔进去。可是,随着夏去秋来,秋去冬来,囚犯们未来的日子似乎只剩下无尽的凄凉。

长老会盟约者中,有几百人同意签订新约,抛弃成见和异议,以此重获自由。剩下的人里面,有些死去了,而那些幸存的、拒绝背弃盟约的人,则被判流放海外,发配到殖民地为奴。正是这些人,在奥克尼群岛遭遇了海难。

在 1712 年编撰的《众目睽睽》(*A Cloud of Witnesses*) 一书中,记载了大量因参与长老会盟约派叛乱而遭受惩罚的人的名字和遭遇。自 1678 年以来,"一些人被流放、贩卖为奴,一些人回到家乡,依然丧命,男男女女共计约 1700 人"[5]。而他们当中,很多人熬过了奴役期,后来在美洲定居下来。还有一些被流放的人,甚至成功回到了苏格兰。他们中间有一位名叫约翰·马西森的农民,因"和反叛者交谈"而被流放。30 个人被流放到卡罗来纳,马西森就是其中一个。1684 年夏,臭名昭著的格拉斯哥商人沃尔特·吉布森将他装上了一艘自有或租来的船。在 1709 年辞世前,马西森写下了自己的故事。而这个故事,1 个世纪后被发表在一份临终证词合集中。[6] "在我认识的人里,有几个突然被宣布为反叛者,我很想把事情搞清楚,可紧接着,我就和他们一样,被审判、流放……"

据马西森称,流放卡罗来纳的航程共花了 19 个星期。果真如此的话,船上每个人一定都饱受煎熬。原计划的航行时间为 9 到

第十章
北部地区的抗议

10个星期，食物和水源严重匮乏一定给他们造成了重重阻碍。疾病很可能是一大难题，或许很多人都死在了船上。等到航程终于结束，马西森的苦难却并没有到头，因为他和被流放的同伴们一样，都拒绝被卖作契约劳工。

他们残忍地对待我们，因为我们不愿意出卖自己或甘做奴隶。于是，我们都遭到毒打，而我的背被一个水手重重打了9下，疼得厉害，以至于后来好几天我都不能抬头或挺胸。而这些毒打，我只当是今后所要忍受的苦难、病痛的开端，从那时起，一直持续到现在。

一个偶然的机会（他没有透露），马西森和几个同伴逃离了卡罗来纳的种植园，航行至弗吉尼亚，沿途还遭遇了一场暴风雨。而后，他和同伴们继续前行。他们如何幸存下来，我们不得而知，可也不外乎勉强糊口、抓住一切机会当苦力度日。一段时间以后，为了活下去，马西森还是不得已成了契约劳工：

……不久，我就病倒了。生病期间，那家主人和他的妻子好心地收留了我，于是我就接受了契约。虽然逃离了把我们带来美洲的人，不用再给他们干活儿，可我们还是应当工作，才能有机会回去。为了回到家乡，我后来又去了纽约，和一个船主达成协议，请他把我带回伦敦。

白　奴
一段被遗忘的美洲殖民史

马西森终于回到了苏格兰，当时他的农场正迎来丰收时节，回家的一幕不似寻常又无比辛酸。

当他走进屋内，妻子正忙着给收割者们准备晚餐。她没认出他来，以为是个陌生的旅客进来歇歇脚。她招呼他随便吃些点心，他照做了，然后她又拿了些走出屋外，给收割者们送去。当她出去的时候，他站起来恭恭敬敬地跟着她。她转过身来，觉得他对她的款待不满意，就对旁观者说："这个人大概还想再吃一顿。"话音刚落，好几双眼睛望向了他，而他的一个儿子悄悄对母亲说："如果爸爸还活着，大概就是他那样子。"她再次回头，盯着陌生人的脸看了一会儿，然后跑过去抱住了他，大声喊着："我的丈夫！"[7]

和其他地方一样，将各类被厌弃者流放海外的做法，在苏格兰也大行其道。美洲建立苏格兰人定居点，最初是缘于林利斯哥镇镇长1681年向苏格兰枢密院提的建议，强调建立此类殖民地大有好处，可以"借机清理国内大量闲置人群和持异见者"[8]。这位"好心"的镇长实则在为商人们代言，后者可通过运输人口货物到殖民地而牟利。几个月后，其中一名商人沃尔特·吉布森——正是此人让马西森背井离乡——给枢密院写信，称他愿意将"经由司法部门或其他法官审判的窃贼或强盗，以及各种流氓无赖、街头乞丐、吉卜赛人"[9]运到殖民地。

吉布森的请求被允准了。治安推事们接到指令，对那些罪行较轻的犯人们给予特殊关照，这样可避免监狱被挤破，而教区也能卸下一份重担：

那些身强体壮、游手好闲的乞丐、吉卜赛人或其他流浪者，他们单凭蛮力抢劫为生，缺乏维生技能……这些人将被送上申请人的航船，前往殖民地，而苏格兰也将就此摆脱他们。

与爱尔兰、英格兰一样，苏格兰也幸运地发现，其社会政策、殖民政策竟能与商人们的需求如此配合默契，甚至还能满足律师和权贵名流们的诉求。

第十一章
来自安哥拉的种植园主

17世纪中叶,黑奴贸易堂皇兴起,不过大部分发生在内陆地区。1619年,波因特康福特的"20多个黑人",和他们可能在岸边遇上的自由意志者或囚犯们相比,奴隶身份别无二致。再等数十年,切萨皮克殖民地的种植园主们才会开始从黑奴市场上批量购置,而黑人奴隶制演变为合法的规约体系则要更久以后。从1619年抵达美洲的一个非洲人的故事当中,我们发现,美洲种族奴隶制的开端竟经历了一波三折。

安东尼·约翰逊正是故事中的这个非洲人。他不仅重获自由,还成了一名成功的种植园主,后来还给自己购买了奴隶——既有白人,也有黑人。约翰逊踏足美洲30年后,他和他的一名劳工起了争执。后者也是个非洲人,要求约翰逊还他自由。而约翰逊很简单地解决了此事,他说服法院判处此人为奴。这就是北美历史上第一例终身奴隶的故事,一名黑人扮演了反派角色,而他开启的将是一场注定凄惶的悲剧。

第十一章
来自安哥拉的种植园主

"白狮号"上的非洲人,起初大约是被弗吉尼亚两名富庶的种植园主买下的。其中一个是唯利是图的殖民地总督——乔治·耶尔德利爵士,此人在殖民地建立初期拥有比其他任何人都多的白人劳工。[1] 另一个是弗吉尼亚公司的贸易代理,名叫亚伯拉罕·皮尔西。人们普遍认为,那次交易标志着奴隶制度的开端:打从一开始,"白狮号"上男男女女的地位就低于周边所有人。当时的情形是,约翰逊和其他非洲人相对更体弱多病,比白人劳工遭受更劣等的待遇:黑人得戴上镣铐,忍受拳打脚踢;而白人只需要戴上镣铐。或许是英格兰人的种族主义使然,从安哥拉人踏上陆地的那刻起,就被区分开来。

然而事实上,非洲人似乎也被当作契约劳工,与英国劳工并无差别。种族主义当然可能存在,但是在追求利润的洪流中,农场工人的肤色是次要的,拥有足够人手投入10000块烟草种植田地里,才是头等大事。烟田劳动力大军里,黑人与白人混杂,而且下个世纪在某些地区,这种情况还将持续下去。

正如非裔美国作家小勒容·本内特所说:

不光在弗吉尼亚,新英格兰、纽约也是如此——第一批黑人被迫接受强制性的劳动制度,这与他们的肤色关系不大,甚至并无关系,肤色歧视是后来发生的。可在过渡时期,在占据着美洲历史重要阶段的宿命般的40年里,黑人是和第一代白人并肩劳动的——种植烟草,开垦荒地,修建公路和房屋。[2]

白　奴
一段被遗忘的美洲殖民史

在黑人和白人劳工之间，并没有任何种族歧视的迹象。据非裔美国历史学家奥黛丽·斯梅德利所言："有关黑人的早期史料中，并未发现他们因肤色而招致一般或广泛的社会憎恶的明确证据。"斯梅德利教授写道："有资料显示，黑人和白人劳工频频合作，共同对抗严苛的主人。"[3] 早前，专门研究奴隶制度的历史学家埃德蒙·S.摩根有证据表明"最初，这两个受压迫群体相互视作是同病相怜的人"[4]。

假如"白狮号"上的黑人交易导致大量非洲人涌入美洲，这个故事就是另一番模样了。可是，想象中的波澜并未到来。当时，不管伦敦还是詹姆斯敦，似乎没有任何一个人考虑过以其他方式使用非洲劳工。一段时间内，也只有很少量的非洲人被运到北美。接下来10年，有报道显示，确实有几艘英国私掠船开到切萨皮克湾贩卖非洲人，确实有男男女女从荷属领土和西印度群岛被运来，可弗吉尼亚还是主要依靠白人劳工。截至17世纪中叶，11000名殖民地定居者当中，非洲人只有区区300名。

人数虽少，却也产生了若干成功个案。契约期满后，少量非洲人获得了属于自己的土地，更好地生活下去。他们"轻轻松松地获得了属于自己的资产，并在与白人平等的基础上，开展商业和贸易活动"。斯梅德利教授写道："一些资产殷实的黑人甚至有了自己的奴隶。"

安东尼·约翰逊就是其中之一。他的第一个詹姆斯敦主人好像把他卖给了另一个有钱人，一艘商船的船主爱德华·本内特。1622年，本内特让约翰逊和另外50多个劳工去开垦林地，在詹姆斯河边建一片种植园。如今，那个种植园所在地叫作博伊金堡。这位商人将种

第十一章
来自安哥拉的种植园主

植园命名为"本内特迎候区"。他的劳工们是1622年2月到达指定地点的。3月份,大家还没来得及筑好栅栏,包哈坦部落就发动了复活节大屠杀。安东尼·约翰逊是"本内特欢迎区"袭击中12名幸存者之一。

在那以后,约翰逊又当了12年的劳工才重获自由,并分得庞格提亚哥河畔的一片土地以维持生计。接下来30年里,他扩大了所占土地的面积,"进口"了10多名劳工,有英格兰人,也有非洲人。而基于他们的人头权,约翰逊又累积了1000英亩土地。或许约翰逊和周围白人种植园主的唯一差异只在于他给种植园所起的名字——他称它为"安哥拉"。

还有其他几位以契约劳工身份来到此地的非洲人,他们的美洲梦也相继实现了。可是,1640年以后,从总体上看,沿美洲东海岸地区的非洲人生活境况日益恶化。在内陆地区的英格兰殖民地开始以各种方式慢慢向种族奴隶制靠近,但步调并不一致,或许当权者对于未来的发展方向还未理清头绪。比如,历史上马萨诸塞是第一个将奴隶制度合法化的殖民地——可在当时,并没有特定的种族指向。其实乍看之下,马萨诸塞的奴隶制宣言更像是为自由吹响的号角。宣言中称"未来,我们中间将不再有契约奴隶制、隶农制或任何囚禁的束缚",但接着,话锋一转,列举了若干特例——战犯、"自愿出卖自身或被卖予我们的外地人"和"经官方判决流放此地的人"除外。[5]

非洲人地位的每况愈下,或许始于某些人的终身为奴。首个遭逢劫难者是谁,我们无从知晓,但是从有记载的案件中得知他们是因逃跑而受罚的。不仅如此,他们还是跟白人劳工一起逃跑的。那些白人同伴们尽管没被判处终身为奴，但也遭受了恶毒的惩罚。终身为奴这项责罚似乎是专为黑人而设的。

在美洲奴隶制历史上，逃跑是司空见惯的。在托马斯·戴尔掌权的可怕时期，人们会逃进树林或顺流而下，寻找土著居民的庇护，要么就被逮到其他殖民地。对于绝望的劳工或奴隶而言，逃跑是唯一的出路。17世纪30年代以后，威慑、束缚他们的方式越来越严酷，因而随着时间的推移，越来越多的人选择了逃跑。

每起劳工犯罪，惩罚的第一步几乎都是鞭刑。在弗吉尼亚，逮捕逃犯的治安官们所接到的指令是，一旦抓到，即刻鞭打一顿。而押送逃犯回殖民地的警官们也被要求照做："每名抓到俘虏的警员都应该……将其重重鞭笞一顿。"[6]

马里兰曾考虑将"逃跑"判为死罪，不过后来还是采用了弗吉尼亚的做法——以追加劳工们的契约期作为惩罚。最初，他们拟定的判罚公式是每逃跑1天追加2天奴役期，不过弗吉尼亚将其升级为每逃跑1天追加5天，而马里兰则追加10天。其他殖民地效仿了切萨皮克的做法，只不过，他们纷纷添加了额外条款——逃跑者需要补偿种植园主为了逮捕他而损耗的成本。一些种植园主的成本清算令人咋舌，甚至包括种植园主租用自己马匹的费用。事情的结果就是，假如有人体验了几个月的自由，可能要付出额外被奴役几年的代价。

在叛乱气息四溢的时期里，惩罚措施如此之严酷，充分反映了种植园主们想要掐灭所有反抗火花的决心。从切萨皮克一系列小规模叛乱中，我们可以嗅到空气中的不满情绪。在种植园里酝酿的暴乱中，黑人、白人劳工正在联手对抗。在如此情形下，逃跑被视为叛乱。

第十一章
来自安哥拉的种植园主

1640 年，弗吉尼亚种植园主休·格文对着被抓捕的 3 名逃到马里兰的劳工大喊大叫。3 名劳工一个是苏格兰人，一个是荷兰人，还有一个是约翰·庞奇——非洲人。听闻 3 人在马里兰被捕、拘留，他们的主人格文决定在当地卖掉他们。这样一来，不但省掉了把他们带回来的额外开销，还能赚点儿现钱，用来购买更为温顺的劳工。可是，叛逃劳工不接受惩罚，这点让弗吉尼亚法院颜面无存。法院声称，这将产生一个"极为有害的先例"。于是在 1640 年 6 月，法院要求马里兰总督将 3 人遣送回弗吉尼亚，让他们"接受与所犯之罪相匹配的公平的、示范性的、应得的惩罚"[7]。

接下来 1 个月，逃跑者们就在弗吉尼亚法院受审了。所有人都领受了 30 下鞭刑。除此以外，两名白人被判处继续侍奉格文，在原有年限上再追加一年，并且年限到期后，他们还要在殖民地继续当 3 年劳工。而对于非洲人约翰·庞奇，判决更糟糕。鞭刑之后，他将"终其一生，不管身在何处，侍奉现在的或经指定的主人"。所以，约翰·庞奇是史上记载的第一个被判终身为奴的非裔美国人。

两周以后，在同一个法庭上，又出现一起多种族劳工集体逃跑案件。他们中有 1 个非洲人，4 个英格兰人和 2 个使用了英文名字的荷兰人。他们参与了一场有组织的集体叛逃事件，准备经水路逃到荷兰领地。他们偷了一艘小帆船和"枪支、弹药"，在一个星期六的晚上行动。刚到伊丽莎白河[①]，他们的小船就被发现，于是被逮

[①] 伊丽莎白河：17 世纪初詹姆斯敦的殖民者以英国国王詹姆斯一世的女儿伊丽莎白·斯图亚特公主的名字命名的一条河。这是一个潮汐河口，是从海洋到佛罗里达的内陆航道，为商业和娱乐船只提供了更隐蔽的通航水道。——编者注

白　奴
一段被遗忘的美洲殖民史

捕归案。主谋荷兰人克里斯托弗·米勒被判的刑罚极为严酷：先是30下鞭刑，再在脸颊上烙上字母"R"，还要戴脚镣至少1年（若主人找到其他理由，可延长其戴脚镣的期限）。在当前契约期满之后，米勒将成为殖民地财产，继续服7年劳役。另一名荷兰人也要额外服7年劳役。

英格兰人的刑判则稍微轻一些。除鞭刑、烙印、服役满契约期之外，一人被判在殖民地服3年劳役，另外两人被判服两年半劳役。还有一个英格兰人甚至被判缓刑，或许正是他出卖了同伴。

至于那个非洲人，他的名字叫伊曼纽尔，领了鞭刑、烙印和镣铐。史料中没有提及他的附加劳役期限，所以我们猜测，他和几个月前的约翰·庞奇一样，被判终身为奴。

之后的10年里，针对非洲人的终身奴隶制变得非常普遍，于是出现了约翰·卡索的离奇故事。这个故事后来成了判例案件。黑奴称自己契约期早就过了，而主人反驳说他终身为奴。故事的巧合在于，这个主人是安东尼·约翰逊。

这起案件发生于17世纪50年代。卡索逃离安东尼·约翰逊的安哥拉种植园以后，寻求邻近种植园主的庇护。逃跑者坚称，契约期满以后，他已经被束缚7年了。邻居罗伯特·帕克相信了卡索，将他保护在自己的种植园中。约翰逊决心夺回资产，于是和卡索对簿公堂。在接下来的官司中，罗伯特·帕克在法庭上为逃跑者卡索辩护。案子拖了整整两年，呈现出令人困惑的情形，一个白人种植园主与一个黑人种植园主相互争斗，竟是为了将一名黑奴从终身奴役中解救出来。

约翰逊一度听了儿子们的劝，释放了卡索，可后来又后悔了。最终，约翰逊胜诉。法院裁决，卡索终其一生都是奴隶，勒令他即

170

第十一章
来自安哥拉的种植园主

刻回到约翰逊的种植园,而后者将获得卡索出逃两年的相应赔偿。罗伯特·帕克因庇护逃跑者,也要向约翰逊做出赔偿。20年后,卡索仍是玛丽·约翰逊——安东尼·约翰逊遗孀的财产。[8]

彼时,终身黑奴已经成为范例,而各殖民地也都通过法案,要么原则上认可奴隶制,要么在制度上加以细化。1641年,马萨诸塞率先行动;1650年,康涅狄格随之推行;弗吉尼亚是在1661年;马里兰是在1663年;纽约、新泽西是在1664年;其他殖民地后来也跟上了。

这些法案维持了黑人中的自由民——比如约翰逊的自由身份,可他们不再享有与其他种植园主同等的地位。他们仍然可以买入黑奴,可不再被允许购买白人劳工。1671年,另一条法令规定,未来所有进入弗吉尼亚的"非基督教劳工"都是终身奴隶。非基督教劳工特指非洲人。两年后,殖民地议会又通过新法令,明确了印第安俘虏的奴隶身份。

在法律层面,契约劳工制和奴隶制被区分为两个不同的概念,关于这一点,后来愈发得到印证。弗吉尼亚颁布法律,规定黑人奴隶制可以代代延续。相关条文如下:

> 关于英格兰人与黑人妇女所生育的子女,到底是奴隶还是自由民,尚存有一些疑惑。在此,议会经研究宣布,本国所有孩童的身份——不管是被奴役者还是自由者,将由母亲的身份决定。

这完全违背了英格兰普通法的基本原则:子女身份由父亲一方决定。[9]

白 奴
一段被遗忘的美洲殖民史

虽然没有非洲人大量涌入，可烟草地里的种族平衡发生了变化。1600 至 1625 年，切萨皮克的白人数量不仅超出黑人，而且二者比例高达 20∶1。1675 年后，这一比例锐减为 3∶1，比如，弗吉尼亚有 2000 名黑奴和 6000 名白人劳工。到 17 世纪末，差距进一步缩小。据估计，1698 年，登陆邻近地区马里兰的白人有 600 到 700 个，而黑人大约有 450 个。

从英格兰人固定时限的劳役制度转为非洲人的终身奴隶制，除了种族因素外，还有经济因素。加勒比殖民地的经验表明，堂而皇之地引进奴隶大军，可以创造更多利润，切萨皮克种植园主们也注意到了。黑人奴隶越来越成为长期投资的更优选择，尤其在死亡率开始呈下降趋势的时候。曾有几十年的时间，半数劳动力都会在 5 年内死去，因此，以两倍于固定期限白人劳工的价格购买终身奴隶不是一笔好买卖。而随着死亡率逐渐下降，情况就不同了，终身奴隶的市场价值变得更高。或许有人认为，白奴生意将就此结束了，可是白人劳工贸易依然存在着不小的利润空间。

第十二章
深入巴巴多斯

有关甘蔗的最早记载,可以追溯到《阿闼婆吠陀》[1]里的一首古老赞歌,其中曾提到一个古印度爱情魔咒:

我,比蜜更甜,比甘草更醇。
你一定要将我记挂心头,犹如蜜蜂,只为寻觅那一腔蜜意。
我用甘蔗将你深深吸引,那样的甘甜,将束缚着你,不忍离我而去。1

在热带地区炎炎烈日下劳作的奴隶们付出万分艰辛,只为在英格兰的餐桌上摆满风靡于17世纪的香甜的茶点。尽管长久以来糖分的甜蜜都与爱情联系在一起,可17世纪每日在加勒比收割甘蔗、提炼糖的男男女女,一定打从心底里诅咒它。

---

[1]《阿闼婆吠陀》:婆罗门教的圣典,共计收录赞歌731首,常用于祈祷仪式中。——译者注

白 奴
一段被遗忘的美洲殖民史

　　1493年，哥伦布在加那利群岛的戈梅拉岛短暂停留。1个月后，他想起了自己未完成的使命，决定继续前行。他随身带了几段作为礼物的甘蔗，来到了伊斯帕尼奥拉岛。葡萄牙人把甘蔗引入巴西，荷兰人把它带到圭亚那，法国人又把它带到马提尼克岛。在古巴、牙买加、波多黎各和其他小岛上，甘蔗作为经济作物被广泛种植。英格兰人则将它带到了巴巴多斯，交由同时运送过去的劳工们种植。

　　本章中，我们将聚焦巴巴多斯岛，避免过于繁复的殖民地间的对比。况且，巴巴多斯将很快成为英格兰新殖民地中最重要的经济实体，在经济意义上超越美洲其他殖民地。能取得这样的成就，都归功于它只专注一种可行的经济作物，并且有持续不断的劳动力来运作。其他任何选项都被弃掷一旁，留给几千英里外的其他殖民地或许更合适。巴巴多斯殖民地是为商贸而建的，热带骄阳下的奴隶大军把这个岛屿变成一座庞大的农作物工厂。巴巴多斯还有个与众不同之处。假如劳动者们期望在契约期满后建立属于自己的小农场，只会竹篮打水一场空。在这里，规模经济效应已经显现，小佃农们将被大型农场主排挤出局。人们除非离开此地，不然在巴巴多斯就得为种植园主打工，或者活活饿死。

　　人类对美食的喜爱让巴巴多斯的地位愈加显赫。酷爱甜食与生理需求不无关联：糖分存在于我们的血液之中，飞速流经全身。人体化学工厂指令葡萄糖进入血液循环，产生能量，犹如药物的作用。达到顶峰之后，血糖指数不可避免地回落。幸运的是，商业规则中有一条，有多少强烈的需求，就有多少对应的供给。像巴巴多斯这样的加勒比岛屿将解决甜食爱好者们"无甜不欢"的难题。

第十二章
深入巴巴多斯

巴巴多斯抓住商机，进入了鼎盛发展期。17世纪20年代，约翰·鲍威尔船长以詹姆斯国王的名义占领了这座岛屿，并向他的雇主——富庶的伦敦商人威廉·柯庭爵士报告此事，后者则带领一个财团，于1627年在岛上建立了一个80人左右的小殖民地。

最初，英格兰人殖民巴巴多斯的计划差点儿破产，因为他们找不到合适的经济作物。鲍威尔船长认识荷属圭亚那总督，便从他那里购买了棉花和烟草，还有几样可食用的蔬菜和甘蔗。甘蔗可以用来制作朗姆酒，也就是所谓的"降魔酒"。早期殖民者心态乐观，以为只要仿效弗吉尼亚，就可以靠烟草和棉花发展经济。为了帮他们打通农业经济之路，鲍威尔从圭亚那带来了40名阿拉瓦克人[①]，帮助指导农业生产。随即，阿拉瓦克人就发现自己被出卖，成了奴隶。不久后，野心勃勃的殖民者们绑架了更多阿拉瓦克人，为他们的农场劳作。在巴巴多斯岛上，他们是最早遭遇背叛和压迫的人群，未来还有很多。

威廉·柯庭爵士的财团承担了最初的殖民风险和成本，却遭到以卡莱尔伯爵为首的财团的排挤。结果，卡莱尔伯爵获得国王亲授的专权，从此掌控巴巴多斯。

很快，更多有魄力的殖民者来到巴巴多斯。詹姆斯·德拉克斯爵士就是其中之一。这位传奇人物后来对传记作者理查德·利贡说，17世纪20年代，他带着300英镑来到巴巴多斯，打算赚足在英格兰购买10000英镑地产的钱才离开。

[①] 阿拉瓦克人：是南美洲北部和加勒比地区的土著。——编者注

白　奴
一段被遗忘的美洲殖民史

事实证明，德拉克斯、其兄弟威廉和一同前来的农户们还须跨过一两道坎，才能打下稳固的经济基础。种植烟草的决策是不明智的。更优质的烟叶已经在弗吉尼亚生长，于是巴巴多斯将目光转向棉花和木蓝。即便在当时，这座岛屿也需要面对来自更成熟的产业、其他新兴殖民地——如圣克里斯托弗和蒙特塞拉特的竞争。

从一开始，巴巴多斯契约劳工的处境就极为恶劣。1629年，卡莱尔伯爵委任威廉·托夫顿爵士为总督。此人试图改善劳工们的处境，却遭到种植园主们的抵制。为缓和对峙局势，总督额外拨给种植园主们10000英亩土地用以自行分摊。卡莱尔伯爵撤了托夫顿的总督职位，委任亨利·霍利为新总督。与前任相比，此人似乎心肠歹毒。托夫顿愤而反抗，结果连同支持者们都被判为兵变，受了绞刑。[2] 威廉·托夫顿爵士或许富有同情心，却不是个聪明人。

17世纪40年代，出于某种原因，英格兰突然对加勒比殖民地倍加重视，甚至超过了美洲本土的殖民地。欧洲糖价暴涨，新一代巴巴多斯人看到了商机。据记载，转而生产甘蔗的建议来自一名荷兰籍犹太商人。早在英格兰人到来前，他就在这片海域航行了，也正是他，从圭亚那引进了蔗糖生意。另一种说法是，詹姆斯·德拉克斯才是时代英雄，他不仅从巴西引进了甘蔗，还成功建立了第一家糖厂。

1640年，圣克里斯托弗转而种植甘蔗，巴巴多斯迅速跟上。到1642年，甘蔗种植已经在巴巴多斯兴起。到1644年，辊轧机已投入使用，每根甘蔗可产出相当于其50%重量的甘蔗汁。蔗糖塑造了传奇，它成了一种工业产品。

作物、技术均已到位，此番变革将疾速积聚财富，这在英格兰是无法想象的。但是没错，它也产生了副作用。优质朗姆酒大量生

第十二章
深入巴巴多斯

产,几年后,康涅狄格议会颁布了一则法令,允许征用"任何巴巴多斯烈性酒,一般称为朗姆酒、'降魔酒'等"。

想要成功,还缺另一要素:大量廉价劳动力。和烟草种植相比,制糖更是劳动密集型产业。1630 年,巴巴多斯仅有 1800 人,不过很快将发生变化。1634 年,从大不列颠"进口"的劳工总数为:男性 790 人,女性 46 人。其中,年龄在 10 到 19 岁的有 246 人。

1642 年,首批英格兰囚犯来到巴巴多斯,投身这一新型糖料作物的种植。从各方面看,巴巴多斯都在演变为一个囚犯流放地,只不过换了个名头罢了。囚犯流放,换个说法就是,"被判死缓"[3]。

17 世纪 60 年代王政复辟之前,更多人从不列颠群岛出发,前往西印度群岛,而非美洲大陆,约占总迁移人口的四分之三。[4] 他们当中半数是爱尔兰人。从这段时期开始一直到美国革命爆发,横跨大西洋的苏格兰、英格兰和爱尔兰人中,一半人的目的地都是西印度群岛。

与美洲的情况一样,劳工们除了叫法不同,本质上与奴隶无异,都被主人视作财产。1640 年 6 月 12 日,地产代理们对一个名叫乔治·巴尔克利的人进行资产评估。他们发现,此人豢养的家畜价值 42000 磅棉花,生活用品价值 1125 磅棉花,9 名劳工价值 3120 磅棉花。巴巴多斯的劳工可按市场价值清偿债务,也可作为已故种植园主的遗产而被继承。

自此,巴巴多斯的财富源源不断。富有进取精神的詹姆斯·德拉克斯成为岛上最富庶的种植园主。威廉·托夫顿爵士下台后,他也从拨付给种植园主们的 10000 英亩土地中分得一杯羹。如今,我们仍可以目睹与德拉克斯相关的历史遗迹——一座建于 17 世纪 50 年代、有着灰色外墙的恢宏宅邸。从外观上看，德拉克斯楼并不是热带风格的休闲胜地，也没有取悦观赏者的意图。它"外表"冷酷，固若金汤，是权力机构的体现。房屋的设计也彰显了主人的性格。德拉克斯在英格兰有颇具权势的朋友，自身也具备开拓伟业的管理才能。他一手打造的产业成为众人艳羡的对象。建筑或许不是德拉克斯的强项，可他的产业以食物为基础，自然深谙宴客之道。以下就是他在某次招待中供应的奢华盛宴。

第一道菜以牛肉为主题，它也是热带岛屿菜单上最昂贵的食物。德拉克斯特别设计了煮牛臀腰肉、烤牛面颊肉、烤牛脊、烤牛胸肉，还有牛舌牛肚馅儿烙饼，搭配香草、醋栗和调味品等，共计14样牛肉菜式。

第一道菜用完清盘。饕餮牛肉盛宴之后，体型小些的禽畜也有一展宴席的机会：苏格兰薄猪肉片、油焖猪肉、白煮鸡肉、小山羊前腿肉配百里香、小山羊肉裹布丁、乳猪，不一而足。

最后，还有蛋奶羹、果酱、芝士蛋糕和泡芙等。酒水单上，有无所不在的"降魔酒"，加上白兰地、克拉瑞特酒、白葡萄酒、莱茵葡萄酒、西班牙雪利酒、加那利红酒和英格兰烈酒。"你将感受到人们接待最好朋友时的热情和欢颜。"一位心满意足的客人说道。

种植园主们大快朵颐，而在岛屿农场上，非洲奴隶干完活儿只能睡在宿舍的木板床上，每周只能领到1串芭蕉，能吃上一口饱饭已是天大的恩惠。在茅舍里，欧洲契约劳工以马铃薯、印第安玉米为食，可能再配些豆类，没有佳酿佐餐。可如果他们发烧了——岛上经常遭逢的危险，一种由糖汁提取的烈酒被用作药品，帮他们恢复精神。我们不知道德拉克斯是如何对待他的欧洲和非洲劳工的，

第十二章
深入巴巴多斯

或许他比有些人强一些或差一些,有的契约劳工获得了友善的待遇。1657 年,一位种植园主将他"最好的一套衣服、最好的帽子"赠给了劳工戴斯蒙德·欧多伊尔。如果主人死后他能忠实地服务于他的遗孀,还可获得减免 6 个月契约的奖赏。不过总体来说,种植园劳工们的待遇十分糟糕。

尽管苏格兰年轻人更受青睐,但是爱尔兰国内有大量无业青年,他们便成为巴巴多斯制糖工业的劳工来源。很快,巴巴多斯的劳工需求量超过了不列颠群岛的供应量。为此,1646 年,政府颁布了有关鼓励劳工贸易的备忘录。1652 年,又允准两名(甚至更多)法官签发运送流浪者和乞丐到殖民地的许可状,他们的目的地可能是海岛或者美洲内陆。

由于 17 世纪政局动荡不安,出于政治或宗教原因,很多爱尔兰人和苏格兰人被放逐到巴巴多斯。他们期待着,若能平稳度过 7 年左右的劳役期,在那之后便可获得自由。果真是那样就好了!于他们而言,巴巴多斯意味着囚犯流放地。在此备受煎熬的人们,他们所投身的,并非建设殖民帝国的计划;相反,他们是商业蓝图里的小碎片,要在岛上实现资本主义。对他们的定位很简单:投身劳动,并通过劳动创造利润。在美洲大陆的一些殖民地,人头权利制把契约劳工们摆在殖民计划的核心位置。而在巴巴多斯,劳工只是具有货币价值的生产过程中的小零件。英语词汇表中出现了一个新术语——被送到西印度群岛,又称"Barbadosed"(被运至巴巴多斯)。

如今,我们能获知这么多有关殖民者及其劳工们生活方式的讯息,都要感谢前文提到的理查德·利贡。1647 年,他搭

白　奴
一段被遗忘的美洲殖民史

乘"阿喀琉斯号"从伦敦来到这里，又将所见所闻写进了《巴巴多斯岛的真实历史》(*A True and Exact History of the Island of Barbados*)。利贡是个有趣的旅行著述者，他告诉我们，自己是不得已加入这段旅程的。他在一场"极其蛮横的暴乱"中散尽了家财。所以，虽然人到中年，却不得不出门碰碰运气。事实上，利贡是保皇党的支持者，可能是在第二次内战中失去了资金和土地，困顿至极。他发觉自己就像寓言里说的"事急老妪跑"，于是直奔巴巴多斯碰运气去了。

利贡的著作，既是旅行传记，又像是开办糖料种植园的指导手册。他记载了糖料的提纯方法，详述了购买和经营种植园可能遇到的经济难题。17世纪50年代初，他说，购买500英亩地产需要花费14000英镑。投入开办费之后，扣除运营成本，每年预计毛利润是8849英镑。而获得这一投资回报的前提是，在伦敦出售优质糖料的价格为每磅3便士，并且劳动力成本可以低到忽略不计。只需要支付最初购买劳动力的金额，便可获得他们的固定劳动年限。而之后的每一天，30个白人劳工和100个非洲奴隶都将免费在种植园里忙忙碌碌。

劳工们的3餐成本微乎其微，因为几乎所有食物都是地里长出来的。利贡仔细地记录了最微末的细节：

用来居住的棚屋是劳工们自己搭建的。至于穿的，只要有衣遮体、适合炎热天气即可，可谓简易至极。男性劳工可领取4先令每件的汗衫、3先令每条的汗裤。他们的帽子，如果提供的话，每顶价值4先令。鞋子，如果有，每双3先令。女性劳工则领取5先令每条的衬裙、4先令每件的宽身长衫。[5]

第十二章
深入巴巴多斯

如果在农宅干活儿，妇女们可获得一件背心和一顶不错的帽子。非洲劳工的配给则更简略，男的穿汗裤，女的穿衬裙。有时，他们可凭子女获得一点儿补贴，而种植园主们会像买卖"猪崽"一样对待他们的孩子。利贡估计，每年种植园耗费的劳动力总成本是1349英镑，所以净利润为7500英镑。

当然，风险也是有的。利贡指出，健康状况是个问题："比起英格兰，这里患的病更严重，死亡率也更高。而且，很多时候，这些病是有传染性的。"17世纪，曾有个英格兰雇佣兵途经巴巴多斯，他写道：

此处是英格兰丢弃国内人口渣滓的垃圾场。被送到这里的，大多是流氓、妓女。英格兰的流氓，到了这里再也不能行骗；而妓女，如果长得好看，会嫁给某个有钱的种植园主。

最早尝试在荒野中生存的人，一定有着非凡的决心和毅力，抵御了严酷的气候和未知的恐惧。后来，拓荒者们的小规模地产不得不让位于大型糖料种植园。少数人的生活变得舒适起来，而缺乏资本的荒野硬汉们只能迁到其他殖民地，比如弗吉尼亚、罗德岛，寻求想要的生活和梦想。而如果一个人既有资本，又想迅速赚钱，那么，巴巴多斯简直是西方的麦加圣地：

想要扎根此地的人，一定要留心购买劳工。如果能在英格兰买到6年、8年或9年契约期的劳工，仅支付他们来这儿的路费，或稍微超出一点儿，那就非常理想了。[6]

白　奴
一段被遗忘的美洲殖民史

确实如此。自行测算之后，我们对契约劳工制能给糖料生产商们带来多少利益有了新的认识。基于利贡对劳动力和年利润的估算，我们得出，劳工们每人每年可为种植园主创造 57.69 英镑的利润。

综上可以推断，由于购买劳工只需要支付极低的一次性费用，所以 4 年下来，种植园主们可从每人身上赚取 230.76 英镑的利润，5 年则是 288.45 英镑。利润如此之高，是因为劳工需要的只是一张 6 英镑左右的船票。按照利贡的数据，劳工为主人工作 38 天，即可抵消船票费用。即便考虑种植园主在一名劳工身上的可能花销，算到最高，哪怕是 20 英镑，也可得出劳工为主人工作约 126 天即可相抵。并且请注意，日常管理费用是极低的：一名劳工的穿着只需要花费几先令，棚屋由他们自行搭建，而简单的餐食也是地里长的。

假若种植园主需要给工人们发工资，这一切会有多大差别呢？果真如此，按照 17 世纪英格兰农场工人的薪资水平，每天大约 10 便士到 1 先令——或者说，全年大约 15 英镑。[7] 这就意味着，4 到 5 年的契约期，所有工资加起来将不超过 60 英镑到 75 英镑。这样一来，4 年期内，基于每位劳动者的利润空间将从约 230 英镑降至约 170 英镑。5 年期内，从约 288 英镑降至约 218 英镑。基于以上数据，我们发现，17 世纪中叶，巴巴多斯制糖工业的经济运转并不依赖于契约劳工制度，而只是趁机建立了一个奴隶阶层。工人们辛苦付出的意义，在于提升利润空间，而不是维持殖民地企业的基本运行。

试想，大量穷困潦倒的移民者，当初还有其他的选择吗？假如身无分文的移民者有预付信用担保，可以先行支付船票呢？乍一

182

第十二章
深入巴巴多斯

看,这个想法是无稽之谈,可到了 18 世纪,信贷制度的确形成了。如果当时存在一种公平合理的信用方式,或许劳工们可以先行支付横跨大西洋的路费,就不用被契约束缚自由了。加之每年 15 英镑左右的工资,一段时间以后,勤俭度日的劳工或许就可以偿清债务。对于有一技之长者,例如木匠,1642 年可以挣到 25 英镑甚至更多,那么他的还贷目标将更易于实现。鉴于每位劳动者可创造的利润额,我们甚至可以推算巴巴多斯农业劳动者的工资水平或许会大大超出英格兰同行的工资水平。

按照契约,劳工们必须服役 4 到 7 年不等,甚至更久。可实际情况是,契约劳工市场是一个粗制滥造的堂皇骗局。与马里兰、弗吉尼亚一样,巴巴多斯的劳工们或被强制,或遭诱骗,承受了不必要的漫长奴役期。契约劳工并非简单地出卖固定时段的劳动力,以此偿付跨洋路费。他们在市场上遭遇的,是不得不向另一个人无偿出卖长期劳动力。埃里克·威廉姆斯在他以奴隶制为主题、具有里程碑意义的著作中指出,奴役和束缚有多种表现形式。他仔细分析了这些形式和他眼中非洲人所承受的真正的奴隶制之间的差别——后者是终身的、可延续给子女的奴隶制度。[8] 当然,这是最糟糕的情形,可两者的差别仅仅取决于程度的轻重,其内在本质是一样的。有人说,既然契约劳工并非生来的奴隶,这就足以将他们与真正的奴隶区分开来。[9] 关于这个问题,曾有一些学者进行了深入的研究,将契约劳工制与奴隶制加以区分。可在我们看来,他们忽视了一点,奴隶制是有多种形态的。

在巴巴多斯,劳工们的私生子女在 21 岁之前都要被迫提供无偿劳动。还有很多方式可以追加劳工们的契约期,比如,劳工违反无数强制性规则中的任何一项,将被罚追加契约期限。这些规则之中,很多都是在故意激怒他们,所以他们很可能在某个时候打破规则。

等到劳工契约期满,主人往往有义务向他支付"自由费",比如一笔现金、一些工具和衣物、一片土地,甚至三者兼具。可在实际操作中,这一切极少发生。截至17世纪40年代,种植园主们已经瓜分了岛上大部分良田。所以,刚获自由的劳工们很难建立一个新农场。曾经的契约劳工们发现,为了获得仅够维持生存的薪水,他们不得不继续为种植园主工作。通过这种方式,劳动者们就顺理成章地成了种植园主的终身奴隶。1676年,这座海岛的总督写道:"至于巴巴多斯的土地,我相信,从这里一直延伸到海边的每一寸,都已经被蚕食鲸吞了。"[10]

利贡描述了巴巴多斯不同社会阶层的处境:

这座岛上有3类人:主人、劳工和奴隶。奴隶及其子女永远受制于主人,所以比劳工获得更多保护与关注。按照岛上的法律,劳工们只需受制于主人5年时间。所以,在契约期内,劳工们的生存状况是最恶劣的,必须干最重的活儿,住最破的房屋,食物供给也少之又少。

这是非常关键的第一手资料,因为利贡发现,欧洲白人与非洲人的待遇不同——白人们的处境更糟糕。非洲人的故事自然是悲苦的,被迫离开家乡,为旁人辛苦劳作,甚至无法建立家庭,这样的命运确实悲惨至极。可是,在某段时期内,和非洲人相比,似乎欧

第十二章
深入巴巴多斯

洲人更有可能在田间劳作致死，早早离世——巴巴多斯的气候让他们极难适应，加之长年繁重的体力劳动。利贡告诉我们，契约劳工们被买上船，直接送到种植园里，然后必须立即自行搭建茅屋。在那之后，他们又被送到农场上劳作，丝毫没有适应当地气候和地理环境的时间。

如果他们不够强壮，糟糕的居住条件会让他们患病；如果他们抱怨，会遭到监工一顿暴打；如果他们反抗，契约期限将翻倍。我曾经看到监工用藤条抽打一个劳工的脑袋，直到他头上鲜血直流，而所犯的错误简直小到不值一提。可他必须承受下来，否则后果更严重。真的，我目睹他们如此残酷地虐待劳工，从未想过一个基督徒会如此对待另一个基督徒。[11]

种植园主们有的仁慈，有的残酷。利贡说："可如果遇上残酷的主人，劳工们就得非常疲倦、悲苦地度日了。"食物是最简单的：晚餐吃马铃薯，午餐要么喝粥，要么吃扁豆或马铃薯。极少情况下可以吃肉，前提是刚好有头牛死了。晚上天气会变凉，劳工的吊床上没有床单御寒，且只能穿着干活儿的汗衫短裤睡觉，"一旦感冒，比在英格兰更难恢复，因为在繁重的劳动和烈日暴晒下，他们的身体是非常虚弱的"。

在那时，这就是成千上万背井离乡的英格兰人、爱尔兰人、苏格兰人的海岛之家。排成长队的劳动者们要清除这片热带森林，转而种植甘蔗。收割甘蔗是尤其能累断腰的工作，因为甘蔗最好的部分靠近根部，所以需要在接近地面的位置砍割。在不留情面的气候

白奴
一段被遗忘的美洲殖民史

条件下,这项工作是无休无止的。烈日当头,日复一日地劳作,鲜有喘息,动辄鞭打,日子一定煎熬极了。对爱尔兰人而言尤其如此。因为殖民地的社会制度是由清教徒和克伦威尔支持者们建立和运营的,他们眼中的爱尔兰天主教劳工们不仅是国家的敌人,也是教派的敌人。所以,劳工们之所以遭受虐待,可能有三方面原因:身份、宗教、经济。

加勒比地区白人契约劳工的处境引起了当地某些掌权者的关注。1651年,巴巴多斯通过法律,禁止商人在未获得监护人或官方人士书面认可的情况下运送14岁以下的劳工,可是未见成效。几年后,威廉·布雷恩上校从牙买加写信给奥利弗·克伦威尔,提出种植园主应该雇用非洲人。他的理由是:"种植园主必须花钱购买非洲人,因而关注他们的生存状况,而这种关注,契约劳工们是没有的。"这位上校和其他人的观察发现,导致该世纪中叶成千上万非洲人被运到巴巴多斯。

内战的影响范围甚广,包括小小的巴巴多斯岛。据估计,1648至1655年,12000名政治犯因内战来到此地。遭流放的保皇党囚犯被卖作契约劳工,有官衔者也无法幸免。1656年,保皇党军官里弗斯和福伊尔写道:"船主按155磅糖料每人(因各人劳动能力略有差异)的价格……将可怜的请愿者们和其他人一道售卖。"在给议会的请愿书中,他们如此描述:

> 此等囚禁让人无法忍受……在磨坊里研磨,负责锅炉,或在灼热的土地上凿坑,没有吃的……除了马铃薯……被一个种植园主卖给另一个种植园主,和牲畜一样,用来抵偿主人的债务……[12]

第十二章
深入巴巴多斯

1659年，关于里弗斯和福伊尔的困境，议会内部爆发了一场激烈的论辩。亚瑟·哈斯勒格爵士是查理一世下令逮捕的5位议会成员之一，此举助推了内战的爆发。这位爵士坦言，听着请愿书被宣读，他差点儿泪目："祖先们带领我们获得自由。而如果战争将我们的子孙推向奴隶制，我们简直是全世界最可悲的人。"[13] 尽管伤感如斯，里弗斯和福伊尔依然没有等到救援。

除了保皇党囚犯，富裕的保皇党逃亡者也来到岛上。他们将巴巴多斯视作逃离克伦威尔及其议员们强制推行的革命的避难所。于是，巴巴多斯在政治天平上很明显地向王权倾斜。可是，商人和种植园主们所持的实用主义思想最终让他们继续开展贸易，岛上并没有掀起重大的政治波澜。

可惜，良好态势没有持续太久。查理一世被斩首之后，这座海岛表示将拥护查理二世。对此，议会迅速回击，所有与巴巴多斯的贸易中断。同样，巴巴多斯与任何其他英属殖民地或荷兰商船的贸易也被切断。通过这种方式，英格兰扼住了大西洋贸易的咽喉，也牢牢控制住这座小小的叛逆岛屿。一支军队驻扎到岛上，确保他们服从命令。几场小规模冲突后，海岛上的人依然坚定地对抗军队。乔治·艾伊斯奎爵士是军队指挥官，他睿智决断，必须分而治之，逐个击破。他的计策奏效了：巴巴多斯的几位显要人物纷纷率领部下倒戈，站到了克伦威尔一边。小小海岛螳臂当车，这场骚乱就此结束。1652年1月，巴巴多斯宣布投降。

巴巴多斯的种植园主们还有一件重要的事情没完成，在那之后，劳工制度便可以畅通无阻地运行了。他们需要一则法令，从文字上确立主人与劳工之间的关系。很快，议会开始着手这项核心任务，并表示，议会很担心"岛上有些人以暴力方式压迫劳工，导致劳工遭受重创甚至死去"。最后这句表述是真实的，和弗吉尼亚一样，此处也有死去劳工被潦草掩埋的传言。1661年，《关于确立雇主与劳工之间权利的法案》问世。和历史上诸多沉闷枯燥的文件类似，表面上，它被粉饰成另一副模样以至于人们往往看不透。可是，法案条款的文字表述是那么具有说服力，它所要制约的对象早已处于强制劳动的桎梏中了。

新法案中，似乎第一条就开了个好头，规定禁止将儿童输入巴巴多斯——不过仅限于英格兰儿童。爱尔兰和苏格兰儿童依旧可以"进口"。第二条规定，18岁以下劳工的契约期不得超过7年，18岁以上的不得超过5年。第三条似也合乎逻辑，劳工不得做生意——身为一件货物，怎么能经营买卖呢？

除了这些"公道合理"的规约之外，法案也借鉴弗吉尼亚和马里兰的做法，规定了若干处罚措施。在某些方面，新法案比美洲大陆的相应条款更苛刻，当然也有惩罚相对较轻的。可总体来说，一切规定都很严酷。胆敢对主人或女主人动手的：延长契约期1年。盗窃一条面包的：延长契约期2年。未经主人同意嫁娶的：延长契约期4年。法案中，还暗含一项通行制度——任何时候（不管是否劳动时间）未经主人允许离开种植园的：每离开两小时延长契约期1年。试图逃跑的：延长契约期3年。劳工若当了父亲的：延长契约期3年。

这份文件后来成为《1688年巴巴多斯奴隶法》的蓝本，对非洲强制劳工的生活加以控制。对这个结果大概没人感到意外，1661年法案难道本质上不是奴隶法吗？

第十二章
深入巴巴多斯

截至17世纪60年代中期，巴巴多斯岛上大部分的劳动人口都是爱尔兰人。我们对西印度群岛上爱尔兰人及其处境的了解，部分来源于前去布道的牧师。据约翰·格雷斯牧师所说，巴巴多斯及周围海岛上生活着12000多名爱尔兰人。他还提到，在圣克里斯托弗附近的一座小岛上，生活着600多名爱尔兰人。一名官方观察员在上报给政府的文件中表述，1667年，巴巴多斯有不超过760名"领主"及8000名劳工，其中"含大量爱尔兰人，被黑人嘲为白奴"。

这名观察员还记录道，不管什么时候，他都能看到"30到40名英格兰人、苏格兰人和爱尔兰人在炙烤般的烈日下干活儿，光着上身，不穿鞋袜，而黑人则在良好的条件下从事工作"[14]。这些所谓的劳工在此等环境下能存活多久，无人知晓。

劳工叛乱时有发生。1649年，一场大型暴动被压制，因为一个黑奴小女孩告发了反叛者们。1666年，在圣克里斯托弗岛上，遭驱逐的爱尔兰人奋起反抗。之后一年，蒙特塞拉特岛的爱尔兰人叛乱，英格兰当局绞杀了多达400名叛乱者。

1675年，历经几场阴谋和骚乱之后，牙买加宣布实施军事管制。同年，在巴巴多斯，非洲人策划了一场大型谋反行动，牵涉多个种植园。后来计谋败露，110名奴隶被判共谋罪。共谋者们心知肚明一旦定罪将面临什么下场。其中5人在审判之前自行了结了。52名奴隶以最残忍的方式被处死，其中6人被处以火刑，11人被斩首。

之后，又爆发了一场爱尔兰人和非洲奴隶共同参与的叛乱，但也遭到镇压。20名非洲人被处死，而爱尔兰人则获得释放。非洲人甚至曾想接管整座岛屿，最终预谋暴露，遭到重创。在牙买加和其他殖民地，包括纽约，叛乱持续爆发，绵延了100多年。

白　奴
一段被遗忘的美洲殖民史

爱尔兰人和非洲人联合发动大规模反叛行动，成为笼罩在巴巴多斯种植园主们心头的浓重阴云。为此，他们逐渐开始更多地使用非洲奴隶。到17世纪中叶，欧洲契约劳工在西印度群岛农业生产中扮演的角色越来越小。他们转而从事其他工作，比如种植园监工和工厂工人。非洲劳工总体来说没那么爱惹麻烦。1684年，人口调查显示，巴巴多斯共有20000名白人和46000名黑人。1834年，奴隶制废除之时，共有15000名白人和88000名黑人。不过，欧洲劳工还是持续地抵达这里。

时至今日，巴巴多斯还有一群被称为"赤腿"的爱尔兰人，因皮肤起水疱而得此名。这段历史本就不幸，也无太多人问津。尽管欧洲劳工的兴起和衰落都发生在17世纪，但后文我们将提到，18世纪初，爱尔兰法律体系的演变将使得爱尔兰劳工几近无偿地被送往种植园。

与此同时，财富日益积聚，种植园主的政治地位也得到巩固。德拉克斯楼和另外一两栋詹姆斯一世时期的宅邸成为制糖工业和产业资本主义开端的纪念碑。尽管奴隶们不断反抗，契约劳工们也一次次暴动，但有权有势的种植园主们还是无可匹敌地牢牢地掌控着他们。

关于巴巴多斯白奴和黑奴们的地位，还发生过一次最终转折。17世纪最后10年，爱尔兰人过于叛逆，当局完全无法信任他们，于是便招募非洲奴隶加入民兵组织，任务是镇压反叛者。这些非洲人拿起武器，对准其他非洲人和同在奴役状态下的欧洲同伴。到目前为止，似乎白人契约劳工已经丧失其在西印度群岛或其他地方的价值了——然而并非如此，报酬如此丰厚的买卖是断不会消失的。

第十三章
殖民地的权贵们

在距离巴巴多斯几千英里的弗吉尼亚,大部分土著居民已经从切萨皮克湾西岸的泰德沃特地区清空,而弗吉尼亚权贵们的世界正在建立。17世纪中叶的数十年间,贵族阶层渐渐萌芽,未来将统治弗吉尼亚200个年头。这些人不断积聚着财富,而他们的后代中,将涌现一批美国历史上备受推崇的领袖。

大种植园主们集聚在泰德沃特4条河流之间的狭长地带,数万英亩土地成为他们的私有封地。而每片封地都堪称是自给自足的微型殖民区,有自己的码头、烟草仓库、锻造厂、大量木头搭建的宿舍和房屋,其中只有一个人的话是金科玉律。

微型殖民区的核心地带是"大宅子",即种植园主的宅邸。其中一座建于1665年,至今还可见到。这座培根堡是以一个将极大撼动弗吉尼亚命运的人的名字命名的。作为一栋詹姆斯一世风格的砖屋,它具有英格兰的各种巴洛克镶边装饰。随着时间推移,此类宅邸将被更为恢宏的乔治王时代的建筑取代，因为精英种植园主们有意将其打造为贵族身份的象征。

他们自视高人一等，并不仅是财富的关系，很多人都声称与英格兰贵族阶层有某种关联。典型的殖民地权贵，比如一个出身英格兰绅士家族的幼子来到切萨皮克时，本就家底殷实，人脉通达。一些历史学家指出，他们对待白人劳工以及后来黑人奴隶的态度反映了英格兰贵族对恭顺、奴性阶层的蔑视。

这类新种植园主是1630年后来的，他们取代先辈们——老种植园主们成为弗吉尼亚经济发展的驱动力。随着他们入驻弗吉尼亚，其他有野心者则在切萨皮克湾东岸和北岸开拓了马里兰殖民地。

他们对劳工是冷酷无情的。这一点，可以从弗吉尼亚委实惊人的生产力增长中明显地看出来。1624年以后，每个烟草劳工的产出翻了不止一倍，之后又翻倍，然后又翻倍。17世纪20年代，每名劳工平均产出400磅烟草。到世纪末，平均数字是1900磅。这样的结果，似乎与新技术或新设备的引进无关。17世纪60年代，弗吉尼亚种植园里大约有7000名劳工，而可使用的耕犁仅仅150个。[1]我们不得不猜测，生产率的成倍增长仅仅是因为劳工们承受了强加于他们的残酷压力，日复一日，煎熬数十年。埃德蒙·S.摩根表示，契约劳工制最重要的作用是教会种植园主们如何利用暴力手段驱使劳工干活儿，这也就为非洲奴隶制下的残暴行径埋了伏笔。[2]

当局对劳工们的福祉毫不在意。长期任职的殖民地总督威廉·伯克利爵士就是其中一个，他将劳工们视作渣滓。威廉爵士的任期从1642年延续到1652年……又从1660年延续到1676年，他是个彻头彻尾的保皇党人。他的姿态、服饰、谈吐和观点都反映

第十三章
殖民地的权贵们

了查理一世王廷的风格。他心目中的理想社会应植根于旧时代的英格兰，贵族精英们治理国家，所谓全民自由，在他看来全是废话。1671 年，他就教育问题发表了一番臭名昭著的言论。由此，他是何种人便一清二楚：

> 感谢上帝，（弗吉尼亚）还没有自由的学校或印刷产业，但愿这几百年都不要出现。因为学习给世界带来了逆反行动、异端邪说和派系之争，而印刷让它们广为传播，政府即便付出再大心力也难以抵御。愿上帝保佑我们免于遭逢这两种劫难。[3]

总督本人也是种植园主，拥有两片广阔的种植园。在其中一个种植园里，他建造了一座豪华的官邸，名为"绿泉"。他的妻子称它是"整个美洲最佳的栖身之所，唯一差强人意的总督府邸"。绿泉官邸是泰德沃特贵族阶层的核心。以此为基地，威廉爵士及其夫人开始主导弗吉尼亚的社会和政治脉络，让富有的种植园主家族间相互联姻，让男士们自动获得政府和民兵组织的掌权职位。最关键的是，他们在总督参事会——辖区最高权力机构塞满了自己挑选的人。参事会成员拥有诸多特权，比如免于缴税。另一项特权在今天看来或许荒唐，但当时大概是身份的象征——他们有权在衣服上镶饰金色穗带。历史学家西奥多·艾伦曾将他们谑称为"大种植园主阶级"。[4]

一些知名人士的家族财富积累也始于伯克利总督任期的切萨皮克湾，比如罗伯特·爱德华·李将军——南北战争时期备受尊崇的南方联盟领袖。他的祖先理查德·李是早期的泰德沃特权贵之一。

193

白奴
一段被遗忘的美洲殖民史

和许多英格兰贵族一样，出于和伯克利总督的关系，理查德·李受到鼓舞，决定到殖民地碰碰运气。从资料上看，伯克利总督把理查德·李招募到殖民地，似乎还给了 50 英亩的土地。后来，内战爆发，年轻的李被派到欧洲执行任务。返航时，他满载一船供给，还顺便带了 38 个契约劳工，有男有女，都归于自己名下。抵达切萨皮克后，他申领了 1900 英亩土地，从此扎下根来。他当过治安推事、市民议会议员、总督参事会成员、民兵上校和国务大臣。

后人听到的版本是，李上校乐善好施，接济穷人，还赠予人们土地。在他死后，李氏家族在书中如此描述他：

他身材匀称，五官清秀，富于开拓精神又不乏睿智的头脑，精力充沛又为人慷慨。刚去弗吉尼亚时，那里还未曾大举开拓，但是他心里很满意，带着一群劳工定居下来。几年后，他回到英格兰，将这些年归于名下并出资耕耘的所有土地全部赠予劳工们。他们有些人的后代至今还在殖民地享有可观的资产。在英格兰生活一段时间后，他又回到弗吉尼亚，并带领和帮助新一批冒险者们在当地扎稳脚跟。[5]

从他的遗嘱来看，假如上校当年确实捐赠过什么，自己保留的部分就更多了。在他离世后，李将弗吉尼亚的某一个种植园，外加 10 名英格兰劳工、5 名黑奴留给了他的妻子；第二个种植园，外加 10 名英格兰劳工、10 名黑奴、3 座小岛给了他的长子；第三个种植园，外加 10 名英格兰劳工、5 名黑奴给了他的次子；第四个种植园——"天堂种植园"，外加人数不明的劳工给了另一个儿子；还有另外两个种植园给了其他孩子。

第十三章
殖民地的权贵们

然而，还有人能让李氏家族黯然失色。约翰·卡特上校在泰德沃特地区演绎着最为绚丽的豪门传奇。同样，卡特家族也是英格兰贵族。17世纪30年代，约翰·卡特来到此地，据称带了"可观的财富"，并具有良好的人脉资源。他获得了拉帕汉诺克河和波托马克河之间半岛上的土地。他在那里开拓出科罗特曼种植园，并兴致勃勃地靠人头权制度积累财富。仅凭一艘船，他就给科罗特曼引进了80名劳工，而人头权又给他送来4000英亩土地。随财富而来的是权力，卡特成了总督参事会成员和民兵上校，此类人可以让制度为己所用。卡特的1名劳工杀死了3头猪，法院判定追加其6年契约期。另1名劳工逃跑了22天，法院认可了卡特的索赔——为抓捕逃跑者而花费的逾1300磅烟草，并判决追加他15个月契约期，约等于每逃跑1天增加20天。

1663年，他的儿子罗伯特在科罗特曼种植园出生。他将超越所有人，赢得卡特"国王"的头衔。其名下不仅积聚了30万英亩土地，还向重工业、纺织工业拓展，最终，罗伯特·卡特成为英格兰殖民地上最显赫的人物之一。关于他的身份、地位，可从劳工们的措辞中大致推断。他曾经的劳工玛丽·哈里森给他写了封信，大约是想从这位种植园主手中买下孩子们的自由。她一定是在契约期内生下了孩子，这就意味着从法律上来说，男孩21岁之前自动成为种植园主的劳工，女孩18岁之前同样如此。这封恳求信，开头似乎还鼓足了勇气，后来就回到了卑躬屈膝的姿态。她写道：

致信您，是为了我的两个儿子，恳求您的答复。这个秋天，我计划搬到离丈夫更近的地方生活。在此期间，如果阁下您同意让年幼的孩子们回到我身边，我将非常感激。

如果阁下您同意,我很希望赎回他们,按照规定价格预付1年。只求您高抬贵手,不要在价格上太过刁难,因为我还有房租要付,吃穿用度都要开销。但您放心,我一定会按时向您付费的。[6]

玛丽·哈里森一家人后来怎么样不得而知。只是,卡特家族可不是仁慈可亲的奴隶主,他们会把劳工尽可能久留在身边,直到某天,他们会主动释放数百名奴隶,震惊其他种植园主……不过,那还在很遥远的未来。

17世纪60年代,有些种植园对待劳工简直惨无人道。为此,弗吉尼亚殖民地议会的种植园主们警告他们的同伴,再这样下去,很快就不会有新的劳工来了:

有些严酷的雇主残忍地对待劳工,让整个殖民地丑闻不断,恶名昭彰,曾打算自发前来的人们……都因此改变了心意。长此下去,劳工的供给将受到影响,陛下的国土也难以被妥善治理。[7]

当时,殖民地发生了两桩丑闻,一桩在马里兰,一桩在弗吉尼亚。涉事的两个种植园主:一个是脾气暴躁的文盲、酒鬼,不知怎地当了政府专员、治安推事、大种植园主;另一个是衣着考究的英格兰绅士,外表冷酷,工于算计。两人都身系命案,可最终都逃脱了惩罚。

第一起谋杀发生在马里兰州拉弗岛的克雷福德种植园。种植园主是一个名叫托马斯·布拉德诺斯的民兵上尉。17世纪50年代后,他成为一个成功的种植园主,而此前他曾是个暴力分子。据

第十三章
殖民地的权贵们

马里兰州档案记载，年轻时期的托马斯·布拉德诺斯曾被控犯有"叛乱、暴动、抢劫、盗窃和其他类似重罪"，但前后3次都获得法院赦免。[8] 为何他每次都能全身而退？我们并不知情。虽然布拉德诺斯嗜酒成性，但是他硬是分得了拉弗岛上的2000英亩土地，被委任为民兵上尉，先后当了治安推事和政府专员。

1660年的一个早上，克雷福德种植园的一名年轻劳工托马斯·琼斯被发现身亡，显然是被殴打致死。在接下来的审讯中，种植园的目击者称，这名死去的青年体弱多疾，一直遭受布拉德诺斯上尉的虐待。当时的情形应该是布拉德诺斯想逼迫他干更多的活儿，琼斯表示抗拒，而后遭到毒打、禁食和羞辱。别的不谈，这名劳工曾被迫喝下自己的尿。最后一顿暴打是种植园主亲自动手的，而后琼斯就死了。这一切若发生在今天，证据确凿，无可抵赖，但是布拉德诺斯偏偏被判无罪。陪审团——应该主要由种植园主们组成，认定该男子死前所受的鞭打并不是"起决定性的"死因，他实际死于水肿或坏血病所致的热症。

在审讯当中，布拉德诺斯的另一名劳工萨拉·泰勒提供了不利于主人的证据。因为受不了布拉德诺斯的暴打，泰勒曾经多次逃跑。审讯过后，布拉德诺斯让她付出了开口说话的代价。

他无休止地暴打、虐待萨拉。她又一次从种植园逃跑。即便是男人，也很难经由陆路从泰德沃特逃脱，更不消说女子。萨拉并没有跑远，附近的一个种植园给她提供了庇护，而布拉德诺斯则派出一支搜查队寻找她的下落。后来，他们发现她藏在了床底下。被布拉德诺斯拖上法庭后，她被判处叛逃罪，必须下跪道歉。曾帮助她的好心邻居也不得不向布拉德诺斯道歉。恶性循环就此开启，她遭到越多毒打，便越想要逃跑，但每次逃跑都无功而返，然后遭到更多毒打。直到有人说服治安推事去检查一下女孩的状况，事情才最终画上休止符。3名调查组专员检查了萨拉身上因多次被打而留下的伤疤。眼见为实，3名专员将其释放，并终止了她的契约。

布拉德诺斯没有善罢甘休。他控诉有人阴谋剥夺他的"财产"萨拉，并向殖民地总督申诉，要求她重归他所有。申诉书还没来得及送达总督，布拉德诺斯便死了，而他的妻子则继续为抢夺萨拉而费尽心思。布拉德诺斯夫人未能如愿，萨拉·泰勒一直维持着自由人身份。但是总督认为，种植园主遗孀应当为损失了这名劳工而获得赔偿。他向3名释放萨拉的专员下令，向这位遗孀支付该女工提前结束若干年契约的相应赔偿金。

布拉德诺斯案结束后不久，附近弗吉尼亚种植园也发生了若干虐待劳工的案子。弗吉尼亚精英们终于觉得脸上挂不住了，便发布了一则警示，称暴虐的主人们已经让殖民地"丑闻不断，恶名昭彰"。议会很快采取行动，明令禁止私葬劳工，理由是很多案件中，埋葬他们的人"往往与他们的死亡脱不了干系"[9]。

由此看来，前言中所提到的少年尸骸，应该是这个时期被扔进安纳波利斯地窖的。从他被埋葬的方式和糟糕的身体状况来看，人类学家们推测他应是一名劳工，像垃圾一样被丢弃，几百年来都无人发觉。

终于，到了1662年3月，劳工们的命运开始受到关注。市民议会要求种植园主们为所有劳工提供"合理的饮食、衣着和住宿"，并且"当劳工犯错时，惩罚措施也应当适可而止"。更令人惊叹的是，议会提醒劳工，他们有申诉的权利。可惜，虐待劳工的事件仍在发生。

第十三章
殖民地的权贵们

第二个种植园的丑闻在整个殖民史上可谓恶名远扬。亨利·史密斯案始于 1666 年，地点在弗吉尼亚阿可麦克县的橡树厅种植园。弗吉尼亚历史学家吉尔·诺克·杰弗里在描述此案时，说它具备"当今犯罪惊悚片的一切要素——绑架、私通、强奸和谋杀"[10]。暂不论淫秽细节，可以说，没有哪个案件可以如此清晰地描绘劳工们所受屈辱、虐待的多种方式。

亨利·史密斯出身不详，他大约来自英格兰贵族阶层，17 世纪 60 年代初，带着很多劳工来到弗吉尼亚。从史密斯招募的一名技术工人的经历看，他曾慷慨允诺今后有休假时间，还有额外补贴，可是抵达目的地后，他就将承诺忘得一干二净了。资料上记载，史密斯 1664 年来到弗吉尼亚，30 岁左右，当时获得了第一笔人头权收益。1665 到 1666 年，史密斯给至少 160 人付了越洋路费，因而获得切萨皮克的 8000 英亩土地。

史密斯有两大种植园——橡树厅和奥克汉诺克。吉尔·诺克·杰弗里讲述的是个阴森恐怖的故事，讲述了种植园的运作方式，以及此人是如何被曝光的。史密斯首次被揭发是在 1668 年 6 月，两名劳工在阿可麦克县法院控诉他的恶行。琼·鲍威尔指控史密斯曾对她施以酷刑。为了证明所言属实，琼在法庭上展示了背上的瘀青和鞭痕。另一名契约劳工安·库珀称史密斯曾强奸自己，她诞下了私生子。而这些只是开端，类似的曝光将接踵而来。

3 个月后，另一名契约劳工伊丽莎白·卡特也生下了史密斯的孩子。婴儿被秘密送到卡特的朋友简·希尔家中。两个妇人说，孩子一生下来就死了，并叫邻居们来见证。可是，邻居们说当场看到了孩子头部的血渍和瘀伤，并告发此事。卡特和希尔被逮捕，并被判谋杀罪。

那个时候，未婚母亲犯杀婴罪，在大西洋两岸都司空见惯，因为女人永远要承受因"私通"而来的严厉制裁。关于这点，没人比美洲契约劳工更害怕。私生子的母亲将面临鞭刑，并且，照顾婴儿需要花费时间，她还要向主人缴付罚金。没几个劳工有钱上缴罚款，所以母亲只能以被追加契约期的方式做出补偿——往往是两年。新生儿尚未学会走路，就已经成了奴隶。最初，按照法律规定，劳工生育的女孩生来即为劳工，直到24岁（后来减至18岁），而男孩则是21岁。虽然这些孩子不像黑人后代那样终身为奴，可是鉴于当时人均寿命短，他们几乎半辈子都将是他人的财产。

如果主人是孩子的父亲，法律也不会对母亲格外开恩。不错，她将不再服务于自己的主人，但是会被分派给其他种植园主。她仍要为非婚生子付罚金，如果没钱，就要被追加契约期。至于强奸她的主人，如果他的身份是绅士，连鞭刑也免了。他们将要面临的只是一笔罚款和失去一名劳工。

伊丽莎白·卡特没有被判杀婴罪，但是因为怀了私生子，她得上缴500磅烟草或受20下鞭刑。此外，她还要为孕期使用"药物"而领30下鞭刑。审讯过程中，她指认史密斯为孩子的父亲，并表示他曾以婚娶为前提而引诱她。她还称，她曾与史密斯、他首任妻子的姐姐3人同居。史密斯矢口否认卡特的所有指控，但他被认定为死去孩子的父亲，因此要缴纳500磅烟草作为罚款。又因为史密斯是一名绅士，法院免除了他的鞭刑。

越来越多史密斯的劳工前来状告主人，寻求庇护，就此展开了一幅涉及暴力、剥夺、强奸、谋杀的可怕图景。劳工们脚上裹着

第十三章
殖民地的权贵们

破布,却不敢乞求一双鞋子。他们的食物由玉米粥和盐构成,有时什么也没有。几乎所有人都反复遭受过毒打。有些人虽然契约期已满,却仍被禁锢于此。还有人被送到史密斯名下的岛屿领受惩罚,后来就失踪了。这座岛至今还被称为史密斯岛。

一个名叫玛丽·琼斯的前劳工对他发起一连串控诉。她说,契约期满后,史密斯拒绝还她自由。她被拘禁在岛上14个月,从头到脚被绑上锁链,不断遭受鞭打。史密斯曾多次强奸她。这一时期,英格兰很少给强奸犯判刑,而在美洲甚至根本不会被提起诉讼。因此,针对契约劳工的强奸行为是最不可能被判罚的。所以女性劳工被普遍认为是不检点和好欺负的,正如人们对劳工的总体印象。

但是这次,法官却采信了她的证词,史密斯被勒令收监。受此鼓舞,其他劳工也纷纷前来告状,进而牵扯出另一桩强奸案和两宗谋杀案。据指控,史密斯将两名男性劳工——约翰·巴茨(人们称他"老约翰")和理查德·韦布殴打致死。我们没有找到关于韦布之死的资料,也不知道这项指控结果如何,但是,"老约翰"的命运被如实地记载了下来。显然,他已年近花甲,身体虚弱,难以承受预期的劳动负荷。据其他劳工们说,正因他无法像年轻人一样干体力活儿,才成为史密斯暴虐的对象。

1666年,老约翰因偷了一片面包而遭到毒打。他也曾逃跑过,后来被抓回了种植园。史密斯将他带到治安官鲍曼上尉跟前,说这个60岁的老人想逃跑,按照法律对逃跑者的规定,应当判罚他30下鞭刑。鲍曼见老约翰手臂上都是淤青,说此人目前更需要护士而不是鞭刑,拒绝了对老约翰实施处罚。

白 奴
一段被遗忘的美洲殖民史

史密斯怒气冲冲地把老约翰带回来，剪掉他半边头发，作为逃跑者的印记，然后剥光他的衣服，开始抽打他。另外两名劳工眼睁睁地看着，数到40或50下时，主人才停下鞭子。然后，史密斯在老约翰脚踝上拴了铁链，逼他"白天下地干活儿，晚上在屋里研磨（玉米）"。后来，史密斯还是一如既往地打他。在见过鲍曼上尉的3个星期后，老约翰死在了露天烟草堆场上。

当地法官调查发现，史密斯确实曾经"藐视司法"、毒打老约翰，可惜相关资料在南北战争时期遗失了，史密斯是否被判谋杀罪，我们无从得知。可我们所掌握的是尽管证据确凿、众怒难平，但史密斯依然逃脱了强奸罪，被释放了。不仅如此，强奸案的受害者还被判定一派胡言，要承受契约期翻倍的惩罚。唯一幸运的是——如果算得上——她们被卖给了新主人，不用回到亨利·史密斯身边。这就表明法庭非常清楚她们说的是实话。

有人认为，是伯克利总督的政治庇护让史密斯轻松逃脱，因为他仿佛从未坐过牢，甚至连罚金也没缴过。后来，史密斯卖掉地产，搬到了马里兰的萨默塞特县。不过，对伯克利总督来说，他可能也分身乏术，脑子里正装着其他要紧事。因为，弗吉尼亚正走向谋反，或者说，劳工们正走向谋反。

第十四章
培根起义

时至今日，纳撒尼尔·培根的功过是非都很难定论。他出身于英格兰最显赫的贵族家庭之一，却差点儿让不列颠人从美洲打道回府，比乔治·华盛顿还早了约100年。有人认为，他是个自私自利的冒险家，利用成千上万人的不满和冤屈，只为牟取个人利益。也有人觉得，培根是真正的改革家、克伦威尔的秘密支持者，他的反叛行动首次激发了美国人的独立意识。

在美洲与不列颠彻底决裂之前，英属美洲殖民地上也屡屡爆发起义和小规模叛乱，可没有哪次像培根1676年领导的起义那般有影响力。关于他所引发的这场危机，可从事件发生一年后专门调查培根起义的皇家委员会的恶言相向中探知。此人：

面露凶相，眉头紧锁，一副郁郁寡欢的样子。言论逻辑富有煽动性，极为有害，趋于无神论……傲慢跋扈，暗地里自视甚高，无出其右……野心极大。可这些特质一直隐藏在暗处……直到他获得权力，并为多数人所认可。[1]

正是此人，让切萨皮克湾的威廉·伯克利总督落荒而逃，让詹姆斯敦被夷为平地，让泰德沃特豪华庄园被毁，也让一贯温驯的受压迫阶级——不管黑人还是白人奋起反抗，联合起义。

两年前，当培根来到弗吉尼亚殖民地时，不过29岁——"中等个头，黑色头发，稍显瘦削"。他和詹姆斯一世时期的大法官弗朗西斯·培根爵士出自同一家族，并娶了伯克利总督的一个表亲。无须赘言，这个社会关系优越的年轻人很快进入了精英种植园主群体。除了获得两个种植园外，他还被任命为总督参事会成员。

刚来弗吉尼亚时，社会不稳定因素正在积聚。内战之后，在克伦威尔眼中，弗吉尼亚不仅是处置爱尔兰人的垃圾场，也正好用来丢弃英格兰不需要的人群。克伦威尔的军队统帅们清理了成百上千名妓女、乞丐、流浪汉，希望把他们尽快转移出去。中部地区各大监狱被塞满之后，克伦威尔麾下的一位将军自豪地宣称："我敢断言，您就算踏遍整个诺丁汉郡，都见不到一个乞丐或闲荡的流氓。"[2]

弗吉尼亚需要安置多少英格兰的遗弃人群和流氓无赖，我们尚不清楚，但是在被流放的纽盖特监狱犯人中间，抗议之声却愈加刺耳。王政复辟之后，局势更为恶劣。除了收纳大量囚犯，弗吉尼亚还被迫接收克伦威尔新模范军的老兵们为劳工。很快，劳

第十四章
培根起义

工们发动了许多小规模暴动,据说圆颅党①人每次都有参与。³最严重的一次发生在1663年,被称为"劳工谋反"。这是一起格洛斯特县当地爆发的起义,引起了当局高度关注。后者决定表演一场精心策划的暴虐式镇压,将主谋们的头颅放到烟囱管帽上示众。为了防止更多反叛事件的发生,整个殖民地都开始限制劳工们的行动。种植园主们收到警告,尤其在星期日休息时间,不能让劳工们离开种植园。

同时,弗吉尼亚也开始采取措施,阻止囚犯不断涌入。1670年,弗吉尼亚议会发出警示,"大量重囚犯和其他穷凶极恶之徒从英格兰监狱而来",给殖民地治安造成"威胁"。⁴他们向国王发出紧急声明,国王也同意暂停输送囚犯。

然而,弗吉尼亚的紧张局势愈演愈烈,波及范围也越来越广。1672年,议会报告称一场"黑人叛乱"正在酝酿之中。同时,他们很怕白人劳工也加入其中。议会表示,"目前,很多黑人都参与了各个地区的反叛行动",并预警"如果其他黑人、印第安人或白人劳工们也纷纷加入他们,整个地区都将面临非常可怕的后果"。⁵

其实,弗吉尼亚的不满情绪比比皆是,从劳工、奴隶,到获释劳工,再到中小种植园主们。土地往往是一大诱因,大多数获释劳工都没有土地。有些劳工在重获自由时没有分得土地,即便有,也付不起高昂的土地测量费。极少数人虽然获得了一块土地,也不觉

---

① 圆颅党:英国议会中的一个知名党派,发迹与最盛时期约为1642至1651年的内战时期;最大特色是身为清教徒的这些议员们,将头发理短,显得头颅较圆,与当时的权贵样貌不同,是首个以形象达到政治目的与效果的党派。——译者注

205

得自己多么走运。眼下，烟草生意正值淡季，很多中小种植园主都难以维持生计。

众人将一股怨气指向了伯克利总督，很显然他与权贵们站在一起。在任何事情上——土地专属权、税赋、重要职位，甚至防御工事的选址，伯克利都偏袒着这些大人物。课税制度尤其令人反感。伯克利和总督参事会坚决施行人头税制度，这就意味着拥有50英亩土地的获释劳工与他的雇主——拥有10000英亩土地的权贵，所承担的税负是相等的。

1675年，切萨皮克湾的一个土著部落发动了一场战争，弗吉尼亚的战火被点燃。正如殖民者与原住民的诸多纷争那样，本次冲突的导火索也是一件小事——关于种植园里几头猪的盗窃案，但是后来升级为大范围的屠戮，双方都战死了几百号人。[6]

当自己种植园的一名劳工被杀，纳撒尼尔·培根也加入了与原住民作战的队伍。短短几个星期，他就成了最暴力的一批殖民者的领袖，支持彻底消灭原住民的方案。他们站在了总督的对面——后者希望双方和解，将应当被歼灭的"坏"部落和遵守规矩的"好"部落加以区分。总督的动机未必单纯：一方面，他站在王室立场上，希望维系与北美盟友的关系，未来可以一同抵抗法国；另一方面，他和他的权贵朋友们还在与所谓的"好"部落做着利润丰厚的毛皮生意。

培根和主战派人士不断袭扰部落，公然对抗总督的命令。在一次突袭中，120名美洲原住民遭到屠杀，后世称之为"血腥突袭"。培根吹嘘自己的战队如何"突袭了大量原住民……缴了他们的武器，将他们全体消灭"[7]。而培根的队伍里只死了3个人。他成了一位英雄。

第十四章
培根起义

之后的几个月里,培根和伯克利展开了对决:总督下令逮捕培根,后又赦免了他的罪;培根抓住了总督,后来将其释放。[8]多番比试后,两人的矛盾已不仅限于土著部落之争。身为贵族的培根向殖民地统治者们举起了阶级对抗的旗帜,并将他们描述为暴发户、吸血鬼、腐败分子,之所以对原住民仁慈,只是因为舍不得与之贸易带来的好处。

培根讲演起来不仅口若悬河,还颇具说服力:

让我们将目光投向这些当权者、既得利益者,我们的财富分配由他们掌管。让我们仔细看看,和当初来到殖民地时相比,他们的资产总额如何突飞猛进……让我们掂量一下,他们为何能这么快积聚财富。再回头看看,他们有没有为了我们的安全和福祉需要,发展公共事业?抑或促进了商贸、人文、科学的提升和拓展……和我们付出的高昂费用相匹配……是哪些人像海绵一样吸纳了公共财富……以假面示人的蛀虫们,他们的财富大厦摇摇欲坠,却要让公众来为他们的资产损失埋单。[9]

1676年6月,因与敌对派系僵持不下,总督遂召集改选公民议会。培根和其他总督反对者们轻松获胜,赢得了目标席位。他们当中,大多数是自由人,即"刚刚从劳工身份中解脱出来的人们"——一位来自英格兰上层社会的观察者事后讥讽道。

多项改革措施在新议会强力推行,任命权被削减。这场权力争夺渐渐演变为一场叛乱。培根坚决要求组建一支由他统领的军队,对美洲土著发动进攻,而总督则再次反对,并下令捉拿培根。培根的阶级言论再次升级。他发表了《人民宣言》，控诉伯克利徇私舞弊，推行不公平的税收政策，亦未能保护边境地区的中小种植园主利益。在《人民宣言》中，他将伯克利的 20 名主要支持者（大部分是权贵）描绘成"阴险狡诈之徒的辅佐者、维护者"，违抗国王陛下开发弗吉尼亚的意志，"与公众利益相违背"。

这时，培根表示，任何奴隶和劳工，只要离弃雇主，加入他的阵营，即可获得自由。[10]不过资料显示，他并没有释放自己的劳工和奴隶，他的追随者们也没有。

成百上千逃跑者，不分白人、黑人，纷纷前来投靠，其中不乏无地产的自由人和小种植园主。据说，他们中的女性发挥了"重要的鼓励、支持作用"。威廉·伯克利爵士称这些投奔者为"粗野、放荡、喧哗骚动的恶棍"。[11]身为权贵的尼古拉斯·斯宾塞给他们贴上"一群垃圾"的标签，称他们是"弗吉尼亚的主要成分，我们帮英格兰将他们清理得干干净净，自己却沦为藏污纳垢之所"[12]。事实上，培根的支持者们来自权贵之下的各个阶层。积极支持反叛行动的人员名单中，有大量资产殷实的种植园主、治安推事和市民议会议员。

截至 8 月，培根已经拥有足够的人力，控制了詹姆斯敦和西岸地区。不仅如此，他还相信自己能抵御英格兰派来的任何军队。[13]总督退至东岸，等待时机，迎候英格兰援军。一个署名为"T. M."的市民议会议员、培根支持者对整个叛乱，包括此刻发生在詹姆斯敦的奇异景象做了描述。文中提到了市民议会里的另两个培根支持者：理查德·劳伦斯和威廉·德拉蒙德。劳伦斯大概是受到爱的感召而加入叛军的。据说，他"被一名非洲黑人——也是他的奴隶拥

第十四章
培根起义

入怀中，从而认为爱神维纳斯……应当是一个黑人的模样"。T. M. 进而描述了劳伦斯和德拉蒙德是如何给这座被攻占的首府百姓们树立榜样的：

他们在此停留了几日，齐心协力把整座镇子给焚了。劳伦斯先生和德拉蒙德先生有两栋最好的房子，也各自放把火烧了，兵士们纷纷效仿，将整座小镇——连同教堂、议会所在地烧成灰烬，并宣称，"要让恶人无处遁形"。[14]

未曾想，培根突然病逝，整场叛乱戛然而止。1676年10月，他突然病倒，1个月不到就死于"血痢"。叛乱行动瓦解，大量支持者在逃，有白人，也有黑人。1676年11月，海军上校托马斯·格兰瑟姆奉命协助总督抓捕最后一批叛军。他许诺将他们释放，从而诱使多数人投降：

我……遇上了400名全副武装的英格兰人和黑人……有些人想一枪毙了我，有的想把我碎尸万段。我……确实对黑人和劳工们说，他们都被赦免了，也不再是奴隶了。美好的承诺，配上几轮白兰地，我便安抚了他们，并以国王陛下和总督的名义亲笔写了一些自由状……大部分人被我成功劝服，各自回家，除了大约80名黑人和20名英格兰人，依然不愿放下武器。

不过，格兰瑟姆以智取胜，说服这群人跟他去一个已被叛军控制的要塞。可结果，他把他们带到了一艘战舰的射程范围内。"他们极不情愿地屈服了。"格兰瑟姆说,"说如果他们早知道我的计谋,一定把我给宰了。"[15]后来,格兰瑟姆被授予爵士封号。

我很怀疑投降者中间到底有没有人当真获得自由——铁枷、鞭刑倒更可能是他们的命运。伯克利总督压根不想给反叛者任何东西。当威廉·德拉蒙德被抓,然后被带到他面前时,伯克利说:"我见到你,德拉蒙德先生,比见到殖民地其他任何人都高兴!半小时内,你就会被绞死!"

"随你的便!"德拉蒙德说。[16]另外23人均未经审判,就跟着德拉蒙德上了绞架,理查德·劳伦斯也在其中。劳伦斯情人的命运则无迹可寻。

总督的报复行动让查理二世吃了一惊。"这愚蠢的老头儿,在一片荒芜的殖民地杀的人,比我判处谋杀父王的死刑犯人数还要多。"国王表示。[17]其实,伯克利本意就是效法国王,他曾下令将克伦威尔的尸体从威斯敏斯特教堂墓地里掘出来,拖到泰伯恩刑场,受一遍绞杀、砍头、分尸之刑。伯克利打算以同样的方式处置培根的尸体,可是当棺盖打开,里面却装满了石头。这位总督愤然离去,仅留下1首小调,表达他对已死对手的恨意:"培根已死,我心悲凉/虫噬刀剐,当为其刑。"

叛乱之后,确实有很多人获得了自由。来自各种族的880到890名契约劳工逃离弗吉尼亚,但部分人很快被抓回去,再次身陷牢笼。可也有些人成功逃脱,并在坎伯兰高原建立了逃亡者聚居地。

专门调查反叛事件的皇家委员会抛出了陈词滥调,称这群"轻信的无知民众"是被培根诱导而最终误入歧途的。委员会表示,殖民地三分之二的民众都是"粗鄙的,愚昧至极的,所以才被诱骗"。

第十四章
培根起义

一个名叫理查德·李的泰德沃特地区精英则更为诚实，承认此次叛乱与社会不平等有关。他说，"追求平等"是"很多人热切支持"纳撒尼尔·培根的实际原因。[18]

事件过后，李和其他权贵们开始思考叛乱的源头。而在刚刚压制了一场起义的马里兰，总督发出警告，除非找到一种"与普通民众利益相符的"治理手段，否则，"弗吉尼亚的平民百姓们将永远让自己囿于叛乱的深潭之中"。[19]

全副武装的黑人和白人联手对抗种植园主，此等场景成为当权者们挥之不散的梦魇。培根起义的一呼百应，让精英阶层认识到了自身的脆弱。面对奴隶起义，他们没有足够的自由民军队与之抗衡。在加勒比地区，有些欧洲殖民地已经产生了一个自由民阶层。如今，弗吉尼亚统治者们所面临的任务，是要塑造一个可以为他们提供"足够多的弗吉尼亚人"的阶层，从而抗衡煽动奴隶起义的叛军。[20]

他们决定打种族主义牌。欧洲劳工阶层的地位获得提升，同时注入的还有一份种族优越感。与此同时，贬低非白人种族的进程加快了。一道又一道法律剥夺了非洲人和美洲原住民的权利，同时提升了欧洲劳工阶层的法律地位。短短20年间，非白人种族丧失了他们的司法权、财产权、选举权和家庭权。甚至当主人同意释放他们时，他们也不再享有自由权。与之相反，白人劳工则获得了基本权利和特权。雇主也不得在"未经法院许可"的情况下鞭笞白人劳工。同时，他们也必须给获释劳工提供自由所得：玉米、金钱、一把手枪、衣服和50英亩土地。"白种人"的概念被提出。在此之前，殖民地从未以肤色作为种族的区分。而如今，日常生活曾与非洲人无甚差别的白人劳工获知,他们属于一种更优等的种族。

各大种植园里,白人和黑人的服装开始有所区别,居住区被分隔开。有时,餐饮也按种族分开。不过,白人依然是雇主的财产,一旦逃跑,同样会被穷追不舍,白奴制依然在延续。不仅如此,随着18世纪到来,一大群全新的潜在白奴们将以中欧人的身份出现,并开始追逐他们的美洲之梦。事实证明,他们也没那么好对付。

第十五章
安妮女王的黄金书

1709年2月,莱茵河尚未完全解冻,一支船队就载着数千名农民航行在冰冷的河面上。他们哼着小曲,唱着民谣,一副兴致高昂的样子。意气风发、满怀憧憬的乘客们离开故土,顺流而下驶向荷兰,而等待他们的是一片未知的土地。后人将他们称为"可怜的普法尔茨①人"。只是,这一描述并不全面。没错,移民者中很多是普法尔茨居民,但也有来自符腾堡、巴登领地,以及其他众多小领地的人,如今看来,实际上涵盖了今德国西部大部分地区。

尽管多数人是文盲,可他们此番漫长而艰险的旅程却是基于一本书。仅仅是一本书,甚至是这数千名莱茵河旅客中极少数人读过的书,却驱使着他们远离家乡,奔赴美洲的美好生活之地。[1]

这本书被广泛称作"安妮女王的黄金书",但它和英格兰女王

---

① 普法尔茨:在今天德国莱茵兰-普法尔茨州境内。——译者注

安妮毫无关系，当然也不是由黄金打造而成的。[2] 然而，看过这本书的人一定注意到了封面上的安妮女王画像以及扉页上精雕细琢的烫金字体。该书实际是匿名宣传读物，对移民美洲之举大加褒扬。1706年，这本书首次出现在莱茵兰。即便最好的广告，宣传也难以达到如此惊人的效果，让无数人变卖身家，不计风险，想以此改变命运。一定还有别的什么原因！在"黄金书"的事件中，有这样一则消息。消息称，等待他们的不仅是新生活，还有人会替他们埋单。过不了多久，移民们就会发现，这一承诺就像天上的馅儿饼，不切实际。普鲁士移民们自投罗网，陷入契约劳工体系，将面临在殖民地服劳役7年的命运。然而与众不同的是，这群普鲁士人将以集体消极抵抗的方式违逆大不列颠的统治者。

"黄金书"掀起如此大的波澜，得益于普鲁士与美洲的宗教关联。最早的一个关联是由英格兰贵格会教徒威廉·佩恩建立的：17世纪70年代，他在普法尔茨地区宣扬一种宗教仪式，引起了当地普鲁士人的共鸣。几年后，佩恩成为一片新的美洲殖民地的领主，并称之为宾夕法尼亚。起初，佩恩想打造一片各宗教和平相容的殖民地。而后，他又希望据此积累财富——如果他能大量殖民的话。1681年，佩恩编撰了一本小册子，并翻译成德文，阐述他的领地有多少好处。一年后，他写了一本《宾夕法尼亚省概述》(*Brief Account of the Province of Pennsylvania*)，以英德双语发布。再过两年，他又写了一本类似的小册子。要论坚持不懈，佩恩绝对堪称典范。

毋庸置疑，佩恩及其盟友们在宣传方面颇具说服力，可是1709年现象级的民众集体出海事件，却另有原因。首先，普法尔茨及周边居民几乎一致同意前往卡罗来纳，而不是宾夕法尼亚。他们想感谢的是"安妮女王的黄金书"。这本书上，烫金字体的

第十五章
安妮女王的黄金书

真实书名是《关于著名英属美洲殖民地卡罗来纳的翔实报告》(*A Complete and Detailed Report of the Renowned District of Carolina Located in English America*)。受其感召的大多数人，可能都没看过这本书。卡罗来纳的迷人魅力，对这群文盲村民来说，口口相传或许就足够了。

最初刊印时，这本书并没引起任何反响。字里行间，无不是对卡罗来纳的全方位描述：地貌、植被、土壤、动物等——贫苦农民需要知道的一切。可即便如此，也不足以说服所有人背井离乡。而后，1709年，该书再次发行，但是添了些强有力的新鲜元素。所增添的是一份来自伦敦的信函副本，描述安妮女王如何帮助50名普法尔茨人于1708年移民美洲。显然，仁慈的女王为他们支付了在伦敦期间的食宿费、前往美洲的路费，甚至在他们定居新大陆之后，依然给他们提供支持："在他们能自行种植作物之前，女王将给他们供应食物。"[3] 对一贫如洗的村民们而言，此等情景堪称奇迹——他们可以在英格兰女王的庇佑下驶向新生活。如果事情真的如此简单就好了。

这本书充其量是并无恶意的殖民地宣传广告。如今，人们普遍认为该书作者是一个名叫乔舒亚·科彻索尔的名不见经传的路德教牧师，出生于海德堡南部地区。1708年，科彻索尔带着一小群可怜的普法尔茨人到伦敦，寻求帮助以移民美洲。他们引起了安妮女王的注意，女王善意地允诺帮助他们，于是这群人得以免费来到美洲。

大约此时，科彻索尔遇到了卡罗来纳的领主们或他们的代表，成了当地殖民事业的积极推动者。卡罗来纳由一群贵族领主们掌控。

白 奴
一段被遗忘的美洲殖民史

当初,查理二世向8个人颁发卡罗来纳地区的特许状,感谢他们助其夺回王位。牧师和商人们的这次会面,让"安妮女王的黄金书"问世了。大概他们谁也没想到,这本书竟能带来如此巨大的成功。

1709年2月,数千名农民齐聚鹿特丹,准备穿越英吉利海峡,并期望自那之后,英格兰人可以照料他们。不论荷兰人还是英格兰人,谁都没有料到这一幕,而在当时,农民们也再没有经费可以继续航行了。随着人数越来越多,他们汇成了多个袖珍小镇,在城外码头上惨淡地维持生活。鹿特丹当局在力所能及的范围内给他们提供了食物和栖身地。英格兰驻荷兰代表詹姆斯·达罗尔紧急致信伦敦,报告有关这批奇怪的难民的情况:"这些人几乎无米下锅,却希望被送到卡罗来纳,重新开始农民的生活。"

和今天一样,18世纪初的英格兰,有关移民的辩论甚嚣尘上。虽然不列颠在北美殖民,其本国经济却陷入低迷。有人认为,移民大量涌入或许可以提振经济,反对者则认为国家无法承载这么多人。詹姆斯·达罗尔站在支持移民的阵营,他认为,普鲁士难民或许能对国家经济起到刺激作用。富有同情心的辉格党政府采纳了他的观点。而在整体的论辩旋风中,难民们一直诉求的卡罗来纳却被忽视了。

当时,英格兰正在欧洲大陆作战,于是达罗尔安排运兵船在回国途中载满普法尔茨人。不用说,他们又是兴致勃勃而来。大量人群聚集在伦敦圣凯瑟琳码头,一些好心的伦敦居民还为"可怜的普法尔茨人"筹集善款。坎伯韦尔和肯宁顿向他们开放了谷仓,布莱克希斯镇则给他们搭建了大型宿营地。可是,这些善举只能勉强维持难民们不被饿死。同时,疾病也开始流行起来。

第十五章

安妮女王的黄金书

如何处置这 13000 人，甚至更多新难民？英格兰各方展开辩论。在野的托利党反对让数万名外国人融入英格兰社会。但是，达罗尔除了政府支持外，还有一位影响力广泛的支持者——丹尼尔·笛福。今天，笛福主要以《鲁宾孙漂流记》（*Robinson Crusoe*）和《摩尔·弗兰德斯》（*Moll Flanders*）等小说闻名于世。然而，他主要从事的是记者工作，在职业生涯的晚期才开始写小说。他还当过袜商、酒商、砖厂合伙人。笛福痴迷于商贸的各个方面，如他自己所说，商贸就像一位他久久不能忘怀的名姝。

笛福对经济的反思让他加入了有关移民的辩论。身为辉格党成员，笛福也是个改革派。辉格党倾向于宽松的国籍法，让外国人更方便地成为本国子民。而另一方，托利党则认为外国移民大量涌入将争夺本国工人的工作机会，给社会造成负担。对于这些新来者，还存在着宗教差别的担忧，而托利党对持异见者向来怒目相向。[4]

笛福提笔写了一本小册子《有关近期抵英的可怜的普法尔茨难民简史》（*A Brief History of the Poor Palatine Refugees, Lately Arrived in England*）。笛福对如何展开政治论战可谓驾轻就熟，他将其作品描述为："一份针对所有反对意见的全面解答，言简意赅且论据充分地表明，接纳外国人对大不列颠的益处显而易见，并且不会对女王陛下本国的子民造成任何损害。"[5]

按照笛福的说法，如果可怜的普法尔茨人有足够的土地自力更生，大不列颠就无须再为他们提供补给。此前的移民们，比如胡格诺派教徒，就靠出口自己制造的商品为国家带来了财富。据笛福估计，10000 名普法尔茨人将为这个国家创造年均 8 万英镑的财富。

白　奴
一段被遗忘的美洲殖民史

　　他接着说道："事实上，在我们的国家英格兰，居住人口还不到最高承载量的一半……可是，我们却抱怨上帝给我们送来太多人口，帮助我们实现必需的公共服务！"笛福所描述的国家，听上去并不像有太多剩余人口需要运往海外殖民地。

　　可是，和达罗尔，甚至其他每个人一样，笛福完全忘了可怜的普法尔茨人并不想留在大不列颠——他们口中一直念叨的都是卡罗来纳。笛福对所有安置普法尔茨人的方案详加斟酌，却剔除了一切涉及殖民地的选择：在普拉特河南岸建立新的定居点花费太高，弗吉尼亚和马里兰同样如此，牙买加、西印度群岛也是。在笛福看来，最好的解决方式是英格兰先雇用一些人，然后将剩余的人送往爱尔兰。

　　几个月后，伦敦人已经对这些身上散发着异味的访客心生厌恶了。他们谴责这群外国人带来了疾病。更糟的是，很多人了解到移民中有相当数量的天主教徒，一群暴民滋扰布莱克希斯宿营地。看样子，是时候采取措施了。政府原计划将他们驱散到英格兰周边，却遭到当地知名人士的阻挠。最终，只有几百人被重新安置——在爱尔兰划定了一条"生命线"，但要求他们拥护爱尔兰的宗教霸权。9月，2971人跨过了爱尔兰海。但是，这群人并不乐意在爱尔兰的土地上辛苦工作。截至1710年11月，只有1200人留在了爱尔兰，其他人都回到了伦敦，并且坚定初衷：他们希望务农，希望到卡罗来纳自由地生活。

　　令人惊奇的是，后来果真有个方案，将部分人送到了卡罗来纳。对600名成行者而言，仿佛他们的祈祷都获得了回应。如果真的如此，那这位神灵似乎很喜欢考验自己的信徒。在耗时13个星期的航程中，半数乘客死去了。第二年，又有60人在与塔斯卡洛

第十五章

安妮女王的黄金书

拉部落的对战中被杀。这群移民和卡罗来纳领主们也发生了争执，因为他们对每户分配250英亩土地的方案不太满意。最终，幸存下来的移民者中，有些人迁移到了其他殖民地。

另一殖民计划：让普法尔茨人到纽约新开发的焦油沥青产业当契约劳工。新建该产业是为了给海上贸易提供补给，维护船体和绳索，防止发生透水和腐坏。普法尔茨人是唾手可得的廉价劳动力，他们可以通过劳动抵偿路费，积累些资本，最终在新大陆获得梦寐以求的土地。该计划的幕后操控者是罗伯特·亨特，苏格兰人，曾在欧洲战场于马尔博罗公爵麾下效力，并因此当上纽约殖民地的总督。在亨特眼中，这群普法尔茨人正是他产业计划中有关人力资源问题的完美解答。如果他事先知道普法尔茨人对爱尔兰之行持何种态度，或许就会三思了。

最终，留在英格兰的普法尔茨人中，有3000人搭乘9艘船启航了。尽管他们知道此行目的地并非内心钟爱的卡罗来纳，但是，他们还是决定不要对他人的馈赠太过吹毛求疵。航程一开始就不太顺利。11月底至次年4月，移民者们被滞留在普利茅斯港码头；形势每况愈下，一些年纪较小、体质偏弱的移民者被疾病夺去了生命。正是在这段可怕的时日里，亨特经过反复研究，终于明确了他们的契约条款。在总督的构想中，移民将做7年契约劳工，以偿付他们的越洋路费和生活费；在那之后，每人将获得40英亩土地。可普法尔茨人并不是这么想的。

船队启航之后，伦敦的难民营关闭，普法尔茨乞丐们流浪街头。1710年6月13日，第一艘船驶抵纽约，共计2400个移民活了

219

下来，其中，还包括那个恬不知耻的投机分子乔舒亚·科彻索尔牧师。相关记录显示，一年内有 25% 的人死去了，而且多数是儿童。

亨特总督开始着手他的焦油沥青产业。他计划在纽约以北的哈德逊河谷建一个大型劳动营，因为那里有大量适宜的松树。松脂可以制成沥青，沥青可用于修补船体漏洞，起到防水作用，整个欧洲的海军都有需求。在此之前，不列颠主要依靠从他国进口相应物资。如果亨特建成自己的产业，不仅将打破这种资源依赖，更可赚取不少利润。

日常开支由位于伦敦的贸易委员会拨付。10 岁以上劳工的补贴为每人 6 便士，10 岁以下的为每人 4 便士。为了缩减开支，很多儿童移民被英当局卖给已定居纽约的家庭当"学徒"。事实上，这些孩子成了购买家庭的契约奴。当他们需要随主人搬往新住处时，父母们只能与他们分别，或许再也无法相见。70 个不足 11 岁的孩子当了"学徒"，并且在 21 岁之前都要受制于陌生的主人。他们当中，半数以上是孤儿，剩下的可能是单亲家庭的孩子，或者大家庭里的成员，年纪最小的只有 3 岁。

1710 年秋，1500 名劳工来到哈德逊营地，亨特的产业计划动工了。可是，劳工们并没有获得想象中的人均 100 英亩土地，而是每户仅分得 2000 平方英尺种蔬菜。这与劳工们的设想差距甚远。劳动大军环顾着四周林木繁茂的山谷，不免与其他选址做比较。他们很纳闷，为什么亨特不把他们安置在更适合农耕的地方，或许就能建一个"新迦南地"。"好心的"科彻索尔牧师也跟着这群人，确保他们的美好憧憬不受干扰，可不满情绪很快演变为消极怠工。

第十五章

安妮女王的黄金书

亨特发现很难将个人意愿强加于这群顽固执拗的劳动者。很多劳工用不列颠人给他们的防御枪支来对付土著部落。为了平息纠纷，亨特曾两次把武装部队召集到营地。某次，双方僵持不下，劳工退进树林，对着空中放枪表示愤慨，尽管这没什么实际作用。

这段时间，确实也完成了些工作，树上的切口划好了，准备收集松脂。受此鼓舞，亨特不甚明智地把更多契约劳工调往北部，营地里的劳工涨为1800人。日常开销节节攀升，可至今还不见焦油的影子。很快，贸易委员会预支的8000英镑花完了。

远在伦敦的托利党取代了辉格党的执政地位，整体氛围发生改变。在《旁观者》（The Spectator）杂志中，约瑟夫·艾迪生将普法尔茨难民称为"害兽之流……一个放荡怠惰的族群"。甚至一度与之亲善的路德教牧师们也开始斥责他们，称以色列子民流亡是上帝的旨意，而普法尔茨人离开故土纯属被金钱驱使。

托利党撤销了辉格党制定的外国人入籍法。他们不再为涉及外来劳工的高风险项目埋单，于是，亨特只得消耗自身资产支持这项产业。虽然暂时吃穿不愁，但劳工们依旧牢骚满腹。伦敦方面不再为他们的食宿供给埋单。一年后，一桶焦油也没见着，而亨特已经散尽家财，不得不宣告投资失败。他发觉自己没有退路，只得释放这群劳工。终于，他们可以自由从事梦寐以求的农业生产了。

仅凭消极怠工和固执己见，劳工竟战胜了殖民政权，逃脱了契约劳工制度。靠着一股非凡活力和积极性，"可怜的普法尔茨人"迅速和莫霍克部族首领展开谈判，后者准许他们在奥尔巴尼北部的斯科哈里河沿岸定居和务农。移民们又一次向外国人寻求

白　奴
一段被遗忘的美洲殖民史

并获得了帮助——不同之处在于，莫霍克人没有损失，也不要求回报。曾经不情不愿的工人们在陌生的河谷重拾了他们熟悉的农耕手艺，而亨特总督的产业兴盛之梦却没落在纽约的森林之中。

在其他地方，威廉·佩恩等人的努力倒是没有白费。宾夕法尼亚已逐渐发展成一个繁华的殖民地，吸引了大量移民前来。它的魅力不仅为欧洲商人们津津乐道，在已然抵达殖民地的人群中也广为流传。18世纪20年代，身居宾夕法尼亚的约翰·克里斯托弗·萨奥尔写下了对这片土地的赞美，称它充满着良善和宽容。然而，30年后，他的语调明显发生了转变。1755年，萨奥尔撰文提醒人们警惕一帮他所谓的"新殖民者"，他们猎捕新移民来到宾夕法尼亚。普鲁士移民经常通过一种所谓的"劳动移民"制度来支付船费。该制度产生于17世纪，移民可以在抵达新大陆后，由资助人、朋友或亲属为其支付船费。这就意味着，移民有机会在不签订契约的情况下付清船费，或许能摆脱殖民地苦力市场的厄运。而当资助无法兑现（该情况经常出现），或者移民抵岸后发现待付金额大大超出预期时，劳动移民才陷于任人宰割的境地。据萨奥尔说，"新殖民者"会搜查身负债务或无所依靠的移民者，将他们直接卖给残忍的种植园主做契约劳工。

萨奥尔的警示与一位普鲁士青年音乐教师的描述不谋而合，后者详细记录了移民者一旦没钱偿付路费将面临何种惨况。戈特列布·米特尔伯格所描绘的原是宾夕法尼亚普鲁士移民的处境，但也恰恰适用于美国独立战争前夕欧洲北部其他地区移民的状况。

1750年，米特尔伯格与另外500名普鲁士同伴一起踏上了"奥斯古德号"。他随身带着一架崭新的教堂管风琴前往宾夕法尼亚。他对同伴们的经历加以翔实的描述：

第十五章

安妮女王的黄金书

不管在鹿特丹还是阿姆斯特丹,人们都被密密麻麻地置于舱内,好比大型海船里的鲱鱼。每人仅分配到区区 2 英尺宽、6 英尺长的床位空间。很多船都需要搭载 400 到 600 人,还有无数器具、食品等都需要空间。[6]

乘客之间极度拥挤,以至于暴风雨来袭时,他们被颠得东倒西歪,相互磕撞。"孩子们对着父母哭喊,丈夫和妻子相互埋怨。"米特尔伯格写道。而大多数时候,乘客们责骂的是那群劳工贩子,正是他们,将自己骗上了移民之旅。

相较而言,从非洲驶来的奴隶船上,则装载着 600 个左右被称作货物的奴隶。在一份呈递给国会的报告中,记载着"布鲁克斯号"所运输奴隶的情况:每名成年男性的睡觉空间只有 1 英尺 4 英寸宽,而女性为 1 英尺 2 英寸[①]宽,英国囚犯的铺位是 18 英寸宽。

米特尔伯格写成了有史以来最具影响力的旅行日志,他毫不畏缩地如此描述大西洋航程:

这些航船上,苦难凄楚比比皆是:恶臭、怨怼、惊恐、呕吐、发烧、痢疾、头疼、酷热、便秘、疔疮、坏血病、腐口病等,不一而足。究其原因,不外乎过期、高盐的食品以及非常糟糕的污秽水源。结果,很多人悲惨地死去了……1 至 7 岁儿童几乎无一幸存。

[①] 英寸:长度单位,1 英寸 =2.54 厘米。——编者注

在米特尔伯格亲身经历的那次航行中，32名儿童死去了，他们的尸体只能葬于大海。由于船上没有受命牧师，米特尔伯格便主持了葬礼。

好不容易熬过旅程，米特尔伯格接着又记录了他们抵达宾夕法尼亚后的遭遇。他很怀疑，到底有多少劳工移民曾读过佩恩于1683年为殖民地所写的令人沉醉、乐观主义的宪章——"没有谁能真正幸福，尽管他们能最大限度地享受公民自由"，但是，他们一定希望从海上炼狱中获得解救。

如果无法偿付船费，或亲友不能提供付款担保，他们将被关在船上，继续散发着航程煎熬导致的一身恶臭。船舶靠岸一段时间之后，熟悉的劳工代理、种植园主们便开始登船，就乘客们用以抵偿船费的劳役年限讨价还价。生了病的人，命运是最凄惨的，他们往往要在船上继续停留几个星期。据米特尔伯格所说，往往未及上岸就死了。

对这群出卖劳动力抵偿船资的移民们而言，还有残忍的未来需要面对。假如航程过半，丈夫或妻子中的某一方死了，那么，活下来的那方不仅要偿付自己的船费，还要为逝者埋单。假如航程过半时，父母双方都亡故了，那他们的遗孤则要背负自己和父母的船费。理论上讲，这个孤儿将因此为奴18年之久。

米特尔伯格写道："一家人，丈夫、妻子和子女，如果无法付清每个成员的船费，就会被卖给不同的买家，从此一家人散若浮萍。"有的父母不得已将子女卖作契约劳工，维持自身自由，然后寄希望于及时攒够资费赎回子女，一家团聚。可是，父母们往往不知道孩子们将去向何方，所以要冒多年不得相见的风险，又或者，如米特尔伯格所言："或许一生不再相见。"

第十五章

安妮女王的黄金书

普鲁士人不止大量涌入宾夕法尼亚，也来到了纽约、马里兰、新英格兰和卡罗来纳。据米特尔伯格估算，在他身居费城的4年间，有多达25000名普鲁士人来到这座城市。听他们讲述了各自的故事之后，他渐渐意识到，那些商人们，即所谓的"新殖民者"，正在猎捕普鲁士移民。他们鼓励来自各个阶层、从事各种行业的普鲁士人移民美洲，希望他们在航程中陷入债务，而后不得不把自己卖作劳工。

新移民们做出了一项震惊世人的指控。他们称，欧洲的王公贵族、掌权者们可以从商人处获得酬金，并按照他们批准离境的人数清算。每个超过10岁的移民，将为统治者们换取3弗罗林[①]或1达克特[②]的报酬。在费城，商人们可以从每名劳工身上赚得60、70或80弗罗林，金额与该乘客在航程中产生的债务成正比。

于幸运者而言，宾夕法尼亚是一片富饶之地，居民几乎免于赋税。100英亩土地的年税额只有1先令。因为没有行会的制约，所以任何人都可以自由从事喜欢的行业。如果一个年轻人在6个月内学会了一门技艺，那么他就成了一名工匠，可以自行决定何时婚嫁。

法律允许自由民与劳工移民结婚，但是，他们要为尚处于劳役期的新娘或新郎支付每年5到6英镑的费用。米特尔伯格不无挖苦地注解："很多人按此方式为新娘付了路费，可后来又反悔了，欣然退还他昂贵的'货物'，即便为此损失了一笔钱。"

[①] 弗罗林：旧时英国通用的银币。——译者注
[②] 达克特：旧时欧洲各种金币或银币名，尤其广泛使用于意大利或荷兰。——译者注

与此同时，人们的灵魂也同样获得关照。米特尔伯格描绘了各宗教派别如何在此相安无事。一大串名录中，包含了路德教、天主教、贵格会、莫拉维亚弟兄会、虔信派、安息浸信会、长老会……不知怎的，读着米特尔伯格的文字，一幅古希腊时期的图景闯入脑海：社会名流在元老院里高谈阔论着民主，而他们的奴隶则在各自的庄园里费力劳作。

1755 年年末，米特尔伯格回到维特根施泰因的家中，收到了发自费城的信函。信中说，去年秋天逾 22000 人抵达费城，大部分是从符腾堡、普法尔茨、杜拉赫以及瑞士出发的。患病者们在大量地死去，而余下的往往因为太穷困，只能卖掉子女抵债。

米特尔伯格发现，在费城这片宗教宽容度极高的土地上，很多人压根没把宗教放在心上。"很多人甚至并不相信上帝与魔鬼、天堂与地狱真的存在。"他说。人们梦寐以求的新大陆"天堂"，更多是殖民地创立者们脑海中的蓝图，而非任何黄金书中描绘的异想世界。正如普鲁士人的新大陆旅程所揭示的，美洲的确可以赋予人自由，可前提是，他必须成功摆脱多番阴谋诡计，一旦时运不佳或掉以轻心，所有梦想都将化作泡影。

第十六章
联盟存有异心

正当亨特总督与纽约的普法尔茨人斗智斗勇时，伦敦方面却计划将另一波恼人群体抛诸美洲，他们就是因"1715年暴动"而为人们所熟知的詹姆斯二世党人。1715年，他们试图推翻汉诺威王朝乔治一世政权，拥护斯图亚特王朝的詹姆斯·弗朗西斯·爱德华·斯图亚特（被后世称为"老僭王"）继位，却以失败告终。

乔治登上王位后，次年便爆发了这场叛乱。詹姆斯二世党人在苏格兰集结军队，而在英格兰，一支拥护斯图亚特王朝的盎格鲁-苏格兰军队正向兰开夏郡挺进。可是，叛乱很快陷入一片混沌。进军英格兰的行动以普雷斯顿之战终结，1500名詹姆斯二世党羽被捕。而苏格兰战场上，各种拖延和迟疑让詹姆斯二世党人一次次贻误战机，最终大军分崩离析。1715年圣诞周，老僭王离开法国来到苏格兰，生平第一次，也是最后一次试图重新集结军队。可惜，他不是天生的将才。虽然很多苏格兰高地氏族纷纷主战，但老僭王闪烁其词。2月份第一周还没过,他便不见了踪影,再未归来。

与此同时,英格兰和苏格兰的众多首领遭到围捕,并以叛国罪处决。夺取普雷斯顿之战胜利后,当局必须决断如何处置这1468名囚犯,其中包括1003名苏格兰人。最终,普通士兵获得了一次选择的机会,以叛国罪受审或同意被流放海外。

普通叛乱分子被从兰开斯特、利物浦和切斯特的监狱移交出去。而贵族首领们则被囚禁于伦敦塔。塔内发生过两起著名的越狱案。温顿伯爵,他年轻时曾跟随一名锁匠做学徒,在贵族囚犯中大概独一无二。他挑了一把牢锁,打开后顺利脱身。同样有趣的是尼斯代尔伯爵,他伪装成孕妇从监狱里步履蹒跚地脱逃。

这场闹剧没有持续多久。33人因叛国罪走上绞架。当权者颇有信心,此举将鼓励剩下的人接受国王的宽宏之举,同意流放以换取性命。可囚犯们依然犹豫不决,或许他们基于诸多理由,没有立刻选择保命。一些人显然认为,最好的方式是静观其变,头目们被处决后,当局对普通士兵会更仁慈。一些人想凭借个人关系获得赦免。有的人还焦急地等待希望——不管多渺茫,或许能再见到家人一面。而有的人还对法律心存幻想,反抗被迫签订契约或被流放的命运。因为正如前文所述,契约劳工更多是为英格兰人而非苏格兰人设计的。[1]

眼看众多囚犯在各家监狱里等候发落,这时,通常会出现一位善于经营的商人,自告奋勇为国家分忧。不管他们是否签订契约,当局都必须将反叛者驱逐出境。一位来自利物浦的商人托马斯·约翰逊爵士致信财政部,称他愿意按照每人40先令的价格运送反叛者,只要当局同意他以每人7年契约期的方式处置他们。1716年4月,

第十六章
联盟存有异心

美洲殖民地总督们接到指令,需要接管这批反叛分子。任何人在上岸前没有签订7年契约的,官方可以强制执行。很多人不仅不愿意被流放,更不愿意成为奴隶,关于这点,一名被关押在切斯特监狱的军官在1716年4月28日的信中有所讲述:

(我们)都被要求签署在殖民地服7年劳役的契约,据说那位爵士很乐意按此方式处置我们。他们已经劝服很多普通士兵签署了契约,最后一批今早被送去利物浦。可是,绅士们一致拒绝与他们为伍,声称自己不应受此约束。为此,我们已向陛下请愿表达了我们的观点,我们只能接受单纯的被流放。如果陛下心意如此,我们愿意承受,即便那将意味着我们朝不保夕,丧失回家置办行囊的自由,而后被打入地牢,仅靠面包和水为生。[2]

不管囚犯们当下做何打算,他们都将走向被奴役生活。毕竟,掌管这座城堡的长官不是别人,正是托马斯·约翰逊爵士的女婿。托马斯爵士与政府早有约定,他可以将所有人像货物一样卖掉。

1716年夏天,约翰逊和同伴们将600多名囚犯运往美洲本土和西印度群岛,开启他们的7年契约之旅。5个月内,12艘船载着619名詹姆斯二世党人,大部分驶向南卡罗来纳、弗吉尼亚、牙买加、马里兰和安提瓜岛,共耗资1238英镑;30人去了圣克里斯托弗;仅1人被送至巴巴多斯。

正如玛格丽特·桑基在《1715年暴动下的詹姆斯二世党囚徒》(*Jacobite Prisoners of the 1715 Rebellion*)一书中详加描述的,当局的困扰并未结束,很多囚犯甚至在穿越大西洋之前就逃跑了。有些人贿赂船员,有些人施了诡计,而在一个经典案件中,30名囚犯在至少1名船员的帮助下,在"霍根赫尔号"上发起暴动,原本前往圣克里斯托弗的船从加勒比又驶回了欧洲,在波尔多靠岸,囚犯们逃跑前还变卖了船上的货物。其他囚犯抵达殖民地后,通过贿赂获得自由,也彻底摆脱了契约束缚。"伊丽莎白和安妮号"启航时载有127名反叛者,而到弗吉尼亚时只剩112人。调查显示,船长收受贿赂,将行贿的反叛者于途中释放了。

在反叛者中,似乎被流放到美洲大陆的人生活稍好于西印度群岛的同伴。18世纪初,弗吉尼亚的状况相对好些,而且殖民者中还形成了一张苏格兰氏族网。多年来,苏格兰定居者渐渐形成了自己的决断力。最初,他们与荷兰人一道生活在新尼德兰以及特拉华的海岸地带。除了苏格兰低地的誓约派和贵格会教徒,高地人也来到这里,主要定居在边境地区。至于那些被送到南卡罗来纳的人,最初并不顺利,因为与当地土著的战争时有爆发,不过很多人还是活了下来。然而,那些被送往西印度群岛的,则要面临在糖厂或种植园的7年煎熬,往往被视同死刑。

1745年,查尔斯·爱德华·斯图亚特——邦尼王子查理再次尝试为斯图亚特王朝夺回王位。有关这位"小僭王"和1745年叛乱的故事,大家已经耳熟能详,这里就不赘述了。我们只交代梗概,并言明这场叛乱比起30年前的那次影响要深远得多。首先,小僭王和老僭王不同,他亲自统率军队,于1745年7月抵达苏格兰,开始了一场为期9个月的军事行动。查尔斯的预期是,不光氏族会集结支持他,远方的大规模支持力量也会从英格兰赶来。他还

第十六章
联盟存有异心

相信他将获得法国方面的大力支援,因为过去一年中,法方为了支持他差点儿发动一场侵略战争。

可结果查尔斯进军英格兰,将近抵达德比时就不得不撤退。法国人目睹双方作战局面后,叫停了入侵舰队。查尔斯身处卡洛登,手上只有不超过5000人,三分之二是信天主教的高地氏族,另三分之一是苏格兰圣公会教徒。他们所面对的是强大得多的英格兰军队(8000人)。这场战役以詹姆斯二世党人失败告终,由坎伯兰公爵(汉诺威王朝乔治二世国王之子)指挥的优势兵力很快压制了苏格兰人。尽管这位王子并非称职的指挥官,可政府军还是赢得了胜利。[3]

血腥的战后裁决或许比这场战役本身更为出名。坎伯兰公爵下令将所有囚犯和伤员杀死。查尔斯·爱德华·斯图亚特藏了起来,未被逮捕,最终乔装逃到法国。卡洛登战役之后,大约3500人被囚禁。[4] 很多氏族领袖以一种载入苏格兰史册的惩罚方式遭到驱逐,即受审之人可以选择流放之所,他们的一些族人也随之去往新大陆。

两名商人——来自伦敦的萨缪尔·史密斯和来自利物浦的理查德·吉尔达特获准将剩余的反叛者运送到殖民地。吉尔达特和史密斯可凭运输证明先获得每人2英镑10先令的押金,在收到殖民地发出的囚犯到岸通告时,可再获得每人2英镑10先令的余款。不久后,商人们便获得颁发赦免状的权力,对象是囚犯。尽管赦免状共计颁发了866份,可似乎只有610人真正被流放海外。

很多人未被流放,或许是因为伦敦当局认为,切断氏族体系可以更有效且长久地摧毁斯图亚特家族的支持来源。在送到马里兰的

白 奴
一段被遗忘的美洲殖民史

囚犯中，一些人不愿意签订契约，最终被天主教种植园主购买并释放，他们的同情心似乎与政府的初衷背道而驰。以此方式，很多苏格兰反叛者继续在他们新的国家休养生息，发展壮大，建立自己的殖民地，而其他人则回到了苏格兰家乡。在参与1715年和1745年暴动的反叛者中，一部分人的命运确实相当悲惨，尤其是在盛产蔗糖的海岛上，而其他人则相对好些——比他们的审判者们所料想的要强得多。

由詹姆斯二世党人叛乱而酿成的苦果，不仅将载入历史，更成为后世小说创作的题材。同样的命运，也见诸被送到殖民地的另一类人群——被绑架者。

第十七章
去而复返

1722年,多产作家丹尼尔·笛福写了一部小说,主角是一名被绑架者。笛福倾向于在小说里融入当代主题,并且他心知肚明,与17世纪一样,绑架至今仍叫人不寒而栗。

与作品同名的主角杰克上校是伦敦城里的一个孤儿,后来当了扒手。逐步成为拦路抢劫犯以后,杰克被迫逃往苏格兰。他发觉出路越来越窄,于是应召参军,不过也很快放弃。一位船长对他说,可以把他带到伦敦去。可出海之后,杰克才发现自己遭到绑架,正被送往弗吉尼亚。

船在海上漂了32天,终于抵达目的地之后,杰克被标价出售:"我被船长处理掉了,换句话说,卖给了有钱的种植园主……被送到种植园里,和其他50名左右的劳工待在一起,他们中间还有黑人……"

杰克是个虚构人物,可小说中的细节也揭露了大西洋海上运输的特性以及弗吉尼亚殖民地的样貌。他的故事揭示了让他"陷入悲惨的奴隶境遇"的原因。写作之时,笛福应该已经知道,培根起义后,殖民地欧洲和非洲劳工的处境有所不同,非洲人已沦为终身奴隶。笛福一直把白人劳工称作奴隶,这就表明,他所了解的奴隶制是以多种形态存在的。在与《杰克上校》同年出版的小说《摩尔·弗兰德斯》中,他再次把契约劳工叫作奴隶。

杰克对过往种种表示忏悔,并获得自由。后来他成了一名种植园主,对劳工们的悲惨处境尤为愤恨。当目睹一名妇女患病后被带往专门给生病劳工准备的住处时,杰克说:"我觉得那里应该被称为'死牢',因为那只不过是让人慢慢死去的所在,而不是获得治疗的地方。"他回忆道:"弗吉尼亚的劳工雇主真是可怕的物种。"

现实偶尔也和小说中一样,一些被迫卖到殖民地的人交了好运。在斯凯岛上,两个狡猾的地主合谋,准备卖掉一些佃农赚钱。1739年,亚历山大·麦克唐纳爵士和诺曼·麦克劳德将100个佃户和儿童卖给商人们。后者计划将其转卖到美洲的奴隶市场,而这些不幸的岛民将以囚犯的身份出现。可惜,他们的计划泡汤了,载着一干人等的船在爱尔兰北部多纳哈迪镇靠岸补充物资之时,无辜岛民们纷纷逃跑。经官方查问,他们都被还予自由,麦克唐纳、麦克劳德却从未被起诉。[1]

还有些人甚至在跨越大西洋之后同样获得了自由。1753年发生了一桩奇案,一个名叫安·登普西的种植园主向费城法院上诉,请求解除她名下某个劳工的契约。该劳工向女主人证明,自己是被迫从爱尔兰运来的。在蓄奴阶层中,登普西夫人绝对堪称典范。

第十七章
去而复返

1775 年，伦敦又发生了一桩违背当事人意愿被运送至殖民地的案件，被害人伊丽莎白·布里克班德年仅 17 岁。最初，在海关的移民名单上，她被叫作伊丽莎白·布里特班德。[2] 我们有理由相信这是同一个人，因为不管哪种写法，这个姓都很罕见。18 世纪下半叶，移民名册是留存下来最能体现移民情况的资料。1773 年，政府下令保存这些记录，因为他们担心，国内经济的不景气将驱使更多人选择移民，从而导致国内人口减少，而这样的状况可以从资料中得到证实。

从名册上看，伊丽莎白是 99 个"劳工移民"中的一员，他们 6 月份登上双桅帆船"南希号"，驶往巴尔的摩。资料上她的年龄为 21 岁，比实际情况大了好几岁。这条信息很重要，意思就是，不管是谁录入了她的名字，都希望能掩盖她的真实身份，比如虚报年龄或故意拼错姓氏。伊丽莎白的母亲一定是个足智多谋、意志坚定的女人，因为她不仅发现了女儿被绑架的事实，还设法追踪到了绑架她的囚犯。

绑匪是一对夫妻——约翰·丹尼森和简·丹尼森，他们是拥有一间"密室"的"办公室看守"。遗憾的是，等布里克班德夫人找出绑架女儿的囚犯时已经太晚了——"南希号"已经启航，载着她的女儿通往一个惨淡的未来。虽然伊丽莎白的命运无从寻觅，但绑架者们的结局是确定的。多亏了伊丽莎白的母亲，两名绑匪都被带上法庭。事前，他们还打算以口头承诺的 500 英镑——虽然不太可能发生——收买布里克班德夫人，因为一旦受审，他们就会被绞死。伊丽莎白的母亲不为所动。从法庭记录我们得知，约翰·丹尼森和简·丹尼森夫妇，连同他们的书记员奎尔福斯，被控"合谋将伊丽莎白·布里克班德运往国外"。[3]

白　奴
一段被遗忘的美洲殖民史

丹尼森夫妇和书记员坦白,他们签了"近100人"的契约,已获得9英镑7先令6便士的酬金——远不够他们行贿以免于审判。可他们3人其实用不着担心,因为他们最后都轻松脱逃了。约翰·丹尼森只被关了1个月,他向法院缴纳了保证金,确保一年内表现良好。丹尼森夫人和奎尔福斯似乎被判为主谋,每人获刑3个月,并缴纳两年保证金——绝非我们想象中拐卖少女到殖民地为奴,令其与家人永久分离的囚犯们应受的惩罚。与17世纪相比,18世纪的法院似乎也未对诱拐犯罪实施更严厉的打击。既如此,也难怪许久以来,不管在现实还是公众的认知当中,拐卖人口都是一笔赚钱的买卖。

另一起案件中,受害者约翰·贾米森的年纪更小。1741年,11岁的约翰在苏格兰奥尔德梅尔德拉姆失踪。他的父亲威廉听说,一个叫邦尼·约翰·伯内特的商人把约翰送到了马里兰。阿伯丁治安推事拒绝签署针对伯内特的逮捕令,威廉转而争取到了地主阿伯丁伯爵的支持。在伯爵施压之下,伯内特承诺归还小约翰。可是,伯爵后来死了,伯内特破产,约翰再不见踪影。

对父母们而言,孩子一旦被绑架,多数就此人间蒸发,只有极少数会奇迹般地归来。彼得·威廉姆森和詹姆斯·安尼斯利正是其中两位。虽然绑匪们分别从苏格兰东北的阿伯丁抓住彼得,从爱尔兰都柏林的后巷拐走詹姆斯,但两名受害者的遭遇都有个引人关注的共性——他们不仅成功回国,而且将各自经历记录在案,试图伸张正义。此外,两人还有一次交汇:1743年,刚刚回到爱尔兰的詹姆斯·安尼斯利出版了回忆录,同一年,彼得·威廉姆森遭到绑架。

第十七章
去而复返

彼得·威廉姆森的回忆录一定会让很多人产生共鸣。正因为殖民地烟草和制糖工业对劳动力的需求贪得无厌,他们才惨遭围捕。随需求一并到来的是高风险。威廉姆森在历经被绑架、海难、被贩卖为奴、被美洲土著俘虏等之后,才终于设法回到苏格兰家乡。即便他为了吸引读者,在记叙中添加了一些虚构或夸张情节,我们依然可以一览18世纪的诱拐行当以及殖民地的状况。

威廉姆森的故事是从1740年开始讲述的,当时他10岁,母亲已经过世,而身为阿博因小农场佃户的父亲又有太多孩子要照顾。于是,威廉姆森被送到阿伯丁和婶婶一起生活。3年后,他在码头边玩耍时被骗到泊在岸边的一艘船上。两个男人给他讲了海外新生活的故事,男孩被冲昏了头脑。带走他的那艘船恰好叫作"殖民者号"。自那之后,若不是他聪明伶俐,也会和成千上万人一样,从此杳无音讯。威廉姆森是苏格兰当地频发的青少年诱拐案的受害者之一。不论在城镇还是乡村,年轻人不断遭到抓捕,用来满足殖民地的劳工需求。此类抓捕行动可谓不择手段,并且经过了周密的谋划,人们没有找到有效的对抗方式,更无任何实际的补救措施。在回忆录中,威廉姆森如此描述这桩买卖:

在阿伯丁,几乎所有人都知道存在这笔交易……他们遍布市场、公路和街巷,以最公开的方式抓捕年轻人。绑架男孩们到美洲种植园当作奴隶出售,交易者们行动时竟那般厚颜无耻……必要时,辅以公开的暴力措施。周边所有地区都高度警惕。父母们严禁孩子前往阿伯丁,担心他们不小心遭到绑架。而一旦孩子们都待在家中,商人们便派出密使,以暴力方式从父母们手中抢夺孩子。所以，发生儿童失踪案，人们的第一反应就是他（她）是被阿伯丁商人们拐去了。[4]

威廉姆森描绘的景象近乎极端，可在当时，尽管从未得到父母的准许，大批儿童还是被拘禁于阿伯丁，等着前往美洲。在这桩非法交易中，市镇官员和商人在很大程度上是狼狈为奸的。找到运输船之前，孩子们会被集中关押，由专人供应食物和水源。而当地治安推事则需要抓紧时间给大量儿童伪造契约书。

后来，威廉姆森调查发现，绑架自己的是个名叫詹姆斯·史密斯的马具匠，他效力于城里若干涉嫌拐卖的商业集团之一。不管城镇还是周边乡村，孩子们都难逃商人代理们的搜捕。他们在光天化日之下犯罪却可免于刑罚。丢失孩子以后，父母们会到城里四处寻找，好不容易在监禁处找到他们，不免喜出望外。他们随之逐渐意识到，并没有办法把孩子们带回去，之前的喜悦也烟消云散。诱拐者与当地法官相互勾结，父母们要面临一份孩子监禁期间的饮食账单。对贫困的农户和城里的工人来说，账单金额超出了他们的偿还能力。他们只能惊恐地望着自己的孩子被带上船，永久地与他们分别。正如威廉姆森所说：

任何父母，不管家境多么困窘，都不可能甘愿丢弃自己的骨肉，把他们交到陌生人手中。而这些人竟能靠猎捕无辜儿童以积聚不义之财，靠把他们运往世界上最偏远的角落而获得显赫声名。孩子们所受的伤害，终将无法弥补。

第十七章
去而复返

1743年夏天,彼得·威廉姆森差点儿从此销声匿迹。当时,他被带上一艘船,船长叫罗伯特·拉格。

上船之后,他们带着我一路穿过去,最后,和其他被绑架的孩子们关在一起……我对命运的改变毫无察觉,依然天真地和小伙伴们在船舱里嬉闹。船靠岸时,我们也用不着走上甲板,直到某天,他们终于凑齐了绑架儿童的数量,可以接下去展开这桩邪恶的交易了。

"殖民者号"一共搭载了69名儿童,目的地是弗吉尼亚。航程本身就是一场历险,不仅发生了搁浅,甚至在美洲东海岸遭遇了沉船。

我们在特拉华的海角处撞上了沙堤。船员们奋力逃生,把我们丢下听天由命。后来,我们被带到岸上某个营地,又坐船去了费城。原来的那艘船彻底毁了。

虽然从沉船事件中死里逃生,可小彼得的烦恼才刚刚开始:

到费城以后,很快船长就找来很多人购买我们。经历了海难,他更加不遗余力地希望从我们身上赚到钱,结果我们每个人都卖了16英镑。

这时,威廉姆森已经是一名劳工,劳役期为7年。不过,他运气不赖,买主是个名叫休·威尔森的苏格兰人。据威廉姆森描

白 奴
一段被遗忘的美洲殖民史

述,此人不仅"仁慈、诚实",而且"很值得尊敬"。威尔森膝下无子,因为喜欢彼得便格外关照他,让他在身体完全康复之后再开始工作。在彼得同意延长1年契约之后,威尔森甚至还送他上学。他们之间的感情一定很好,因为威尔森临终前,给男孩留下了"200英镑现金"、他最好的一匹马和马鞍。当时,威廉姆森已经17岁,他四处游历,寻觅合适的工作。直到某天,他爱上了一个大种植园主的女儿,就此安顿下来。他的岳父把特拉华河畔的一块土地赠给了他。"我扎稳了脚跟,又很幸运地娶了一位好妻子。"他写道。可是,彼得·威廉姆森并未从此一帆风顺。1754年,某晚11时许,妻子外出探亲,威廉姆森独自在家。突然间,他的农场遭到美洲土著的袭击。

他们尝试着闯进屋内,我赶紧给枪上了膛以示威胁。他们说,如果我不出去,就把我活活烧死。然后,他们冲了进来,缴了我的武器,把我绑到树上。他们把家里抢劫一空,然后放把火,把一切烧成灰烬。

这件事表明,在整个殖民时期,美洲土著经常对欧洲人发起攻击,试图把他们从领地上赶走。眼下,彼得·威廉姆森发现自己成了土著居民们泄愤的对象,成了他们的阶下囚。

他们威胁称,若不跟他们走,就用战斧砍了我。他们让我背负重荷,连夜离去。天亮后,我被他们绑在树上,指尖被戳出了血。然后,他们在树边点了一把火,围着我跳了起来。

第十七章

去而复返

威廉姆森继续讲述美洲土著是如何对待其他移民者的：

然后，他们当着约翰·亚当斯的面，剥了他妻子和4个孩子的头皮。他们把这个老人带走，有时剥光他的衣服，在他身上涂涂画画，有时拔掉他的头发……（并且）用热炭在他脸上烙下烙印。

威廉姆森终于逃跑了，并且找到了岳父的住处，却得知妻子在他被囚期间死去了。自此，威廉姆森了无牵挂，决定参军，专门对付曾剥夺他一切的美洲土著。后来，他随军队回到了英格兰，继而离开了军营。在那之后，他开始了另一番行动——报复那些曾绑架自己和众多儿童的人。

我们就像牛一样，从全国各地被驱赶到史密斯菲尔德市场，和许多牲畜一起公开售卖。假如魔鬼化作人形出钱购买我们，他的钱也会被欣然接受，和那些最诚实、善良的买家无异。有时，孩子们被卖给冷酷无情的主人，他们经常想逃跑，害怕被主人虐待。只是，成功逃脱者实属罕见，在多数情况下，他们会被逮住，送回主人身边。不仅如此，他们每逃脱1天，就要被迫多干1星期的活儿；每逃脱1星期，则多干1个月的活儿；每逃脱1个月，则要多干上1整年。况且，他们还得向主人支付为了逮捕他们所产生的广告、人力费用，而这往往相当于把奴役期再延长4到5倍。

从书中对其他契约劳工生活状态的描写，我们可知，威廉姆森的记述是准确的。因为有太多人受虐待，所以，抓捕逃跑者的广告定期张贴。而且，如我们所见，劳工们确实会因为犯错或逃跑而被任意追加契约期。在一些极端案件中，劳工们甚至要赔上一生的时间。"这些受了骗的可怜奴隶，有时为了逃脱契约，甚至给一生的自由画上句点。"威廉姆森在某个章节里极为哀伤地说道。

威廉姆森想好好羞辱一番涉嫌阿伯丁绑架买卖的囚犯。他出版了好几本书，包括几本回忆录以及他对契约劳工贸易看法的书。影响力最大的，是他对早期绑架自己的那群人的控诉。他指名道姓并表明城里的治安推事们与绑架案有所牵连。治安推事则反过来控诉威廉姆森诽谤，对其罚款，并将其投入监牢。他们下令把威廉姆森的书全部焚毁，可是，恶名与丑闻很快在苏格兰和英格兰流传开来。威廉姆森甚至对某些版本做了修改，增添了部分情节。他没有止步，继续对阿伯丁治安推事们发起反击。此案引起了位于爱丁堡的苏格兰高等民事法院的关注。当阿伯丁的法律和商界精英们否认一切恶行时，社会一片哗然，众多目击者现身，证实威廉姆森的控诉。

出于辩护，治安推事们提供了一项证据，结果搬石头砸了自己的脚，等于盖棺定罪。他们自大地表示，虽然贩卖儿童的现象确实普遍，可契约中没有哪个孩子是小于10岁的，况且，签订契约的儿童最后都能在海外获得更好的生活。这项"用心良苦"的事业，可以为他们带来每人10英镑的收益。法院判决，向威廉姆森发放100英镑的赔偿金，并谨慎地指出，这笔钱不应从市财政支出。换言之，被告们必须掏自己的腰包。

威廉姆森的奇幻经历也非绝无仅有。还有其他人被抓捕，被运到大洋彼岸，最后也成功回到家乡。就在他从阿伯丁码头消失的同一年，伦敦街头出现了一本奇怪的小册子《一位年轻贵族的不幸经历：

第十七章
去而复返

无情叔叔卑劣陷害,流落美洲为奴 13 年,至今方归》(*Memoirs of an Unfortunate Young Nobleman Return'd from a Thirteen Years Slavery in America Where He Had Been Sent by the Wicked Contrivances of His Cruel Uncle*)。[5]

小册子的作者詹姆斯·安尼斯利,据称是爱尔兰奥尔瑟姆勋爵的合法继承人。安尼斯利说,他的故事"建立在真相之上,读来既要用脑,也要用心"。故事本身引人入胜,阐述了如何运用绑架和流放之法轻易地摆脱掉一个人——不管出于报复还是营利目的。人性使然,可以想象,类似事例一定还有很多。

安尼斯利控诉叔叔绑架了他,目的是篡夺继承权,窃取财产。不管这篇回忆录的真实性如何,安尼斯利的描述和威廉姆森的一样,都打开了一扇窗户,让我们看到经历诱拐或绑架的人在殖民地将面临怎样的处境。

关于奥尔瑟姆勋爵是否有个生于 1715 年的儿子詹姆斯,且是他的合法继承人,当时存有争议。奥尔瑟姆勋爵的生活境况并不稳定,虽财产丰厚,却也背负着债务。他热衷于饮酒、打猎,因豢养一群饥饿至极,甚至相互撕咬的猎犬而闻名。

在这个备受争议的继承人出生后不久,奥尔瑟姆勋爵就和妻子分居,找了一个情妇。这个情妇不喜欢詹姆斯,虽然勋爵对儿子关爱有加,可他更爱自己的情人。勋爵身体日渐羸弱,便先把孩子送到佣人处抚养,后又送到寄宿学校。詹姆斯逃跑了,靠着给三一学院的学生们打杂勉强维持生计。

1727 年,奥尔瑟姆勋爵过世。如果他真有个儿子,那么这个男孩应当继承他的遗产。可是,邪恶的理查德叔叔——奥尔瑟姆声名狼藉的兄弟抢先了一步。理查德堂而皇之地取代奥尔瑟姆的地位,将詹姆斯视作冒充者,可很多人都知道小安尼斯利的故事。从案发多年后法庭审理时提供的证据看,事实可谓清清楚楚。

奥尔瑟姆勋爵死后,他漂泊在外的儿子处境很尴尬。他现身父亲的葬礼,号啕大哭。有人称,这位理查德叔叔——如果没有这该死的侄子挡道,即可继承爵位。他曾说过,会把男孩送走。1728 年 4 月,理查德雇了几名恶棍闯入这个孩子的家中,当时詹姆斯年仅 12 岁,住在都柏林。詹姆斯被控偷盗了一把银匙。孩子被带到乔治码头,小船行至城外约一英里处的国王领地,然后被抓上大船。不无讽刺的是,这艘船叫"詹姆斯号"。船上的乘客名单中,有一位詹姆斯·安尼斯利,身份是劳工。而 1 个月前的 3 月 28 日,在都柏林市镇书记员处,一个叫詹姆斯·亨尼斯利的人签订了契约。我们有理由推测,这是同一个人。不管真相如何,年轻的詹姆斯启航向殖民地出发,正如此前的众多年轻人那样。

他的美洲历险最初发表在《绅士杂志》(*The Gentleman's Magazine*)上,后来被很多当代写手加工过。看起来,"詹姆斯号"驶向了纽卡斯尔,很可能就是如今特拉华河流经的纽卡斯尔。他被卖给一个名叫德拉蒙德的种植园主,此人蛮横专制,安排这名新奴隶去伐木。当发现男孩的体力根本干不了重活儿时,德拉蒙德便残忍地抽打他,而伤痕和劳累也严重影响了詹姆斯的健康。他结识了一位年长的女性劳工伙伴,她也是被绑架来的。她受过一些教育,会在纸条上写几个历史故事传给詹姆斯。小伙子有时放下工作,拿到野外阅读,这更加招致德拉蒙德的愤怒。4 年后,这位朋友死了,詹姆斯决定逃跑。他用一把偷来的钩镰当武器,随即动身,那年他 17 岁。[6]

詹姆斯在树林里徘徊了 3 天,终于找到一条河,沿河岸走到一

第十七章
去而复返

座小镇。他决定等到天黑再进城,然后偷点儿吃的。当他在树林里等候时,两名骑士来到附近,其中一位的身后还坐着个女人。看样子,眼前是一个男人带着妻子或情妇,另一个是他的仆人。他们下了马,准备野餐。此时的詹姆斯饥饿难耐,暴露了自己。冒着被一剑刺死的危险,他终于说服他们。一顿饭后,詹姆斯向新朋友们表明,自己受了冤屈,并非和大多数人一样,是个单纯的落跑奴隶。对方告诉詹姆斯,他们正要去阿波昆尼明克搭船前往荷兰,可以帮他买张船票。

4人在树林里同行没多远,就遇见了奉命来逮捕他们的一队骑兵。他们被捆起来,关到切斯特监狱里。19世纪的某个版本里是这么说的:

年轻的女士似乎是个富商的女儿,被迫嫁给了一个她厌恶的人。婚后,她抢劫了丈夫的财产,和从前的情人一起私奔。显然这个情人的社会地位比她低一些。发生的一切让丈夫怀恨在心,审判之时,这个女人、她的情人和仆人都以抢劫罪被判死刑。

不知通过何种方式,詹姆斯说服了执法者,他并未参与抢劫或私奔。但法庭并不完全相信他,决定把他放到市场上,让众人辨别,他是否犯过其他罪。至此,读者们便知,詹姆斯并非天生的幸运儿。

在市场上待了几周过后,他被自己的主人德拉蒙德发现了。当时,他正好到镇上来做生意。詹姆斯本来还剩下两年契约期,这下翻了个倍,变成4年。回到纽卡斯尔殖民地后,德拉蒙德暴虐成性,

白　奴
一段被遗忘的美洲殖民史

直到当地法庭判定他必须将詹姆斯卖给其他种植园主。可怜的詹姆斯又忍受了 3 年时间，然后，他觉得已做好充分准备，可以再次逃跑了。还没来得及逃到一艘船上，他又被抓回去了。这最后 1 年契约期转眼变成了 5 年。

詹姆斯陷入了绝望。随后，他讲述了新主人的妻子怜悯他，经常把他带到家里，而她女儿玛丽亚也爱上了这位英俊的青年。至此，詹姆斯跌宕起伏的故事已经足够叫座了，可一切还没完。他继续说，玛丽亚有个情敌，是个年轻的易洛魁奴隶女孩，他拒绝了这个女孩的示爱。女孩跑到河边，像一个充满悲剧色彩、浪漫主义的女主角一样，投河自尽了。

对于詹姆斯而言，这似乎是他最幸运的时刻，因为当玛丽亚的父亲得知此事后，他认为最好的办法是让詹姆斯离开。他宣称会还给詹姆斯自由，而不幸的是他食言了，他把詹姆斯卖给了另一个种植园主。

自那之后他还多次历险，这无疑让《绅士杂志》的读者们兴致勃勃。詹姆斯还遭到印第安女孩兄长们的追捕，他们誓为女孩报仇。詹姆斯只能算侥幸免于被杀，后续还有很多戏剧化情节。詹姆斯决定最后尝试一次，争取回家。

让人意外的是，如此厄运缠身的一个人，最终竟成功了。他搭乘一条开往牙买加的商船，然后登上了一艘英国战舰，宣称自己是个遭到绑架的贵族。他的勇敢顽强引起了舰队指挥官弗农上将的注意。上将判定这个年轻人的故事真实可信，便带他回到了英格兰。回到故乡的日子是 1741 年 10 月。

第十七章

去而复返

理查德叔叔身陷窘境:突然有个人冒出来,自称是他的侄儿,要求获得他的遗产继承权。据说他叔叔曾试图以谋杀的罪名将冒牌侄儿关进牢里。[7]詹姆斯向都柏林财税法庭提起诉讼,要求收回被叔叔非法剥夺的地产。

詹姆斯的诉讼案引发了爱尔兰历史上最为持久、最负盛名的法律纠纷。案件审理过程如此漫长,以至于被称为爱尔兰版本的"贾恩迪斯·V. 贾恩迪斯案"——得名于《荒凉山庄》(*Bleak House*)中的一起法律纠纷。狄更斯在小说中描述了一件旷日持久、从未定论的案件,和詹姆斯案颇为类似。而詹姆斯案对小说创作也产生了广泛影响,包括罗伯特·路易斯·史蒂文森的《绑架》(*Kidnapped*)和沃尔特·斯科特的《盖伊·曼纳林》(*Guy Mannering*)。整个都柏林社会都关注此案,而《绅士杂志》的读者们也在伦敦乐此不疲地谈论。

案件于1743年11月11日开始审理。而豪厄尔的《国家审判》(*State Trials*)中称:"这是有史以来耗时最长的审判,连续审理15天,而且陪审团(大部分)是爱尔兰最富有的绅士以及将近全体议会成员。"陪审团一致做出有利于詹姆斯的判决。[8]整个都柏林都沸腾了,认为天大的冤屈得以平反。被告方提出上诉,法院最终维持原判。可是,对这位世间最不幸的人而言,事情还没结束。在取得巨大成功之后,詹姆斯向国王申诉,要求获得上议院席位,结果一拖再拖,悬而未决。

与此同时,詹姆斯家曾经的一名仆人因作伪证而受审。最初的听证会上,玛丽·希斯作证说,奥尔瑟姆夫人并没有在1715年

247

生下一个孩子，陪审团没有相信她。第二次审判时，法官认定玛丽·希斯无罪，与此前的判决产生矛盾。如果不存在这个儿子和继承人，詹姆斯就是冒牌货，而他对于爵位的诉求也就无效了。至此，詹姆斯已无计可施，难以为继。他44岁时离世了，应得何种头衔一直没有定论。18世纪的正义也和当今一样，是一份昂贵而难得的奖赏。

安尼斯利和威廉姆森从强制移民中逃脱并返乡后，不出数年，不列颠海港的绑架案开始逐渐平息。诱拐者一度猖獗的阿伯丁、布里斯托尔和伦敦码头上，已更为繁忙地往来着将非洲奴隶运往日渐兴盛的殖民地的船舰。到了维多利亚时代，欧洲人的绑架案已和绑架者们一样，成为传说，取而代之的，是大规模系统性地诱拐非洲人，最终给美洲殖民地留下难以磨灭的印记。

第十八章
"国王陛下的7年旅客"

1769年12月23日,《弗吉尼亚公报》(*Virginia Gazette*)刊登了一名波士顿绅士写给伦敦朋友的信。信中,他对奴隶制深表嘲讽:

各地区都在高喊自由和独立。弗吉尼亚和马里兰,出于某种原因只是佯装独立。大量定居者,或者说他们的祖先,丧失了作为英格兰子民的权利,被流放美洲,以救赎他们在欧洲犯下的罪孽。移民之后,他们不堪其苦……忍受7年、14年,甚至一生……可他们不该忘了,来的时候,他们的身份是奴隶。每天都有很多人来到这里,而其中三分之二的人,不管肤色如何,已经成了真正的奴隶。

上述观察是扭曲的。可随着美洲与英格兰渐行渐远,每天从英国流放而来的诸多白人真真切切地被推入奴隶制。他们是"国王陛

白　奴
一段被遗忘的美洲殖民史

下的 7 年旅客"——被判刑 7 年、14 年，甚至终身被"流放到国王的美洲种植园"的囚犯。17 世纪，囚犯们被零星地，断断续续地流放出去，并卖作劳工。而现在，他们涌入纽约、波士顿、费城和查尔斯顿的劳动力市场。大不列颠王国统治的最后 10 年里，每年至少有 900 人进入美洲，甚至更多。囚犯贸易是笔大买卖。18 世纪 70 年代初期，运输了大部分囚犯的商人称，比起黑奴贸易来，白奴买卖的利润可以翻倍。

　　1718 年是英格兰大规模清空监狱、输送囚犯去美洲的开端。该举措的触发点是 1714 年西班牙王位继承战争的结束。成千上万的士兵瞬间成为无业人群，犯罪率达到惊人的高峰，监狱里开始人满为患。原以为囚犯会被即刻流放，缓解国内的压力，可殖民地对于接收囚犯愈加犹疑不决，商人们也不太愿意运送他们，因为美洲劳动力市场的囚犯报价很难让人满意。[1] 因此，囚犯的运输量减少了。战后的几年，伦敦老贝利法院的法官们没有裁定任何一人被流放。

　　1717 年，一则新通过的国会法令扭转了事态，该法令为《关于进一步防止拦路抢劫、入室盗窃和其他重罪，更有效地流放重囚犯和非法羊毛出口商，以及宣布有关海盗的若干法律条款的国会法令》。尽管提到了海盗和羊毛出口，可这条法令完全是针对囚犯流放的。形成法律条文后，序言里明确了两个主要目标："遏制犯罪行为，为殖民地供应奴隶性质的劳工。"

　　该法令不顾殖民地有关囚犯贸易的限制措施，授权法官们进一步发挥流放的作用，将向美洲运输囚犯的生意变成了签约商人们的金矿。一旦监狱将囚犯移交给商人，他们便获得了官方授予的货物所有权，并且每当囚犯登陆美洲，他们便可获得相应补贴，补贴金

第十八章
"国王陛下的 7 年旅客"

额高达每人 5 英镑。这意味着，不管囚犯卖到什么价，商人们都不会吃亏。

奴隶贩子乔纳森·弗华德获得了最诱人的一份合约，运输伦敦及周围各郡的囚犯。他是在臭名远播的三角航线上运营的商人之一——将英格兰工业品运到西非；在西非装载一船奴隶，运往新大陆；在新大陆贩卖奴隶，换取蔗糖或烟草。最后一程，他把这些商品运回国。弗华德提出，愿以每人 3 英镑的补贴运输囚犯，大大低于对手们的报价。这让他赢得了订单，不过却是亏本合约。而在首次运输囚犯成功后，弗华德的运输补贴获得了大幅提升，变成每人 5 英镑。

法院的量刑标准最初由爱尔兰制定，且已实施了 15 年左右。根据爱尔兰议会 1703 年通过的法令，死刑犯中罪行较轻的，法院可相应减刑为：流放 7 年、14 年或终身。此类罪行如：盗窃 1 头牛，盗窃 9 只羊，盗窃他人财物不超过 20 先令。这条法令将会被用来把成千上万的人从爱尔兰送到新大陆。

在英格兰，根据国会新法令，被盗财物价值可作为裁判标准，决定哪些人被处死，哪些人被流放。同样，此处量刑也是 7 年、14 年或终身。1718 年 4 月 23 日，遵照新法令行刑的首批重囚犯们，在老贝利法院听取了命运的宣判。他们中有 15 名女性、13 名男性，均属相对较轻的财产犯罪。多数人似乎只是英格兰下层社会的小人物，或因某次犯傻而追悔莫及。他们中间有一名把几盘剩菜带回家的酒馆女仆，一对年轻的商店扒手，一个偷了马车坐垫的人，还有一个顺走了大啤酒杯的醉汉……只为这些罪行，他们每个人都将被卖到美洲。他们中罪名最重的，是一名入室盗窃犯。[2]

白　奴
一段被遗忘的美洲殖民史

　　根据合约，商人必须将受审的每个人都运到美洲，"不得因年龄、残疾或任何其他健康原因而免除任何人流放之刑……"一旦囚犯们抵达美洲，商人就需要决断如何处置这些人。如果该囚犯富有，可以支付商人一笔钱，只要不回英格兰，就此可变身自由人。而剩下的——绝大多数人则将被卖作劳工，售价由商人定。

　　对囚犯们而言，这趟航程自始至终都处于囚禁中。运输承包商应该已为首批28名流放犯付了相关费用——受烙刑和暂时关押在纽盖特监狱（很可能是地下某个巨大的牢房）的花费。一旦承包商的船到位，流放犯们将在伦敦人的奚落声中跋涉半英里，去到船边。但凡街上走过戴着镣铐的男男女女，伦敦人总会聚集旁观。弗华德选了"老鹰号"，是他从非奴航线中调拨来的。他说这条船"最适合"运输囚犯。上船后，囚犯们被安置在甲板下，每6个人拴在一起。

　　从一开始，运囚船就受到暴动困扰。[3] 1718年，30名囚犯夺过了一艘驶向殖民地航船的控制权，然后在法国上岸了。1735年，40名爱尔兰囚犯让船在新斯科舍①搁浅，谋杀了全体船员，而后消失了。1751年，利物浦流放犯们枪杀了船长，抢夺了开往南卡罗来纳的航船，随之逃逸。接替弗华德担任首席囚犯承包商的人说，我们总是需要"派出相当数量的海员"，以"防止囚犯们在船上起事"。不仅如此，"鉴于所运输货物的性质，他们的薪水一直相当不错"[4]。

　　整个航程要耗时两个月，甚至更久。囚犯一死，商人们将无法获得相应补贴，所以他们有时会指示船长，给关押囚犯的舱室通

---

① 新斯科舍：拉丁语意为"新苏格兰"，加拿大东南部的一省。——译者注

第十八章
"国王陛下的 7 年旅客"

风,并要求定期清洗船舱,以维持心有不甘的囚犯们身体健康。可是,考虑如此周详的人毕竟是少数。通过削减供给,不管不顾地增加船上囚犯人数,也是可以赚钱的。1767 年,国会议员乔治·塞尔文参观一艘准备驶往马里兰的运囚船时,不禁愕然:

> 我上了船,脑中曾料想的一切恐怖画面都不及眼前所见。我看着一个戴着镣铐的可怜人被抓上船,关进一个不超过 16 英尺长的小舱室,与他一道的还有另外 50 多人。他颈部上了铁圈和挂锁,和另外 5 个人拴在一起,而他们简直是我所见过最可怕的生物。[5]

18 世纪初,痢疾、天花、伤寒夺走了多达三分之一流放囚犯的性命。1721 年,在"善意号"上,登船时有 50 名囚犯,下船时只剩 31 名。1726 年的"拉帕汉诺克号"上,108 名登船者中只活下来 60 人。1728 年的"弗华德号",96 人登船,27 人丧命。

如此惊人的殒命数据并非只出现在运囚船上。"海葵号"可能是所有故事里最辛酸的。1741 年 7 月 31 日,"海葵号"从贝尔法斯特出发,载着 106 名乘客驶向费城。他们遭遇了恶劣天气,桅杆断裂,不得不停航数周。食物耗尽,船员和乘客们陆续死亡。等到 10 月 31 日抵达波士顿时——出发后第 13 周,包括船长共有 64 人已死亡,6 名死者被幸存者蚕食。

在运囚船中,部分船长因贪婪和施虐而声名狼藉,其中之一便是"正义女神号"船长巴内特·邦德。雇用邦德的商人对于囚犯人数——即利润的损失非常恼火,便以谋杀罪起诉邦德。这名船长被控断绝囚犯水源,眼睁睁地看他们干渴而死——尽管船上有充足水源。然后，他从死者身上掠夺任何有价值的物品。有目击者称，邦德扬言自己是"所有死于他照拂下的重囚犯的继承者"，他最后逃脱了审判。[6]

商人在安纳波利斯或波士顿接收货物后，头等大事就是大力宣传。有关囚犯劳工抵达的消息会发布在《波士顿公报》或《弗吉尼亚公报》上，而广告将张贴在当地咖啡馆的墙面上：

上个星期，"斯诺·尤金号"从布里斯托尔港抵达，船长是乔纳森·塔利梅。船上载有69名"国王陛下的7年旅客"，51个男人和18个女人。

布里斯托尔"兰多夫号"刚刚靠岸，船长是约翰·韦伯·普莱斯。船上载有115名囚犯，男女都有，年龄不等，其中含几名工匠，都将在船上售卖。目前，该船停靠在安纳波利斯码头，今天、明天及周六有售。

曾有一则广告，在宣传出售新劳工的同时，却让出了更显要的位置，大概是为了人们更想购买的货物。18世纪20年代末，在《波士顿公报》上，这则广告的标题为"来自格拉斯哥的彩格布"。正文写道："品种繁多的彩格布，做工地道，亚麻面料，可做被单、手帕，适合年轻男女使用……"有意购买囚犯的人们会仔细观察眼前的人口货物，从头到脚地打量。这些囚犯可是真正意义上会消亡的货物。如果买下的女囚犯干不了重活儿或生病了，那最初花费的8英镑或10英镑就打了水漂。鉴于男性囚犯要花费13英镑甚至更多，买家则尤为细致地观察，确保挑选到身体健壮的。囚犯劳工威廉·格林回忆道:"他们查看我们的方式，正如那些骑马的商人查看动物，拨弄我们的牙齿、四肢，寻思是否满意或是否满足他们的用工需求。"[7]

前囚犯詹姆斯·雷维尔以一篇诗文记述了当时的场景:

如马儿一样接受检验，我们是否安然无恙
你会做什么，我的小伙子？一个声音问我
我是铁皮匠，先生。哦，那不行，他回答

有人触摸我们的手掌，审视我们的腿脚
让我们向前行走，判定我们有否残疾
有人翻看我们的牙齿，看我们是否驯良
或能否咬得动坚硬的冷炙残羹[8]

1758年，一名伦敦织布工在威廉斯堡目睹了囚犯劳工交易:

大约100名囚犯，男女都有，他们被排成几列，种植园主们纷纷前来购买……我一生中从未见过如此可怜的一群人，他们有的几乎裸着身子，勉强穿了衣服的也像是刚扫了烟囱的人，一路上受船长虐待差点儿饿死，和很多黑人奴隶并无两样，在市场上和牛马一起售卖。[9]

这群白人的真实经历无独有偶。白人囚犯在进入新大陆时所遭逢的，也同样发生在非洲人身上。他们被登报售卖，还要接受细致的检查,都要被新主人拴着铁链带走;或者被代理买下,为他们寻找新的主人。

除了不戴枷锁,非囚犯劳工也往往以同样的方式售卖。约翰·哈罗弗是一名40岁的苏格兰契约劳工,他用日记写下了1774年抵达弗吉尼亚弗雷德里克斯堡的情景。5月16日,他写道:

> 今天,好些人上了船,准备采购契约劳工,其中两个是劳工贩子。他们做生意的方式是,但凡有船运来劳工或囚犯,他们都会上船,有时全体买下,有时买一部分。然后,他们会载着这群人沿街叫卖,就像在卖一群羊,直到获得满意的价格再脱手。可那天,他们什么都没买就走了。[10]

内陆殖民地试图阻止囚犯交易卷土重来。他们无法废止法律,却可以蓄意破坏。1719年,马里兰率先采取行动。当地颁布了一条法律,要求囚犯购买者为每名囚犯支付100英镑的"品行约束"保证金。不出两个月,枢密院就压制了这一破坏性举动。

弗吉尼亚议员们也尝试了类似对策。他们指令船长为已销售的每名囚犯缴纳100英镑保证金,而购买者则要为所购囚犯的不良表现支付10英镑保释金。此举同样被枢密院否决了。于是,弗吉尼亚的领导者们决定妥协,但如果囚犯一定要来,应当定居在西部边境地带。商人乔舒亚·吉提议,将边境的土地分给他们,形成对抗美洲土著的壁垒。而颇有影响力的休·琼斯教士建议,在边境地区建立劳动教养所,这样,他们可以通过劳动实现自给自足。[11]

可这些呼吁没带来任何成效,囚犯们依然一拥而入。绝大多数囚犯来到了切萨皮克湾,排在第二的是宾夕法尼亚,但人数与切萨

第十八章
"国王陛下的7年旅客"

皮克湾相差甚远。这些迫于无奈的移民中，很多人立刻被派去干重活儿——投身种植园、采矿场……其他人，即囚犯中具备一定技能的，则被带往商店、印染厂等百余个企业里做工。巴尔的摩的一个囚犯代理称，光马里兰一地，每年就要接收大约600名囚犯，延续数十载。马里兰省总督霍雷肖·夏普对此评论："我衷心希望他们（囚犯）被送往国王陛下的其他殖民地。可是，既然这里有人愿意购买，他们就会继续送囚犯前来。"

很简单，因为补贴的存在，囚犯便是廉价劳动力，这笔好买卖机不可失。他们的售价只有黑奴的三分之一，虽然比普通契约劳工和自由意志者略贵一些，但他们显然可以服务更长的时间。巴尔的摩的档案显示，囚犯的价格比其他契约劳工高25%到29%，可他们的奴役期限却比普通契约劳工的两倍还要长。[12]

不仅如此，自由意志者的市场价格看涨。因为英格兰国内经济上行，从英格兰来的劳工变少了。更多人从爱尔兰和苏格兰而来，那里的状况依然是普遍贫困和物资匮乏。18世纪爱尔兰人的大批迁移，与之前的情形大相径庭。17世纪，爱尔兰人被迫迁移，主要是宗教因素——被清除的天主教徒为英格兰新教徒和苏格兰人让路。到了18世纪，刑罚和贫困才是两大主要因素。

爱尔兰输出了大量囚犯和自由意志者。正如莱茵河沿岸居民的遭遇一样，爱尔兰人成了被强行兜售新大陆美好生活的对象。商人们大肆宣传，媒体刊登虚假信函，赞颂美洲的传单沿街派发。比如，1735年1月，《都柏林周刊》（*Dublin Weekly Journal*）刊登了一则广告，向有意愿移民纽约的爱尔兰新教徒提供特殊优惠。广告称购自印第安人的土地可以按每100英亩1先令9便士的极低价格租给他们。另外，还有一封广为流传的信，号称是写给蒂龙郡某位牧师的，颂扬纽约是个赚钱谋生的好去处。这封信是用苏格兰方言写成的："……如果你儿子萨缪尔·博伊德和约翰·博伊德愿意来这儿，他们可以到拉丁语学校教书，1年赚的钱比你布道3年所得的还多……"

信中描绘了这个"美好的国度"，然后列举了诸多行业的高薪酬和极低的土地价格，并敦促："我乞求你们全体都来。"信末署名为"詹姆斯·默里"，但很可能是假名，因为这一切只是种植园主或运输代理们的宣传攻势。可这波宣传确实奏效了。1728年，爱尔兰圣公会领袖——大主教博尔特表示不悦，称美洲代理们的游说之辞导致大量爱尔兰人移民，"因为轻信了那里土地富饶、物资丰盈的传言"。他继续说："此刻，贝尔法斯特已集结了7艘船，将带着1000名乘客到那里去。"不过，大主教接着指出，大量民众远赴海外的真正原因是极度贫困。关于贝尔法斯特移民，他说："就算我们有办法阻止，但明知他们大多数人都担忧温饱，无以维持生计，所以阻拦他们也是残忍的。"

究竟有多少爱尔兰人选择移民，我们很难找到确切数据。不过，据估计，1718到1775年，被流放的囚犯有15000人。18世纪40年代，爱尔兰议会针对流浪者和流放犯展开调查。他们怀疑，部分开展运囚生意的商人在领取补贴之后，直接将货物丢弃在英格兰、威尔士甚至爱尔兰的其他地方。该调查没有取得实质性成果，而现有记录仅表明了爱尔兰囚犯贸易的基本情况。不过，从资料上看，移民规模是相当可观的。例如，1766年9月，仅仅两天内，92名男性和17名女性重囚犯在都柏林市长大人的见证下签订了契

第十八章
"国王陛下的7年旅客"

约,而后被运送出去。(移民、自由意志者和囚犯须当着市长的面签订契约,目的是杜绝绑架和契约有误的情况发生。)而后,他们被15辆马车拉到约翰·罗杰森爵士码头,登上"希克斯号",从怀特黑文港启航,"前往国王陛下的美洲殖民地"。

爱尔兰囚犯流放途中,偶有趣事发生。以下是1767年6月9日至13日"都柏林水星号"上一名被流放的重囚犯的故事:

在囚犯中间有个倒霉的家伙,他平素擅长给人做摩登发型,只是顺手拿了主人的几样饰品,就被流放了。不过他告诉自己,不妨为美洲的女士们做发型,毕竟,和英格兰女士们相比,她们是不愿在时尚方面甘于人后的。

目前,大规模使用劳工的雇主们,不管是弗吉尼亚的大种植园主,还是第一代殖民地实业家,都把非洲视作奴隶的主要来源地。但是,他们依然没有放弃囚犯和自由意志者市场。在种族隔离的过渡期,他们对混合种族用工并没有太多顾虑。黑人奴隶也不是唯一处于社会底层的种族。很长一段时期,白人劳工和他们一起遭受着非人的待遇。而且,诸多资料表明,有时候白人的境遇比黑人更惨。英格兰驻安纳波利斯海关检察员威廉·埃蒂斯推测,非洲奴隶在殖民地的待遇应当优于欧洲人,因为他们是价值更高的终身财产,而欧洲劳工大部分都有劳役期限。他说种植园主对白人劳工报以"固化的严苛态度"。"总的来说,他们一直在痛苦地呻吟,比处于埃及奴隶制度下的奴隶更惨。"而事实上,黑人所遭受的极端酷刑,白人劳工从未经历过:白人从未被"肢解"或"阉割"。尽管如此，从死亡率上看，埃蒂斯对他们处境的判断还是基本准确的——50%的囚犯劳工在7年内死亡。[13]

被普遍认为是黑人奴隶主的泰德沃特贵族们同时也购买囚犯。18岁的小飞贼约翰·劳森就是被其中一个贵族买下的。据他所述，自己是在码头边被一个来自拉帕汉诺克的种植园主买下的，此后被奴役了14年。劳森所在的种植园共有24名劳工，包括18名非洲人和6名欧洲人。劳森说，自己的待遇和非洲人差不多。他们被铁链拴在一处，生活、休息在一处，一起干活儿，一起承受鞭打。[14]

白人奴隶制并不局限于美洲乡村地带。巴尔的摩附近的钢铁厂档案里有着数十年来不同种族的奴隶每天一起干活儿的证据。钢铁厂的所有者是里奇利家族。1750至1800年，里奇利家族购买了大约300名白人劳工，其中大部分显然是囚犯，并将他们和黑奴安排在一起劳动。R. 肯特·兰卡斯特教授通过研究档案资料，描述了当时挥汗如雨、纪律严苛的工作场景。每一天都有繁重的体力活儿——给熔炉填料、搅炼生铁、开采矿石、伐木作燃料、装运矿石，"非高峰时段"还得到农场干活儿。通过工时记录，可以看出他们的苦作永无休止。劳工们每月工作26天，唯有星期日休息，年复一年，循环往复。唯一的圣诞休假是12月28日，书记员描述为"寒诞日"。"契约劳工只有固定期限可供压榨，所以一定不能浪费在节假日上。"兰卡斯特教授分析道。[15]

里奇利家族不仅靠劳工干活儿赚钱，也从事劳工贸易。兰卡斯特教授透露了查尔斯·里奇利船长1769年的一笔小买卖。他以12英镑的单价买入11名男工，9英镑的单价买入9名女工。两个月内，他

第十八章
"国王陛下的7年旅客"

卖掉了7名女工,价格10到15英镑不等;卖掉了8到9名男工,价格在17到30英镑之间。

男女劳工们不断试图逃跑。一份1772年的档案《白人劳工概况》,内含88名男女劳工的信息,正是为预防劳工潜逃而编撰的。1775年夏,一个名叫弗朗西斯·巴雷特的男工不见了,里奇利船长便利用《白人劳工概况》中他的个人简介在《马里兰公报》上刊登启事。该启事不仅描述了巴雷特的一般特征,还标注他"脖子上戴着铁圈"。很显然,颈圈是在他上次逃跑未遂之后戴上的,一直未取下,"便于日后再次将他抓回工厂的熔炉旁"。

至于劳工有向法庭申诉的合法权利,事实证明纯属空谈。50多年来,里奇利的劳工们反复出入公堂,不断表明自己已过了契约期,却未获得自由,仅有一次法庭审判结果是没有偏袒雇主的。不仅如此,每个申诉失败的劳工都会被贴上"逃跑者"的标签,并领受惩罚——很可能是追加劳役期限。

档案中还顺带提及其他惩罚措施:束颈铁圈、企业私牢、鞭刑。还有一位英格兰医生的信件,谴责里奇利家族对待劳工过于残暴。从大卫·沃尔德斯特雷彻撰写的《逃亡美洲》(*Runaway America*)看来,"里奇利们"并不罕见:"种种证据表明,潜在利润和随之而来的风险驱使雇主们残酷、暴虐地对待劳工,尤见于加勒比地区的奴隶阶层。"[16]

早前,英格兰人把在国内被厌弃的人群运到美洲,打出了"救赎他们灵魂"的幌子。"让罪恶之人在弗吉尼亚的艰苦条件下获得救赎"的理念,曾一次次地被汉弗里·吉尔伯特、詹姆斯一世、约翰·邓恩等人提起。可是,1717年的流放法案中未有体现,囚犯们抵达美洲之后,也从未听说应该如何救赎自己。1749年,弗吉尼亚公民议会的议员们认定,即便因犯劳役期满,即便他(她)成了一个地主,也永远是二等公民。曾经的因犯不具有选举权,在这一点上,他们和儿童、奴隶的地位相当。

相反,非因犯劳工的处境似乎有所改善。他们依然被送到美洲,但是人数减少了。1753年,弗吉尼亚议会规定,未签订契约的贫困移民,劳役期最长不超过5年。该法律还试图遏制雇主遗弃患病劳工的现象,规定他们有义务照顾契约期内的患病或残疾劳工。不过,除此之外,一切照旧。契约劳工依然是主人的财产,弗吉尼亚议会也提醒他们不要忘记自己的身份。18世纪50年代,议会又对该法律做了新释义,规定劳工必须完全服从主人。劳工如违背主人"正当合法的指令,表示抗拒或对主人、女主人、监工使用暴力,每犯一次将追加1年契约期"。对逃跑劳工的惩罚又一次加重了。

至于劳工有朝一日终于获得自由后会怎样,随着殖民地的扩展,社会阶层的成熟,他们可期盼的似乎越来越少了。在《美洲早期的潦倒》(*Down and Out in Early America*)中,加里·B.纳什援引数据表明,17世纪60年代后的马里兰和18世纪40年代后的宾夕法尼亚,情况确实如此。在宾夕法尼亚获释劳工中,约四分之三的人最终靠领政府救济金生活,"只有极少部分成为产权人"[17]。

在很多人眼中,不仅因犯,所有劳工都是社会渣滓。18世纪20至30年代,在美国历史上第二所高等学府——威廉与玛丽学院里担任教授的休·琼斯教士也这么认为:

第十八章
"国王陛下的 7 年旅客"

人类中较低等的劳工阶层，或被流放弗吉尼亚，或自发前往，都曾经是、现在也是人类中最潦倒、最懒惰、最下等的族群。他们被大不列颠和爱尔兰遗弃，是遭到驱逐的群体。

琼斯教士认为，他们中间的囚犯根本没什么好抱怨的："他们被送到殖民地，以奴隶身份劳动，以示惩戒，这仅仅是一种概念。过去，他们中很少有人能活得这么好，这么轻松。"[18]

南方地区对劳工存在偏见吗？哥伦比亚大学历史学家理查德·霍夫施塔特认为答案是肯定的。他觉得，种植园既买囚犯劳工，又买非囚犯劳工，让诚实的不幸者和心狠的囚犯生活在一起，导致他们"全体变成了流氓无赖，罪有应得"[19]。

可是，从 1725 年《波士顿公报》的一篇讽刺文章看，在鲜少存在囚犯、自由意志者买卖的新英格兰，人们对劳工也普遍嫌厌。他们厌恶的主要对象是爱尔兰劳工，在移民船上，他们的数量已超过了英格兰人：

前往爱尔兰的雇主们知道，殖民地劳工需求量巨大，所以他们尽可能多地将流浪者聚集起来，装满一整船再运走。这些男男女女，没有正当工作，不过是守护神圣帕特里克座下的寄生虫，被逐出了原先的大本营……他们为我们劳动，目的只是祸害主人、女主人，教唆他们的子女。因此，我们对外国人的印象很差，尤其是来自爱尔兰的人，因为真相是他们之中品行最好的那些人都留在了家乡……一般来说，这个民族的渣滓——不管是自由人还是囚犯，才会来到种植园。

白 奴
一段被遗忘的美洲殖民史

劳工们很少有机会为自己申辩,我们对他们个体的情况知之甚少。而伊丽莎白·斯普里格斯是个例外。1756年,她往家里写了一封信,信中的无奈与绝望堪比一百多年前契约劳工理查德·弗雷索恩的家书。

敬爱的父亲:

许久未与您联络了,请原谅我冒昧地写这封信,叨扰您了。很长时间来,我一直保持沉默,纯粹因为我自知未对您尽孝以及深知我罪孽深重。于是我缄口不言,唯恐再无法得到您的关爱,或给您添任何麻烦。但我知道,只要我还保留着应对您尽的责任,您也会以仁慈与关心待我。想到这里,我又一次燃起希望之火。哦,亲爱的父亲,请相信我所说的句句属实、情真意切,我曾经的恶行早让我受足了教训。我相信,您一定会怜悯您身陷苦难的女儿。我们这些不幸的英格兰人,在这里所受的折磨,远在英格兰的您是完全想象不到的。只消一句话就够了,我不过是这群可怜人中的一个,几乎没日没夜地辛苦工作,多数时候在马厩里干活儿。等不及多抱怨两句,就会被绑起来用鞭子抽打,还不如牲畜。只有印第安玉米和盐可以吃,我们甚至羡慕很多黑人,他们的待遇还相对好些。我们几乎没有衣服可穿,更别提鞋子、袜子。唯一宽慰的,是干的活儿让主人满意之后,可以把自己裹在毯子里,就地躺下休息一会儿。这就是您可怜的贝蒂的处境。如今,我恳求您,假如您对我还有一丝同情,请捎点儿东西给我吧,最迫切需要的是衣服。假如您愿意屈尊,只要送到任何发往巴尔的摩镇的航船就可以了。

致:敬爱的父亲

您不孝、不听话的孩子
伊丽莎白·斯普里格斯[20]

第十八章
"国王陛下的7年旅客"

她的父亲没有回信，因为他从未收到过女儿的信。当时，英格兰和法国交战，一艘法国军舰俘虏了捎信给英格兰的船只。而后，皇家海军又俘获了这艘法国军舰，舰上所有文件资料都被送往海军部。伊丽莎白·斯普里格斯的这封信在海军部地下室里封存了300年，无人问津。这个年轻女子的命运，我们只能纯靠猜测。

还有一个意料之外的信息来源，为我们提供了更多有关18世纪劳工的情况，即数百份抓捕逃跑者的启事。它们被存放于殖民地的报纸杂志社，是雇主们为了搜捕潜逃劳工而发布的。19世纪，启事中的搜捕对象是逃跑的黑人奴隶；而18世纪，大多数时候逃跑者往往是白人。对该阶层劳工的描述，没有什么比雇主们张贴的搜捕启事更细致了。以下启事摘选自《马里兰公报》《弗吉尼亚公报》《宾夕法尼亚公报》，对象既有契约劳工，也有囚犯劳工。

逃跑者中，总是出现很多爱尔兰人：

20英镑悬赏启事

弗吉尼亚省费尔法克斯县亚历山德里亚丢失一名囚犯劳工。该劳工名叫约翰·墨菲，爱尔兰人，28岁左右，细木工匠，个子不高，约为5英尺4英寸。此人面色苍白，有着浓密的黑色胡须和眉毛，面容和蔼，走路一般高视阔步。此人极擅长唱歌，曾在伦敦剧院里演唱，英文发音标准，彬彬有礼……此人很有可能伪造证件，所以会使用假名，改换职业，隐瞒出生地。

注：禁止任何船主以身犯险，带他离开此地。（1760年8月）

白　奴
一段被遗忘的美洲殖民史

逃自兰开斯特县的契约签订者的住处……逃跑者是一名爱尔兰女性劳工，名叫凯蒂·诺顿，去年秋天从爱尔兰威克洛郡而来。她大约二十五六岁，肤色黝黑，黑头发，说爱尔兰方言，嗓音很尖，走路时身体晃动……这是个粗野而狡猾的女人。当然，逃亡时期一定会装成诚实体面的样子，因为她随身带了贵重的衣服，也能装作很有教养。任何人如发现这个女人，并将她带到兰开斯特县的签约人面前，将获得3英镑的赏金及其他合理费用。本人罗伯特·富尔顿，将当面支付赏金。（1763年7月）

也有很多英格兰人逃跑，其中一位很可能抓住了主人的把柄：

昨晚，一名女仆从切斯特县教养所逃跑。她的主人是现居新泽西的托马斯·布莱尔。前段时间，本报曾刊登她的信息，姓名是伊丽莎白·伯克，不过她经常换名字……18岁左右，个头不大，肤色黝黑，说话带有鼻音。她身着……蓝色外衣、亚麻条纹裙子，戴一顶黑色丝绸女帽，光着脚……赏金4英镑及其他合理费用。

注：我恳请所有人都关注这条信息，不管在哪里，都要抓住这个女人；如果她逃掉，我将蒙受巨大损失；请不要相信她说的任何话，因为她一定会编造很多谎言。（1756年7月1日）

有的逃跑者看上去像杀人犯：

本月20日，4名囚犯劳工（英格兰人）逃跑……弗朗西斯·威格诺尔……身材肥胖，约5英尺10英寸高……斯蒂芬·德沃……

第十八章
"国王陛下的7年旅客"

面相冷峻,身体壮硕,因曾患天花而有多处瘢痕……詹姆斯·特朗普……深色皮肤,头上有明显伤疤,戴一顶条纹图案的毛呢软扁帽或毡帽……约翰·赫尼斯……因一条腿比另一条短很多,走路跛足。每名劳工悬赏20先令。(1766年6月)

有的逃跑者就是杀人犯:

亚历山大·贾米森和约翰·斯克朗是我的两名劳工,在他们搭乘一艘帆船从诺福克返回时……野蛮地杀害了船长托拜厄斯·霍顿先生,尸体在温德米尔角附近的贝肖尔被发现。两人劫船逃跑……因为贾米森熟悉水路,他们很可能伪装成船员登上开赴外地的船,想办法逃跑。所以,希望所有船上的指挥官都在出航前严格筛查船员,避免此类凶犯逃脱。(1745年9月)

相当多的劳工身上都有伤痕,大部分是因为疾病,也有些来自鞭刑:

上个月,一个名叫爱德华·奥姆斯比的囚犯劳工逃跑:爱尔兰人,身材矮小,说话有些口吃……他很可能是与一名黑白混血的女工一起逃跑的。女工名叫安妮·雷利,化名"布什"。她曾在乔治王县法院受鞭刑,很可能背后还有伤痕。除法律规定外,另奖励两把手枪。(1737年4月)

詹姆斯·布兰农……爱尔兰人,大约20岁……身患黄疸,如仔细观察,可在手臂处发现多道伤痕,身上其他部位也有很多……(1753年10月)

白　奴
一段被遗忘的美洲殖民史

逃自里士满县立约人处……逃跑者是两名劳工，一男一女。男子名叫布莱恩·卡根，高瘦身材，大约50岁，黑色头发……逃跑时，穿茶色上衣，外面套一件蓝色厚大衣，蓝色长绒裤……女子名叫玛丽·拉姆夏尔，中等身材，脸上有多处伤疤，手臂也有一处。除法律规定外，另奖励5英镑。（1738年6月）

很多劳工都是群体逃离，应该很好辨认，除非他们抵达纽约或波士顿，然后在人群中隐匿不见了：

又逃跑了……星期二晚上……4名男性劳工：约翰·汤姆林斯，身材高瘦，大约26岁，脸上满是天花瘢痕……约翰·迈纳，高个子，身体壮硕，年纪相仿，身穿褐色薄外套和马裤，戴着白色假发……托马斯·李，又高又瘦，囚犯，少了一根手指……乔治·巴里，十六七岁的小伙子，囚犯。（1738年4月）

此类启事中，经常可见黑奴和白人劳工一同逃跑。和17世纪时一样，他们依然并肩作战：

本月15号，一个周六晚上，名叫约翰·哈里斯的威尔士劳工从威廉王县的汉弗里·布鲁克先生处逃跑……同时逃跑的，还有一个叫亚伯拉罕的黑人，归于乔治·布拉克斯顿上校名下。另一名黑人，名叫温莎，归于立约人名下……上述两名黑人都生于弗吉尼亚，有些小聪明。他们是沿水路逃跑的，可能会去卡罗来纳、东海岸区域或沿切萨皮克湾北上。（1738年7月）

第十八章
"国王陛下的 7 年旅客"

一个名叫坦普尔的黑人逃跑了。他 35 岁上下，身体强健，大约 5 英尺 6 英寸高，额骨很高，胡须浓密，还随身带了一支枪……同时逃跑的，还有……两名契约劳工，去年 9 月从伦敦运来：一个是 22 岁的约瑟夫·韦恩，身高 5 英尺 4 英寸，圆肩，走路明显驼背，看上去无精打采，懂得耕作技术；另一个是来自沃里克郡的威廉·坎特韦尔，19 岁，个子跟韦恩差不多高，走路也有点儿驼背。（1766 年 5 月）

有的逃跑者之间仿佛是情人关系，当然，一旦他们被主人抓回去，将面临追加一到两年契约的惩罚：

一个名叫纳撒尼尔·麦克道尔的劳工逃跑了。他大约 30 岁……黑色头发，圆脸，面容粗犷……据我们所知，他与近处一女子关系亲密。该女子是亚历山大·洛根的妻子，大约也在同一时间离开了丈夫。出发时，她还带上了自己的孩子——一个 6 岁男孩，白色头发。据估计，他们是一起逃跑的，并且很可能去了费城。悬赏 3 英镑。（1763 年 5 月）

一名叫帕特里克·弗勒德的男性劳工逃跑了。他个子很高，精力旺盛，皮肤黝黑……他骑走了一匹年幼的深棕色母马，马额头有星状标记，一只脚呈白色。他逃跑时的同伴是萨拉·卡罗，曾到过卡罗来纳，两人很可能去了那里……这名女子身材高瘦，脸有点儿歪，肤色黝黑。悬赏 4 把手枪。（1738 年 3 月）

白奴
一段被遗忘的美洲殖民史

悬赏5把手枪。一名英格兰契约女工……从费尔法克斯县的立约人处逃跑。她名叫伊丽莎白·布夏普，大约23岁，个子不高，白皮肤，黑眼睛，黑头发，胸部有伤疤，喜欢喝酒……据猜测，她是被蒂普尔船长的水手长带走的，从波托马克河带到该船所停靠的帕塔克森特河，或者他把她留在了河口地带。任何人把她带回主人处，可在法律规定之外获得5把手枪的奖赏。如能提供水手长藏匿她的证据，将再获得5把手枪。（1745年11月）

所有逃跑案件中，最离奇的当属萨拉·威尔森——女王曾经的侍女。1771年，女王的珠宝失窃，她在伦敦被捕，继而被流放到马里兰。《伦敦杂志》(*London Magazine*)报道，登陆后，她"原本要被卖掉……却逃跑了"。威尔森自称苏珊娜·卡罗琳娜·马蒂尔达公主——女王莫须有的妹妹，并且对东部沿海发起一轮闪电式访问，欺骗了整个美洲殖民社会。《伦敦杂志》记载了这个故事：

重重伪装之下，她往来于各绅士家庭，在很多地方留下令人震惊的印象。她擅自更改皇家仪制，以至于很多人都可荣幸地向她行吻手礼。她向一些人许诺了政府职位，向另一些人许诺了权位晋升，涉及财政部、陆军和皇家海军。可惜，后来一纸通告刊登，她的主人派信使前来，对这位"公主殿下"严正通缉。

游戏结束了。她在查尔斯顿被捕，这位历史上颇具传奇色彩的冒牌公主被送回买主身边，她被罚追加两年劳役期。[21]

随着越来越多囚犯被运抵美洲，犯罪率上升，人们对囚犯劳工的敌意也有所攀升。1751年，《弗吉尼亚公报》对此颇有怨言：

第十八章
"国王陛下的 7 年旅客"

当我们看到欧洲囚犯不断涌入后,报纸上充斥着有关胆大包天的抢劫、心狠手辣的谋杀和其他无数的恶行的报道,这将引发我们多少哀愁和担忧!我们的后代会怎样?这就是你们热爱的大不列颠!这就是你们的祖国母亲!可哪位善良的母亲会让窃贼和恶棍去陪伴她的孩子,让一些孩子沾染恶习,而另一些被谋杀?哪位父亲会致力于在家庭里传播一场瘟疫?……清空自己的监狱,把囚犯送到我们的领地,还有什么比这更能彰显大不列颠对于我们的轻蔑?除非他们用同样的方法清空自家的厕所,把污秽全部堆放到自己的餐桌上!

同年,弗吉尼亚总检察长因囚犯作案数量的增加而涨了薪水。他责怪英国囚犯增加了他的工作量,加薪也不无道理。

18 世纪 50 年代,美国最具天赋的平民主义者本杰明·富兰克林带头要求终止囚犯贸易。他在《宾夕法尼亚公报》上发表了一篇著名文章,提出既然要把囚犯送到美洲,作为交换,应给国会每位成员——不管是贵族还是议员,都送条响尾蛇去。

既然我们的祖国母亲将人中毒蛇送给我们,那么,响尾蛇似乎是最合适不过的回礼。可是,正如其他任何交易那样,即便如此,她也比我们更占优势。她将获得等量的好处,却无须承担等量的麻烦和危险。因为,响尾蛇在试图干坏事之前,总会发出预警,可囚犯不会。[22]

为了限制该项交易,人们做出了各种尝试。1754 年,马里兰突然对囚犯征收 20 先令每人的关税。可是,英当局对流放囚犯的生意依然兴致高昂,商人们心知肚明,即便公然违抗殖民地法律也无关紧要。

18世纪60年代,局势再次发酵,这回是出于对时疫的恐惧。黄热病、天花、伤寒和其他传染性疾病的暴发,让波士顿、巴尔的摩和东海岸其他港口对移民船的忧虑升级。18世纪40年代,费城外的渔夫岛建立了隔离站。可是,当弗吉尼亚和马里兰人主张隔离船只(包括囚犯船)时,商人们却施压王室勒令阻止。

最令人恐惧的疾病是流行于英格兰监狱的一种恶性伤寒,名为"斑疹伤寒"。弗朗西斯·培根爵士称其为"仅次于鼠疫的最致命感染"。该病的症状为突发性头痛,而后出现畏寒、胃痛,可持续3周左右,有人患病后几小时就死亡。1750年春的某天,斑疹伤寒在伦敦市中心皇家高等法院暴发,据称当天就有50余人死亡,包括伦敦市市长、4名法官、4名律师、1名治安官和4名陪审员。

随着运囚船的停靠,美洲很多地方疫情暴发或疑似暴发。1767年7月,感染达到峰值,在巴尔的摩城外某个种植园里,据称30名非洲奴隶和种植园主因伤寒而亡。一名新近抵达的囚犯被认为是病毒携带者,《马里兰公报》的一篇报道让公众愈加恐慌。该报道详细描绘了人们"对该恶性的、破坏性极强的瘟疫的愤怒",而这些"似乎是由某个时段进港的运囚船上的某个重囚犯偶然传开的"。切萨皮克被疫情暴发的传言所笼罩。正如泰德沃特的一位权贵所说:"光是对那可怕疾病的猜测,就足以让整个地区颤抖。"[23]

马里兰殖民地议会要求实行隔离管制,霍雷肖·夏普总督敦促伦敦采取相关限制措施。"很多人已因感染斑疹伤寒而死,而这病

第十八章
"国王陛下的 7 年旅客"

最初是在装满劳工的运输船上传播的,这绝对是一桩丑闻。"他写道。可伦敦当局对任何阻挠囚犯运往殖民地的理由都不感兴趣。管制提议先是被搁置,后被伦敦否决。马里兰议员们愤然反击,指责王室和贪婪的囚犯承包商,称商人们巧舌如簧,阻碍管制的施行。针对承包商的谴责指出,他们"将蝇头小利置于殖民地民众的健康之上",还大肆游说英格兰"对殖民地提案不予理睬,从中牟利甚多,不计牺牲众人生命为代价"。

这时,本杰明·富兰克林再次还击。他在《伦敦纪事报》上发表文章,将流放称为"一个人对另一个人最残忍的侮辱"。他写道:"贵政府通过流放囚犯到殖民地的方式,实现清空监狱的效果,其残忍程度出乎我们的意料。我们视之为最高程度的侮辱。"然而,上述回应未见任何成效。当时,囚犯贸易实属暴利,囚犯可以卖到很高的价格。于是,1772 年,英当局决定终止补贴政策。第二年,将近 1000 名囚犯顺利出售。终结这项贸易的是战争和独立。1775 年 4 月,美国独立战争正式打响,英当局叫停了囚犯运输。

囚犯劳工交易一直延续到最后一刻,抓捕逃跑者的行动也是如此。4 月 21 日,开战前两天,种植园主们还在《弗吉尼亚公报》上刊登悬赏抓捕 10 名逃跑者的启事。其中,两名逃跑者是黑人奴隶,其他 8 人是白人劳工。搜捕劳工的名单中,有一个是来自布里斯托尔的 20 岁细木工匠托马斯·皮尔斯,另一个年纪大些的威廉·韦布斯特是名苏格兰砖匠。在全国沉浸于战前情绪的时刻,弗吉尼亚的种植园主——军人乔治·华盛顿依然执着地追捕他们。

第十九章
告别演出

1781年，英军在约克敦投降，殖民时代结束。或许你认为，美国从此不再充当囚犯的垃圾场了。战争伊始，美国港口就将运囚船拒之门外。在这个崭新的国家，这个自豪地宣布独立的美利坚合众国，很难想象它会再允许一名囚犯闯入。

可是，1783年夏，英美两国公使在凡尔赛宫会面商定结束战争的和平条约时，伦敦却酝酿着一场非比寻常的阴谋。密谋者计划将囚犯伪装成普通移民，走私到美国。他们自欺地认为，如果美国人发现了，或许会再次双手赞成囚犯贸易。

筹划此事的并非不负责任的海盗或冲动鲁莽的青年，领导者是诺斯勋爵。政府的其他大臣都对他表示支持。当这场谋划牵涉国王乔治三世时，这位国王由衷且欢欣地表示完全赞成。

英方不得已兵行险招是担心和平协议签订后，因士兵们大规模遣散而造成犯罪率激增。他们已经意识到，现有监狱不足以应对可

第十九章
告别演出

能的局面。如前面我们看到的,每场大战结束后都赫然出现监狱危机。这些曾经的士兵——"六便士一天的英雄们",回到家乡后便在全国各地开展犯罪行动。而这次,甚至在战争陷入焦灼之时,同样的危机已然埋下了种子。双方交战的6年间,英军一贯使用的安全阀——将囚犯流放到美洲——已经被堵严实了。

而战争将近结束前,监狱少、囚犯多的矛盾就已非常尖锐了。每年,监狱需要多容纳1000名左右的犯人,而此前,他们都是可以流放出去的。各处监狱都人满为患。5年之内,纽盖特监狱的人数就翻了个倍。

监狱供不应求的尴尬局面被刑罚改革家约翰·霍华德揭露无遗。他对监狱系统的非凡研究,让英格兰为之震惊。霍华德对数百家监狱展开调查,并描绘了一幅有关疾病、腐败和酷刑如何产生于此类恶臭、狭窄建筑的全景图。有的牢房没有窗户,犯人不得不轮流到通风口吸气;有的犯人被关在古老的地牢里,食物只能经由天花板的格栅丢下去;有的犯人自始至终泡在齐膝深的水里;有的犯人背上栓了铁链,被缚在地板上动弹不得。犯人们一旦生了病,从来无人照料,直到某天死去。从霍华德的研究数据看,大量囚犯死于天花、霍乱和斑疹伤寒。他对这种伤寒尤为关注。经评估,每年死于斑疹伤寒的囚犯比死刑犯总数还多。最骇人听闻的是,此类感染只在不列颠监狱里流行,其他地方没有。为了完成调查,霍华德走访了西欧大部分监狱(仅在巴士底狱吃了闭门羹),没在其他任何一处发现斑疹伤寒。对比欧洲大陆和英格兰的监狱后,霍华德宣称,他"为自己的国家感到脸红"。[1]

面对这一全新危机，王国的解决方案是囚船。1776年通过的《囚船法案》规定，重囚犯可关押于泰晤士河上的囚船上。这完全是短期内的权宜之计：该法案仅仅实施了两年。政界人士毫不怀疑，美洲叛军很快将被镇压，那时囚犯们又可以启航了。

国内头号囚犯承包商邓肯·坎贝尔获得了首批囚船的订单。坎贝尔在牙买加广泛经营蔗糖生意，过去6年来，他一直为伦敦及其周边各郡运送囚犯。第一艘囚船是"正义女神号"，坎贝尔曾用它往美洲运送囚犯，回程时再把蔗糖运到国内。他把船驶进泰晤士河，停靠在伍利奇区的加量斯河岸并卸掉桅杆。船舶近陆地一侧的舷窗被堵死，下甲板经过改造，可囚禁130名拴上铁链的犯人。《囚船法案》规定，这些人应被罚参加"重体力劳动"，于是，坎贝尔让他的囚犯们在河床上淘砂石，并围绕日后建立伍利奇兵工厂的区域延展滩地。

战争打响之后，囚船又成为英当局用以囚禁美国战犯的解决方案。退役船舶停靠在位于纽约州沃拉博特湾的海军基地，关押了数千名美国、法国和西班牙囚犯。据称，因蓄意施虐甚至谋杀，约11500人死于基地及周围地区。如今，格林堡公园竖起的囚船烈士纪念碑就是对他们的纪念。

而在英格兰，1776年，首批来自纽盖特监狱的80名重囚犯登上了"正义女神号"。一年后，坎贝尔受命在伍利奇启动第二艘囚船，接着是第三艘"审查者号"。他还将签约运营普利茅斯和朴次茅斯的囚船，媒体将给它们贴上"坎贝尔犯罪学院"的标签。

这些漂浮的监狱既让人们着迷，又令他们惊恐。起初，"正义女神号"是个观光景点，众人簇拥到伍利奇，观看囚犯们劳动。当

第十九章

告别演出

时,对大部分监狱里的犯人的描述都是嗓音粗哑、面相骇人,而囚船上的犯人却不是。《苏格兰人杂志》曾有记述,将他们称为"悲惨的可怜人",他们已经被彻底吓坏了。"他们不仅被严禁和游客说话,相互之间也不敢说话了。"他们双腿戴着枷锁,然后绑到腰上,或拴在脖子上。他们沉默无言地从早到晚劳动。

听着《统治吧!不列颠尼亚!》成长起来的伦敦人,口里曾唱着"不列颠人永不为奴"这样宽慰人心的歌词,可现在,却眼看着英格兰人身陷囹圄,沦为奴隶。正如历史学家丹·伯恩斯所说:"英格兰人通过流放政策施予殖民地的,如今在本土也能目睹了。"[2]亲眼所见着实令人震惊。《伦敦杂志》表示,英格兰人"沦为囚船奴隶"的景象是令人耻辱的。

观光客所见证的,是过去170年来被商人卖到美洲殖民地的黑人和白人们所受苦难的缩影——直到坎贝尔砌了堵墙,阻挡了人们的视线。

坎贝尔更愿意掩盖囚船实乃死亡陷阱的真相。可首批囚犯登上"正义女神号"短短两个月后,约翰·霍华德就跑过来叫嚣了。他描绘了囚犯们衣不遮体、饥寒交迫的窘境,称此等状况令人担忧。囚犯们根本无法睡在所提供的吊床上,因为他们身上的枷锁太重了。

约翰·霍华德的调查结果促使国会展开了一场质询。结果表明,启用囚船的前18个月内,囚船上关押的共计632名囚犯中,有176人死亡,之后的死亡率甚至更高。在1778或是1779年冬,"审查者号"和"正义女神号"上的囚犯,每月殒命的超过20人。

每天,囚船上的景象和气味都提醒着人们危机的存在。"一艘

白　奴
一段被遗忘的美洲殖民史

又一艘囚船，挂着床铺、衣物、烟草和腐烂的绳索，在河里排列着，就像一个漂浮的贫民窟。"³ 虽然每艘囚船都堵住了靠岸边的舷窗，可散发的恶臭据说能传到 100 码①开外。

社会各界强烈要求政府采取措施。"我们所有的监狱都满了，"埃德蒙·伯克说，"就算把半数海军战舰都改装成'正义女神号'一样的囚船，也难以装下英格兰的所有忏悔者。"⁴

到了 1783 年 1 月，局面已经令人绝望。一封可怕的简报送到诺斯勋爵手中，伦敦监狱看守们发出警示，除非监狱过度拥挤的问题得以解决，否则，其后果"不光对于监狱里关押的囚犯，甚至对城镇里的人们都是致命的"。而后续的简报则记录着他们的上级表示认可，解决"纽盖特监狱过量囚犯"和"美洲流放问题"确实"至关重要"。⁵

几个月后，诺斯勋爵想出了这个秘密计谋，在时间上，恰逢英、美在凡尔赛进行和谈的最后阶段，这很危险。诺斯找到了一个野心勃勃的冒险者——伦敦商人乔治·摩尔。摩尔愿意承接首批近 150 名犯人，尝试将他们卖到美国，从而获得政府支付的 500 英镑。很久之后，摩尔会将服务报价提升一倍。他深信自己掌握了一笔好买卖。他的计划是将囚犯装扮成无辜移民，身份是契约劳工。

摩尔的美国联络人是一个很有影响力的巴尔的摩商人，名叫乔治·萨尔蒙，曾将爱尔兰囚犯"进口"到马里兰。萨尔蒙对前景颇为看好。他写道："我不知道还有什么可以比劳工或囚犯的买卖更赚钱，过去就是很不错的生意。"⁶

---

① 码：长度单位，1 码 ≈ 91.44 厘米。——编者注

278

第十九章
告别演出

两个商人精心策划的这场诡计，涉及行踪造假、目的地变更、路径转换和运囚船更名。除500英镑外，按劳工方式出售囚犯的利润也将悉数收入他们囊中。

他们的策略谈不上违法，因为马里兰尚未收到囚犯贸易的禁令。萨尔蒙和摩尔预测，任何禁令出台之前，他们还可以销售相当数量的囚犯。萨尔蒙颇为自信，觉得他可以笼络马里兰其他有权有势之人。他准备给议会里的朋友们派发"啤酒和奶酪"。

国王的首肯对该计划是至关重要的。相关审批纯属走了个形式。乔治三世对殖民地的人起兵造反之"叛国罪"耿耿于怀。当诺斯勋爵主动上报该计谋的各项细节时，国王几乎表现出一种正中下怀的愉悦。如此一来，便可向曾经的臣民彰显其技高一筹。乔治写信给诺斯勋爵："毫无疑问，美国人将再无法从我这里期待或获取任何支持，不过，将一些不值得久留于不列颠岛的子民赐予他们，我又何乐而不为呢。"[7]

摩尔名下的"乔治号"将承担首批运囚任务，该船后改名为"斯威夫特号"。船长托马斯·潘普接到指令，万一事情败露，就说"斯威夫特号"是将囚犯运往新斯科舍的。行动进展迅速。来自纽盖特监狱的87名男女囚犯成为首批登船者。在挑选过程中，乔治·摩尔必须确保他们是技术娴熟的手工匠人，因为此类劳工总能卖到好价钱。

他们中什么样的人都有。查尔斯·托马斯因盗窃价值1便士的木桶和价值5先令的12磅黄油而被定罪。查尔斯·基林曾是海军学校学生，因盗窃了一把剑而被捕。克里斯托弗·特拉斯蒂被控拦路抢劫，在拦截一辆马车时被当场抓获。简·沃里克肖尔是个寡妇，她的儿子盗窃了他人财物，在帮助警察找回部分物品后，法庭表示将对她宽大处理。结果，她被判流放14年。她的儿子和同伙分别被判了7年。[8]

"斯威夫特号"顺流而下，从坎贝尔的囚船"审查者号"上接走了56名囚犯。这时，情况已经开始不对劲儿。一名同情美国人的伦敦商人听到了秘密流放囚犯的风声，他向身在巴黎的美国和平使团负责人约翰·杰伊发出警告。可是，杰伊要花上好几个礼拜才能将消息传到巴尔的摩。与此同时，"斯威夫特号"可能已经抵达美国，在当局毫无察觉的情况下悄悄将囚犯卸下船。可是，这次航行也遭遇了种种意外。[9]

潘普船长犯了个错误，他让囚犯们得知，如果他们未被卖到美国，则将被卖到非洲。听闻消息的第二天，囚犯们发起了暴动，6名囚犯竟然挣脱了枷锁。在抢劫犯克里斯托弗·特拉斯蒂和海军学校前学生查尔斯·基林的领导下，他们突袭了船长的舱室，而此处存放着武器。特拉斯蒂拿起一把剑，指向潘普船长的脑袋。随后，囚犯们夺取了船舶控制权，并释放了其他所有囚犯。这是一次可怕的经历，不仅船员们担惊受怕，其他人也同样。几名囚犯向简·沃里克肖尔搭讪，看起来是多亏了查尔斯·基林出手制止，才使她免于被强奸。而后，船长也遭到了抢劫。基林拿起一把大口径短枪威胁众人称，再惹事的话，也会对他们动手。[10]

此时，"斯威夫特号"正位于拉伊和邓杰内斯角之间。船上附载两艘大划艇，囚犯们为争得划艇上的位置而相互厮杀，有些人葬身大海。最后，48人成功登上划艇，剩余100人左右依然留在"斯威夫特号"上。离开的人中间包括特拉斯蒂，他击倒了两三个人才

第十九章
告别演出

成功上船，查尔斯·基林也成功离开。留守的囚犯们发现船上有朗姆酒，很快喝得酩酊大醉。同时，他们还等待着划艇返回接他们离开。这时，天气也加入了剧情，狂风大作。囚犯们被说服了，他们相信，只有让关在甲板下的船员们各归各位，才有可能保住这条船。囚犯们取得一致意见后，部分船员被释放。船员们瞅准时机，扭转局面，重新从醉汉俘虏们手中夺回了"斯威夫特号"的控制权。第二天，潘普又一次把囚犯们牢牢锁在甲板下。然后，他呼叫了一艘护卫舰，全程护送他们前往朴次茅斯。

抓捕48名逃犯的行动迅速展开，从南部沿海一直到伦敦。肯特、苏塞克斯和首府的所有警官和治安推事都接到了警报。从报告中看，肯特大部分地区都因逃犯而感到恐惧。其实，半数逃犯很快重新被抓，有些人还曾顽强抵抗，剩余的则就此消失了。

暴动发生两周之后，24名重新被捕人员用铁链拴着，在老贝利刑事法院受审，罪名是"抗拒流放"。潘普船长让他的大副托马斯·布拉德伯里出庭做证，而他自己则要重新置备"斯威夫特号"，带着船上剩余的囚犯继续完成使命。

法庭审讯几乎让这场阴谋浮出水面。查尔斯·基林宣称，"斯威夫特号"的真实目的地是美国。他说，之所以爆发叛乱，是因为他们受到威胁，如果美国计划失败，他们将被弃于非洲。布拉德伯里大副否认了有关驶往美国领土的计划。他按照幕后主谋设计的剧本，坚称加拿大新斯科舍才是此行目的地。自然，与囚犯的证词相比，法庭采信了大副的回答，庭审继续进行，危险时刻终于渡过。

24名逃犯均被判有罪，但仅6人在泰伯恩刑场受绞刑。至于剩下的，17人的死刑减为终身流放，1人被判流放14年。查尔斯·基林也在逃脱死刑的名单之中。他能保住性命，是因为有人证实他阻止了一起强奸案的发生。而克里斯托弗·特拉斯蒂则没那么幸运了，他最终被处以绞刑。[11]

接下来 1 个月，"斯威夫特号"再次启航，船上载有大约 100 名囚犯。有关它出航的消息刊登于《马里兰公报》上，目的地显示为新斯科舍。显然，这起阴谋尚无人察觉。圣诞前夕，"斯威夫特号"及其囚犯乘客们毫无妨碍地驶入巴尔的摩。简言之，一切按计划进行。潜在购买者们上船检查货物，并相信——或选择相信——这些囚犯是自由意志者。囚犯们似乎被卖出了天价，报告 A 显示每人卖了 35 英镑，报告 B 则称真实价格更高。[12] 想必有些买家是知道内幕的，不过，他们乐得睁一只眼闭一只眼。白奴交易似乎卷土重来，仿佛战争从未发生过一样。

大多数马里兰人还一无所知，无忧无虑，不晓得囚犯们已经再次向他们涌来。关于这点，我们可以从 1784 年 1 月《马里兰公报》的一篇沾沾自喜的报道中探知。该报道基于之前的一份报告，认为"斯威夫特号"正将囚犯们运往新斯科舍。这个加拿大省份为效忠乔治国王的美国人提供庇护，而《马里兰公报》则对于他们将与囚犯共创未来表示幸灾乐祸。文章写道："令人敬仰的忠诚支持者们……将被迫与纽盖特监狱的囚犯们欢聚一堂。"

成功卖掉第一批囚犯之后，受到鼓舞的乔治·萨尔蒙写信给英格兰合伙人乔治·摩尔，让他再送些囚犯过来。然而，巴尔的摩的冬天突然来临，一切都搁置下来。极寒之下，"斯威夫特号"被冻结了去路。而后，消息泄露出来，称"斯威夫特号"上所谓的劳工实则囚犯。一时间，群情激愤。暴怒的买家和愤愤不平的爱国志

第十九章
告别演出

士们将"斯威夫特号"封锁起来,不准任何人上下。据其中一名囚犯——一个叫乔治·汤森的马贼所说,有些买家将刚买来的囚犯丢在树林里,估计是任由他们被冻死。60名囚犯被困在冰封的船上,越来越多人发烧,其他人则叫嚣着要逃跑。[13]这时,萨尔蒙面临着一场亏本生意,于是他认真考虑要不要将囚犯扔进树林里。2月份,他给摩尔写信:

> 我考虑多次,还是让这些恶棍上岸,就此摆脱他们的好……如果不管价格高低,我都卖不掉他们,那还不如叫他们自生自灭吧。

五个星期的严寒过后,一个精明的本地代理成功将乔治·汤森从"斯威夫特号"上偷运下来,并找到一个容易受骗的贵格会买主。这名代理大概只花了不到20英镑购得汤森,而转卖时则要价90基尼①,最终他们以60基尼成交。当该贵格会教徒发觉汤森是一名囚犯时,便将他送上了一艘驶往伦敦的航船,尽管被流放者回到国内只有被绞杀的下场。

英当局运送囚犯的"动作"激起众怒,闹得沸沸扬扬。3月,萨尔蒙告知摩尔,不要再派第二艘船过来了。[14]然而,他的信件发出太晚。1784年3月,摩尔已经派遣了另外一艘运囚船"水星号",船上共载有179人。这次,他精心布局,防止船上再生事端。甲板上建起特殊的屏障,阻止意图叛乱者的行动——可预防措施做得还不够。"水星号"刚过英吉利海峡,就被囚犯们夺了控制权。这艘船被囚犯们掌控了6天才重新回到船长手上。可是,由此造成的航

---

① 基尼:英国旧货币名。

白　奴
一段被遗忘的美洲殖民史

程延误是致命的。待它驶抵美洲海岸，美国所有港口似乎都严阵以待。"水星号"最终将几名病情危急的囚犯留在了伯利兹。

美国立法禁止囚犯"进口"，共花了5年时间。在此期间，7艘运囚船秘密将货物运到美洲，且至少2艘成功卸货。然而，"水星号"的溃败为囚犯贸易敲响了丧钟。它迫使英当局接受了美洲再无可能成为不列颠囚犯流放所的事实。1785年，国会的一个委员"很遗憾地"得出结论："美国各大港口均已禁止囚犯进口。"于是，澳大利亚被选为替代流放国。两年后，一支船队载着750名囚犯前往新南威尔士的植物学湾。而其中一些人，正是英当局曾经不顾一切地想趁着美洲白奴交易的最后机会送到美国的。

尽管囚犯贸易告一段落了，可白奴制度却没有。和囚犯一样，自由意志者输送也在战争期间被取缔了。和平时代随之降临。然而，和平条约墨迹未干，纽约和波士顿就再次出现运囚船，船上载着待出售的男男女女。囚犯贸易卷土重来，让一些美国人震惊万分。1784年1月，正当潘普和萨尔蒙先生在巴尔的摩努力将"斯威夫特号"上的囚犯们伪装成自由意志者时，另一群人正忙于从一艘刚停靠纽约的船上解放一批真正的自由意志者。据《独立公报》报道，这些纽约人认为契约制度"与这个国家欣然秉持的自由理念背道而驰"，并且，在解放劳工们之后，他们又公开筹款，为他们清偿路费。然而，全民自由的愿望终将错付。主要蓄奴群体——弗吉尼亚的精英种植园主阶层，是赢得这场战争的利益联合体的核心，也正是他们，即将塑造新的美利坚合众国。他们中间最富有的种植园主——蓄奴者、劳工所有者，即将成为美国首任总统，他就是乔治·华盛顿。

第十九章
告别演出

战争伊始，华盛顿的立场就受到挑战。时任弗吉尼亚总督的邓莫尔勋爵向劳工和奴隶们承诺，只要加入他的阵营，拥护乔治国王，便还给他们自由。而担忧丧失其主要资产的种植园主们怒不可遏，乔治·华盛顿尤是，他将邓莫尔勋爵描述成"背离人权的头号叛徒"。[15]

契约劳工贸易彻底消失，还要花费30年的光景。它将慢慢消亡，而不引起任何震动。它的终结没有依靠任何剑拔弩张的军事行动，黑奴制也同样如此。经济因素扼杀了白奴贸易，让其完全丧失利润。船舶设计业的发展让整个航程变得更快，更廉价。因此，很多穷人也能够承担路费了。与此同时，各种自助团体也开始涌现，向家乡的潜在移民们提供贷款。由此产生的结果是，越来越少的人需要抵押他们最好的年华，才能到一个新的世界开启新的生活。到1820年，这些贸易就彻底消失了，而那些曾经纵容它们的人——有些是英美历史上显赫的人物——则在其他方面为人们所铭记。

那么，它们的受害者们最终留下了什么呢？囚犯、自由意志者和其他在契约劳工制度下卑躬屈膝生活着的人们，在这个经由他们的力量而建立的社会中，留下了属于他们的印记了吗？答案自然是肯定的。美国从他们的经历中所汲取的，与从其他广为流传的故事中汲取的，是等量的养分。依照如今的美国精神，当他们如此自豪地坚守职业道德时，回望一下早期移民所面临的恶劣处境、农场和工厂里极度繁重的工作，是不是太不切实际了？在他们严苛的刑法典中，众多州还有死刑，回顾一下当初严厉的刑罚措施，是否是多此一举呢？或许未必。

285

白 奴
一段被遗忘的美洲殖民史

美国是在一连串社会震荡的基础上建立起来的,而这些变革往往需要那些伐木耕田者的牺牲。美国梦有着双重属性:个体自由的权利和获取成功的机会。而这些人在其缔造过程中发挥了独特的作用。成千上万被奴役的劳工放弃了或被人剥夺了自由,好让他人营利致富,同时也美好地幻想着或许哪天会轮到他们自己。

注 释

前 言

1. John Van der Zee, *Bound Over: Indentured Servitude and American Conscience* (1985).
2. A. Roger Ekirch, *Bound for America: The Transportation of British Convicts to the Colonies, 1718-1775* (1987).
3. Walter Hart Blumenthal, *Bridesfrom Bridewell: Female Felons Sent to Colonial America* (1962).
4. Peter Wilson Coldham, *Emigrants in Chains: A Social History of Forced Emigration to the Americas, 1607-1776* (1992).
5. Lerone Bennett Jr., *Before the Mayflower: A History of the Negro in America, 1619-1964* (1964).
6. Gary B. Nash, 'Poverty and Politics in Early American History' in Smith, Billy G. (ed.), *Down and Out in Early America* (2004).
7. Thomas Jefferson, *Notes on the State of Virginia* (1785).
8. Sydney George Fisher, *Men, Women and Manners in Colonial Times* (1898).

第一章

1. Raphael Holinshed, *The Chronicles of England, Scotland, and Ireland* (1802).
2. E.E. Rich, 'The Population of Elizabethan England' in *The Economic History Review*, New Series, Vol. 2, No. 3 (1950).
3. L.W. Cowie, 'Bridewell', *History Today*, 23 (1973).
4. Nassau W. Senior, and Edwin Chadwick, et al., *The Poor Law Commissioners Report of 1834: Copy of the Report Made in 1834 by the Commissioners for Inquiring into the Administration and Practical Operation of the Poor Laws* (1885).
5. John Ranelagh, *Ireland: An Illustrated History* (1981).
6. Humphrey Gilbert, *A Discourse for the Discovery of a New Passage to Cathaia* (1972).
7. *Canadian Dictionary of National Biography Online*.
8. Gilbert, *Discourse*.
9. C.W. Eliot, *Voyages and Travels Ancient and Modern* (2006).
10. W.G. Gosling, *The Life of Sir Humphrey Gilbert: England's First Empire Builder* (1911).
11. Kevin Major, *As Near to Heaven by Sea: A History of Newfoundland and Labrador* (2001).
12. Gosling, *Life of Sir Humphrey Gilbert*.
13. David Beers Quinn, *Set Fair for Roanoke: Voyages and Colonies, 1584-1606* (1985).
14. Annette Kolodny, *The Lay of the Land: Metaphor as Experience and History in American Life and Letters* (2002).

注 释

第二章

1. Alexander Brown, *Genesis of the United States: A Narrative of the Movement in England, 1605-1616, Which Resulted in the Plantation of North America by Englishmen...* (1964).
2. John Brereton, *A Brief and True Relation of the Discovery of the North Part of Virginia... 1602* (1973).
3. Martin Pring, 'A Voyage Set Out from the City of Bristol', in Burrage, Henry S. (ed.), *Haklyut 1534-1608* (1906).
4. Lord John Campbell, *The Lives of the Chief Justices of England* (1876).
5. Ibid.
6. T.B. Macaulay, *The History of England*, Vol. 2 (1863).
7. Campbell, *Lives of the Chief Justices*.
8. Thomas Fuller, *Worthies of England* (1840).
9. James Sullivan, *History of the District of Maine* (1795).
10. 西班牙使节唐·佩德罗·德·朱尼加（Don Pedro de Zuniga）于1607年写给费利佩国王的信，摘自 Brown, *Genesis of the United States*。
11. Peter Wilson Coldham, *Child Apprentices in America from Christ's Hospital, London, 1617-1788* (1990).
12. John A. Poor, *The First Colonization of New England* (1863).
13. W.F. Poole, *The Popham Colony: A Discussion of its Historical Claims* (1866).
14. John Aubrey, *Brief Lives Chiefly of Contemporaries* (1931).
15. William Stirling, *An Encouragement to Colonies* (1624).
16. Douglas Walthew Rice, *The Life and Achievements of Sir John Popham, 1531-1607: Leading to the Establishment of the First English Colony in New England* (2005).
17. Sullivan, *History of the District of Maine*.

18. William Strachey, *History of Travel into Virginia Britannia* (1953).
19. George Chalmers, *Parliamentary Portraits; or, Characters of the British Senate* (1795).
20. B.F. de Costa, *Relation of a Voyage to Sagadahoc* (1880).
21. Ferdinando Gorges, *A Brief Narration of the Original Undertakings of the Advancement of Plantations into the Parts of America* (1658).
22. John Wingate Thorton, *Colonial Schemes of Popham and Gorges* (1863).

第三章

1. John Smith, *The True Travels, Adventures and Observations of Capt John Smith* (1630).
2. Hugh Brogan, *Penguin History of the United States of America* (1985).
3. Richard Hakluyt, *Richard Hakluyt's Voyages in Search of the North West Passage* (1973).
4. Smith, *True Travels*.
5. George Percy, *A Discourse of the Plantation of the Southern Colony in Virginia by the English, 1606* (1625).
6. Smith, *True Travels*.
7. David Beers Quinn, 'Theory and Practice: Roanoke and Jamestown', the Brewster Lecture in History 1985, Sydney Jones Library, University of Liverpool.
8. Cited in Alexander Brown, *Genesis of the United States: A Narrative of the Movement in England, 1605-1616, Which Resulted in the Plantation of North America by Englishmen...*(1964).
9. Ibid.
10. Giles Milton, *Nathaniel's Nutmeg: How One Man's Courage Changed the Course of History* (2000).

11. Peter Force, *Tracts Relating to the Origin, Settlement, and Progress of the Colonies in North America*, Vol. 3 (1836), see Library of Congress.
12. Robert Johnson, *The New Life of Virginia* (1612).
13. Ibid.
14. Terence O'Brien, 'The London Livery Companies and the Virginia Company', *Virginia Magazine*, April 1960.
15. William Strachey, *A True Reportory of the Wreck and Redemption of Sir Thomas Gates, Knight, upon and from the Islands of the Bermudas* (1965).
16. George Percy, A *Discourse of the Plantation of the Southern Colony in Virginia by the English* (1606).
17. Smith, *True Travels*.
18. Alice Morse Earle, *Curious Punishments of Bygone Days* (1896).
19. Cited in Elmer I. Miller, *The Legislature of the Province of Virginia: Its Internal Development* (1907).
20. 托马斯·戴尔爵士1611年8月27日写给詹姆斯一世国王国务大臣索尔兹伯里勋爵的信件，摘自Brown, *Genesis of the United States*。
21. 皇家弗吉尼亚委员会1609年的一篇抨击文章，摘自Brown, *Genesis of the United States*。
22. Richard Hall, *Empires of the Monsoon: A History of the Indian Ocean and Its Invaders* (1996).
23. Frank Welsh, *A History South of Africa* (1998).
24. Mary Johnston, *Pioneers of the Old South: A Chronicle of English Colonial Beginnings* (1918).
25. Beamish Murdoch, *A History of Nova Scotia or Arcadie* (1867).
26. Don Diego de Molina, letter of 1613, in Tyler, Lyon Gardiner, *Narratives of Early Virginia, 1606-1625* (1907).
27. Count de Gondomar, communication to King Philip, in Brown, *Genesis of the United States*.
28. Susan Kingsbury, *An Introduction to the Records of the Virginia*

Company of London* (1905).

29. Ralph Hamor, *Discourse of the Present State of Virginia and the Success of the Affairs There till 18 June 1614* (1957).

30. Peter Wilson Coldham, *Emigrants in Chains: A Social History of Forced Emigration to the Americas, 1607-1776* (1992).

第四章

1. John Stow, *A Survey of the Cities of London and Westminster* (1720).
2. *Court Records of Bridewell Royal Hospital 1618-1638*, Bridewell Archives, Kent.
3. Hugh Lee to Wilson/Cecil, 26 March 1609, *Calendar of State Papers*, Public Records Office, SP/89/3.
4. Hugh Cunningham, *Children and Childhood in Western Society Since 1500* (1995).
5. Alexander Brown, *Genesis of the United States: A Narrative of the Movement in England, 1605-1616, Which Resulted in the Plantation of North America by Englishmen...* (1964).
6. Susan Kingsbury, *An Introduction to the Records of the Virginia Company of London* (1905).
7. Elizabeth McLure Thomson, *The Chamberlain Letters* (1966).
8. R.C. Johnson, 'Transportation of Children from London to Virginia 1618-22', in Reinmuth, Howard F., *Early Stuart Studies* (1970).
9. T.B. Macaulay, *History of England* (1863).
10. Theodore Rabb, *Jacobean Gentleman: Sir Edwin Sandys 1561-1629* (1998).
11. Hubert Hall, *History of the Customs Revenue in England* (1885).

12. John Smith, *The Complete Works of Captain John Smith* (1986).
13. H.E. Marshall, *This Country of Ours: The Story of the United States* (1917).
14. Kingsbury, *Records of the Virginia Company*.
15. Ted Nace, *Gangs of America: The Rise of Corporate Power and the Disabling of Democracy* (2003).
16. Kingsbury, *Records of the Virginia Company*.
17. L.W. Grant and James Munro (eds), *Acts of the Privy Council of England*, Vol. 1 1613-1680 (1908).
18. Kingsbury, *Records of the Virginia Company*.
19. John Donne, *The Sermons of John Donne* (1984).
20. John Rolfe, letter to Sir Edwin Sandys, 1619, in Kingsbury, *Records of the Virginia Company*.
21. Engel Sluiter, 'New Light on the 20 and Odd Negroes', *William and Mary Quarterly*, April 1997.
22. Hugh Fred Jope, *The Flying Dutchman* (1993). Private publication cited in Hashaw, Tim, 'Malunga: The African Origins of the American Melungians', *Electra Magazine*, July/August 2001.

第五章

1. Theodore Allen, *The Invention of the White Race* (1994).
2. 'Indenture Between Four Adventurers of Berkeley Hundred and Robert Coopy of Nibley', *Thomas Jefferson Papers*, Series 8.
3. Smith of Nibley correspondence, *Thomas Jefferson Papers*, ibid.
4. Ibid.
5. Charles E. Hatch Jr., *America's Oldest Legislative Assembly and its Jamestown Statehouses* (1956).

6. James Curtis Ballagh, *White Servitude in the Colony of Virginia: A Study of the System of Indentured Labor in the American Colonies* (2004).
7. Philip Alexander Bruce, *Economic History of Virginia in the Seventeenth Century: An Inquiry into the Material Condition of the People, Based upon Original and Contemporaneous Records* (1896).
8. William W. Hening, *The Statutes at Large: Being a Collection of All the Laws of Virginia from the First Session of the Legislature* (1823).
9. Bruce, *Economic History of Virginia*.
10. Susan Kingsbury, *An Introduction to the Records of the Virginia Company of London* (1905).
11. Ibid.
12. Theodore K. Rabb, *Jacobean Gentleman: Sir Edwin Sandys 1561-1629* (1998).
13. Wesley Frank Craven, *Dissolution of the Virginia Company: The Failure of a Colonial Experiment* (1932).
14. Kingsbury, *Records of the Virginia Company*.
15. Ibid.
16. Edmund S. Morgan, *American Slavery, American Freedom: The Ordeal of Colonial Virginia* (1975).
17. Ted Nace, *Gangs of America: The Rise of Corporate Power and the Disabling of Democracy* (2003).
18. John Smith, *The True Travels, Adventures and Observations of Captain John Smith* (1630).

第六章

1. 理查德·弗莱索恩 1623 年 3 月写给身在英国金斯伯里地区的父母的家书，摘自 Susan, *An Introduction to the Records of the Virginia Company*

注 释

of London (1905)。

2. Edmund S. Morgan, *American Slavery, American Freedom: The Ordeal of Colonial Virginia* (1975).
3. Wesley Frank Craven, *Dissolution of the Virginia Company: The Failure of a Colonial Experiment* (1932).
4. Jacqueline Jones, *American Work: Four Centuries of Black and White Labor* (1998).
5. Thomas Jefferson, *Notes on The State of Virginia* (1801).
6. Theodore W. Allen, *The Invention of the White Race* (1994).
7. Morgan, *American Slavery, American Freedom*.
8. Craven, *Dissolution of the Virginia Company*.
9. Abbot Emerson Smith, *Colonists in Bondage: White Servitude and Convict Labor in America, 1607-1776* (1947).
10. Morgan, *American Slavery, American Freedom*.
11. John Hammond, *Leah and Rachel or the Two Fruitful Sisters Virginia and Maryland* (1656).
12. James Morton Smith (ed.), *Seventeenth Century America: Essays in Colonial History* (1959).
13. Anon., *The Life of Thomas Hellier* (1678).
14. Ibid.
15. Edmund S. Morgan, 'The First American Boom 1618-1630', *William and Mary Quarterly*, April 1971.
16. Charles McKew Parr, 'The Voyages of David de Vries', *William and Mary Quarterly*, July 1970.
17. Mary Johnston, *The Old Dominion: An Account of Certain Prisoners of Hope* (1899).
18. Thomas J. Wertenbaker, *The Planters of Colonial Virginia* (1922).
19. Bernard Bailyn, *The Peopling of British North America: An Introduction*

(1988) and *Voyagers to the West: A Passage in the Peopling of America on the Eve of the Revolution* (1988).

20. Wesley Frank Craven, *The Virginia Company of London: 1606-1624* (1997).

第七章

1. John Winthrop sermon, 'A Model of Christian Charity' 1630, in Rosenbaum, Stuart (ed.), *Pragmatism and Religion: Classical Sources and Original Essays* (2003).
2. Thomas Morton, *New English Canaan* (1637). See also Connors, Donald F., *Thomas Morton* (1969) and Dunn, Richard S., *Puritans and Yankees: The Winthrop Dynasty of New England, 1630-1717* (1962).
3. Morton, *New English Canaan*.
4. Ibid.
5. William Bradford, *History of the Plymouth Plantation* (1901).
6. Thomas Dudley, letter to Bridget Countess of Lincoln, 1631, in Young, Alexander, *Chronicles of the First Planters of the Colony of Massachusetts Bay, from 1623-1636* (1846).
7. Ibid.
8. Timothy Paul Grady, *On the Path to Slavery: Indentured Servitude in Barbados and Virginia During the Seventeenth Century* (2000).
9. Lawrence William Towner, *A Good Master Well Served: Masters and Servants in Colonial Massachusetts 1620-1750* (1998).
10. Grady, *On the Path to Slavery*.
11. John West, letter to Commissioners for Plantations, *Calendar of State*

Papers, Colonial, Vol. IX, No. 7, National Archive.

12. Philip Alexander Bruce, *Economic History of Virginia in the Seventeenth Century: An Inquiry into the Material Condition of the People, Based upon Original and Contemporaneous Records* (1896).
13. William Tucker, will dated London, 12 Oct 1642.
14. Grady, *On the Path to Slavery*.
15. Archives of Maryland, Vol. 10, 1649-50.
16. John Van der Zee, *Bound Over: Indentured Servitude and American Conscience* (1985).
17. Maryland Calendar of Wills, Vol. 1.
18. Ibid.
19. Abbot Emerson Smith, *Colonists in Bondage: White Servitude and Convict Labour in America, 1607-1776* (1947).

第八章

1. W. Bullock, *Virginia Impartially Examined* (1649).
2. Ibid.
3. Morgan Godwin, *The Negro's and Indian's Advocate: Suing for Their Admission into the Church* (1680).
4. Abbot Emerson Smith, *Colonists in Bondage: White Servitude and Convict Labor in America, 1607-1776* (1947).
5. Walter Hart Blumenthal, *Brides from Bridewell: Female Felons Sent to Colonial America* (1962).
6. Peter Wilson Coldham, 'The Spiriting of London Children to Virginia, 1648-1685', *The Virginia Magazine of History and Biography*, Vol. 83, No. 3, July 1975.

7. Ned Ward, *The London Spy* (1699).
8. Ibid.
9. Legal affidavits quoted by D. George, *London Life in the 18th Century* (1930).
10. Miscellaneous sheets 74/515 L2 British Library.
11. Tudor and Stuart proclamations, 2613a, Bodleian Library.
12. Peter Coldham, *Emigrants in Chains: A Social History of Forced Emigration to the Americas, 1607-1776* (1992).
13. Smith, *Colonists in Bondage*.

第九章

1. Fernand Braudel, *Civilization and Capitalism 15th-18th Century* (1984).
2. Theodore W. Allen, *The Invention of the White Race* (1994).
3. T. W. Moody, *The Londonderry Plantation: 1609-1641* (1939).
4. High Court of Admiralty Miscellany, Bundle 30/636, Public Records Office.
5. The Papal Nuncio in Ireland, Giovanni Battista Rinuccini, writing in 1654; quoted in MacInerny, *Irish Slaves in the West Indies* (1909).
6. T. B. Macaulay, *History of England* (1863).
7. John Prendergast, *The Cromwellian Settlement of Ireland* (1865).
8. Charles George Walpole, *A Short History of the Kingdom of Ireland* (Kegan Paul, 1882).
9. "tory"（托利）一词出自爱尔兰语 tóraí，意为 outlaw（不法之徒）。很多托利党人都曾是士兵或非正规军军人，站在爱尔兰同盟者阵营，对抗克伦威尔的护国军，其中一些人后来成了囚犯。此外，描述乡村土匪、强盗的一个术语叫"rapparee",源自爱尔兰语 rápaire。他们之中,有些人是拥护詹姆斯二世的游击队成员,对抗国王威廉三世的军队。战争结束后,他们有的也成了罪徒。

10. MacInerny, *Irish Slaves in the West Indies*.
11. Walpole, *Short History of the Kingdom of Ireland*.
12. Cotton Mather, *Memorable Providences, Relating to Witchcraft and Possession* (1689).

第十章

1. George Pratt Insh, *Scottish Colonial Schemes 1620-1686* (1922).
2. H.C.B. Rogers, *Battles and Generals of the Civil Wars 1642-1651* (1968).
3. Quoted in Abbot Emerson Smith, *Colonists in Bondage: White Servitude and Convict Labour in America, 1607-1776* (1947).
4. Robert Wodrow, *The History of the Sufferings of the Church of Scotland from the Restoration to the Revolution* (1836-1838).
5. John H. Thomson (ed.), *A Cloud of Witnesses for the Royal Prerogatives of Jesus Christ; or, The Last Speeches and Testimonies of Those Who Have Suffered for the Truth in Scotland, Since the Year 1680* (1871).
6. J. Calderwood, 'Collection of Dying Testimonies', 1806, in Thomson, ibid.
7. Ibid.
8. *Register of the Privy Council of Scotland*, Third Series, Vol. VII.
9. Ibid.

第十一章

1. Edmund S. Morgan, *American Slavery, American Freedom: The Ordeal of*

Colonial Virginia (1975).
2. Lerone Bennett Jr., *The Shaping of Black America* (1975).
3. Audrey Smedley, *Race in North America: Origin and Evolution of a Worldview* (1993).
4. Morgan, *American Slavery, American Freedom*.
5. Massachusetts Body of Liberties 1641, in *The Colonial Laws of Massachusetts* (1889).
6. Act of 1670, in William W. Hening, *The Statutes at Large: Being a Collection of All the Laws of Virginia from the First Session of the Legislature* (1823).
7. Henry Read McIlwaine (ed.), *Minutes of the Council and General Court of Colonial Virginia, 1622-1632* (1924).
8. Frank W. Sweet, 'The Invention of the Colour Line'.
9. Act of 1662, in Hening, *Statutes at Large*.

第十二章

1. Maurice Bloomfield (trans.), 'Hymns of the Atharva Veda', in *Sacred Books of the East*, Vol. 42 (1897).
2. Robert H. Schomburgk, *The History of Barbados* (1971).
3. Hilary Beckles, *White Servitude and Black Slavery in Barbados, 1627-1715* (1989).
4. Ibid.
5. Richard Ligon, *A True and Exact History of the Island of Barbados* (1657).
6. Ibid.
7. 文中所列薪资水平是根据下述文献数据推测而来，data published by the International Institute of Social History, including Global Price and

Income Group, *English Prices and Wages, 1209-1914*, and van Zanden, Jan Luiten, *Wages and the Cost of Living in Southern England, 1450-1700*。

8. Eric Williams, *Capitalism and Slavery* (1944).
9. For an informative and enlightening discussion of this point, see Beckles, *White Servitude and Black Slavery*.
10. Governor Atkins, *Colonial Office Papers*, 1/37, No. 51, Public Records Office.
11. Ligon, *A True and Exact History*.
12. Thomas Burton, *Parliamentary Diary, Member in the Parliaments of Thomas & Richard Cromwell, 1656-59*, (1828).
13. Ibid.
14. Cited in P. E. Moran, *Historical Sketch of the Persecutions Suffered by the Catholics of Ireland* (1862).

第十三章

1. Theodore W. Allen, *The Invention of the White Race* (1994).
2. Edmund S. Morgan, *American Slavery, American Freedom: The Ordeal of Colonial Virginia* (1975).
3. 这是伯克利总督1671年巧妙回应海外殖民地委员会提出的观点。除此之外,他还声称,新移民的死亡率降低了,"而此前,能熬过第一年的人数不足五分之一"。Personal narratives from the Virtual Jamestown Project.
4. Allen, *Invention of the White Race*.
5. Edmund Jennings Lee, *Lee of Virginia 1642-1892: Biographical and Genealogical Sketches of the Descendants of Colonel Richard Lee* (1895).

6. Moncure Daniel Conway, *Barons of the Potomack and the Rappahannock* (1892).
7. 市民议会通过了一条法令，明确要求"种植园主为劳工提供合理的饮食、衣着和住宿。当劳工犯错时，惩罚措施应当适可而止。并且，劳工有权提出申诉并获得赔偿"。摘自 Act of 1662, in Hening, William W., *Statutes at Large*。
8. Archives of Maryland 1661.
9. Act of 1661, in Hening, *Statutes at Large*.
10. Jill Nock Jeffery, 'More a Monster than a Man', *Shore Historian*, Fall 2001.

第十四章

1. 'A True Narrative of the Rise, Progress and Cessation of the Late Rebellion in Virginia by His Majesty's Royal Commissioners 1671', Collected Papers, XLI, 79, Public Records Office.
2. Peter Wilson Coldham, *Emigrants in Chains: A Social History of Forced Emigration to the Americas, 1607-1776* (1992).
3. Robert Beverley, *The History and Present State of Virginia* (1947).
4. James Davie Butler, 'British Convicts Shipped to American Colonies', *American Historical Review*, Vol. 2, No. 1, October 1896.
5. 1672年发布的一则关于逮捕和镇压逃犯、黑人和奴隶的法令，摘自 Hening, William, W., *Statutes at Large*。
6. William L. Shea, *The Virginia Militia in the Seventeenth Century* (1983).
7. H. E. Marshall, *This Country of Ours* (1917).
8. Wilcomb E. Washburn, *The Governor and the Rebel: A History of Bacon's Rebellion in Virginia* (1957).

9. Warren M. Billings (ed.), *The Old Dominion in the Seventeenth Century: A Documentary History of Virginia, 1606-1689* (1975).
10. Peter Thompson, 'The Thief, the Householder, and the Commons: Languages of Class in Seventeenth-Century Virginia', *William and Mary Quarterly*, April 2006.
11. Sir William Berkeley, *A Discourse and View of Virginia* (1662).
12. Edmund S. Morgan, *American Slavery, American Freedom: The Ordeal of Colonial Virginia* (1975).
13. John Goode, *Virginia Cousins: A Study of the Ancestry and Posterity of John Goode of Whitby* (1887).
14. 'T. M.', 'The Beginning, Progress, and Conclusion of Bacon's Rebellion in Virginia, in the Years 1675 and 1676', in Force, Peter, *Tracts Relating to the Origin, Settlement, and Progress of the Colonies in North America*, Vol. 1 (1836).
15. Thomas Grantham, *An Historical Account of Some Memorable Actions Particularly in Virginia as Performed by Sir T. G.* (1716).
16. Marshall, *This Country of Ours*.
17. Charles A. Goodrich, *A History of the United States of America* (1825).
18. Howard Zinn, *A People's History of the United States* (1980).
19. Theodore W. Allen, *The Invention of the White Race* (1994).
20. Frank W. Sweet, *Legal History of the Color Line* (2005).

第十五章

1. Quoted in Philip Otterness, *Becoming German: The 1709 Palatine Migration to New York* (2004). 该书对本章开头所述事件进行了详细深入的描述，令本书作者深表感激。

2. Joshua Kocherthal, *A Complete and Detailed Report of the Renowned District of Carolina Located in English America* (1706-1709).
3. Ibid.
4. Otterness, *Becoming German*.
5. Daniel Defoe, *A Brief History of the Poor Palatine Refugees, Lately Arrived in England* (1709).
6. Gottlieb Mittelberger, *Journey to Pennsylvania* (1960).

第十六章

1. Margaret Sankey, *Jacobite Prisoners of the 1715 Rebellion* (2005).
2. Quoted in Peter Wilson Coldham, *Emigrants in Chains: A Social History of Forced Emigration to the Americas, 1607-1776* (1992).
3. John Prebble, *The Lion in the North* (1973).
4. John Prebble, *Culloden* (1962).

第十七章

1. Cited in A. Roger Ekirch, 'The Transportation of Scottish Criminals to America During the Eighteenth Century', *Journal of British Studies*, Vol. 24, No. 3.
2. Treasury Papers 47, Public Records Office.
3. London Sessions Papers, April 1776.
4. Peter Williamson, *The Life and Adventures of Peter Williamson* (1757).
5. James Annesley, *Memoirs of an Unfortunate Young Nobleman*, British Library, 243.I.4.
6. For an interesting account of the Annesley affair, see *Famous Claimants*,

a rattling read published in London, 1873.
7. There are several records of the Annesley trial, the clearest is that edited by Andrew Lang in *Notable English Trials*, William Hodge and Co. (1912).
8. T. B. Howell (ed.), *Collection of State Trials* (1828).

第十八章

1. J. M. Beattie, *Crime and the Courts in England 1660-1800* (1986).
2. Proceedings of the Old Bailey, April 1718.
3. A. Roger Ekirch, *Bound for America: The Transportation of British Convicts to the Colonies, 1718-1775* (1987).
4. Ibid.
5. George Selwyn, letter quoted in Blumenthal, Walter Hart, *Brides from Bridewell: Female Felons Sent to Colonial America* (1962).
6. Peter Wilson Coldham, *Emigrants in Chains: A Social History of Forced Emigration to the Americas, 1607-1776* (1992).
7. Ibid.
8. James Revel, *The Poor Unhappy Felon's Sorrowful Account of His Fourteen Years' Transportation at Virginia in America* (1800).
9. Scott Christianson, *With Liberty for Some: 500 Years of Imprisonment in America* (1998).
10. John Harrower, *The Journal of John Harrower an Indentured Servant in the Colony of Virginia* (1963).
11. Hugh Jones, *Present State of Virginia: From Whence Is Inferred a Short View of Maryland and North Carolina* (1724).
12. Christianson, *With Liberty for Some*.

13. William Eddis, *Letters from America* (1792).
14. John Lauson, *The Felon's Account of His Transportation at Virginia in America* (1969).
15. R. Kent Lancaster, 'Almost Chattel: The Lives of Indentured Servants at Hampton-Northampton, Baltimore County', *Maryland Historical Magazine*, Vol. 94, No. 3, Fall 1999.
16. David Waldstreicher, *Runaway America: Benjamin Franklin, Slavery and the American Revolution* (2004).
17. Gary B. Nash,'Poverty and Politics in Early American History', in Smith, Billy G. (ed.), *Down and Out in Early America* (2004).
18. Jones, *Present State of Virginia*.
19. Richard Hofstadter, *The United States: The History of a Republic* (1967).
20. Elizabeth Sprigs, letter to John Sprigs, White Cross Street, London, 22 September 1756.
21. Blumenthal, *Brides from Bridewell*.
22. Benjamin Franklin, 'Rattlesnakes for Felons', *Pennsylvania Gazette*, 9 May 1751.
23. Charles Carter, letter to Landon Carter, 1770. Carter Archives, Charlottesville, VA, University of Virginia Library, 1967.

第十九章

1. John Howard, *The State of the Prisons in England and Wales with an Account of Some Foreign Prisons* (2000).
2. Dan Byrnes, *The Blackheath Connection*.
3. National Maritime Museum, *Port Cities* (2006).
4. Edmund Burke, quoted in William Cobbett, *Parliamentary History of*

England (1812).
5. A. Roger Ekirch, 'Great Britain's Secret Convict Trade to America 1783-84', *American Historical Review*, LXXXIX, 1984.
6. George Moore, *Letterbooks*, Mitchell Library, Sydney.
7. Sir John Fortescue, *Correspondence of King George III* (1927).
8. Proceedings of the Old Bailey, 10 September 1783.
9. A. Roger Ekirch, *Bound for America: The Transportation of British Convicts to the Colonies, 1718-1775* (1987).
10. *Proceedings of the Old Bailey*, 10 September 1783.
11. Ibid.
12. 囚犯乔治·汤森在法庭上称，他本人被卖了60基尼。参见 *Proceedings of the Old Bailey*, 19 July 1785.
13. Ekirch, *Bound for America*.
14. Moore, *Letterbooks*.
15. *George Washington Papers*.

参考文献

Akenson, Don, *An Irish History of Civilization* (Granta, 2005)

Alderman, Clifford Lindsey, *Colonists for Sale: The Story of Indentured Servants in America* (Macmillan, 1975)

Allen, Theodore W., *The Invention of the White Race* (Verso, 1994)

— *Rum, Slaves and Molasses: The Story of New England's Triangular Trade* (Crowell-Collier Press, 1973)

Andrews, K. R., N. P. Canny and P. E. H. Hair (eds), *The Westward Enterprise: English Activities in Ireland, the Atlantic and America, 1480-1650* (Liverpool University Press, 1978)

Aubrey, John, *Brief Lives Chiefly of Contemporaries* (Davies, 1931)

Bailyn, Bernard, *The Peopling of British North America: An Introduction* (Vintage, 1988)

—— *Voyagers to the West: A Passage in the Peopling of America on the Eve of the Revolution* (Vintage, 1988)

Ballagh, James Curtis, *White Servitude in the Colony of Virginia: A Study of the System of Indentured Labor in the American Colonies* (Kessinger Publishing, 2004)

Bancroft, George, *History of the United States: From the Discovery of the Continent to the Present Time* (Appleton, 1885)

Beattie, J.M., *Crime and the Courts in England 1660-1800* (Oxford University Press, 1986）

Beckles, Hilary, *White Servitude and Black Slavery in Barbados 1627-1715* (University of Tennessee Press, 1989)

Beier, A.L., *Masterless Men: The Vagrancy Problem in England, 1560-1640* (Methuen, 1985)

Bennett Jr, Lerone, *Before the Mayflower: A History of the Negro in America 1619-1964* (Johnson Publishing Co., 1964)

—— *The Shaping of Black America* (Johnson Publishing Co., 1975)

Beverley, Robert, *The History and Present State of Virginia* (University of North Carolina Press, 1947)

Bezis-Selfa, John, *Forging America: Ironworkers, Adventurers, and the Industrious Revolution* (Cornell University Press, 2003)

Billings, Warren M. (ed.), *The Old Dominion in the Seventeenth Century: A Documentary History of Virginia, 1606-1689* (University of North Carolina Press, 1975)

Binder, Fredrick M. and David M. Reimers, *The Way We Lived: Essays and Documents in American Social History, Vol. 1, 1607-1877* (D.C. Heath & Co., 1992)

Blumenthal, Walter Hart, *Brides from Bridewell: Female Felons Sent to Colonial America* (Prentice Hall, 1962)

Bond, R.P., *Queen Anne's American Kings* (Clarendon Press, 1952)

Bottigheimer, Karl, *English Money and Irish Land* (Clarendon Press, 1971)

Boyd, Paul S. (ed.), *The Oxford Companion to United States History* (Oxford University Press, 2001)

Bradford, William, *History of the Plymouth Plantation* (Boston, 1901)

Branch-Johnson, William, *The English Prison Hulks* (Phillimore, 1957)

Braudel, Fernand, *Civilization and Capitalism 15th-18th Century* (Collins, 1984)

Brenner, Robert, *Merchants and Revolution: Commercial Change, Political Conflict, and London's Overseas Traders, 1550-1653* (Princeton University Press, 1991)

Brereton, John, *A Briefe and True Relation of the Discovery of the North Part of Virginia... 1602* (Da Capo Press, 1973)

Bridenbaugh, Carl, *The Beginnings of the American People: Vexed and Troubled Englishmen, 1590-1642* (Oxford University Press, 1968)

Brogan, Hugh, *Penguin History of the United States of America* (Penguin, 1985)

Brown, Alexander, *Genesis of the United States: A Narrative of the Movement in England, 1605-1616, Which Resulted in the Plantation of North America by Englishmen...* (Russell & Russell, 1964)

Brown, J. M., *A Brief Sketch of the First Settlement of the Country of Schoharie by the Germans* (New York, 1823)

Brown, Kathleen M., *Good Wives, Nasty Wenches, and Anxious Patriarchs: Gender, Race, and Power in Colonial Virginia* (University of North Carolina Press, 1996)

Bruce, Philip Alexander, *Economic History of Virginia in the Seventeenth Century: An Inquiry into the Material Condition of the People, Based upon Original and Contemporaneous Records* (Macmillan and Co., 1896)

Bullock, W., *Virginia Impartially Examined* (Hammond, 1649)

Burton, Thomas, *Parliamentary Diary, Member in the Parliaments of Thomas & Richard Cromwell, 1656-59, Vol. 4* (Henry Colborn, 1828)

Campbell, Lord John, *The Lives of the Chief Justices of England* (Carswell, 1876)

Cecil, Robert, *The Cecil of Chelwood Papers*, British Library catalogue of additions to the manuscripts, additional manuscripts 51071-51204 (British Library, 1991)

Chalmers, George, *Parliamentary Portraits; or, Characters of the British Senate* (Bellamy, 1795)

Cheyney, Edward P., 'Some English Conditions Surrounding the Settlement of Virginia', *American Historical Review*, 12 (April 1907)

Christianson, Scott, *With Liberty for Some: 500 Years of Imprisonment in America* (Northeastern University Press, 1998)

Clarke, Aidan, *Prelude to Restoration in Ireland: The End of the Commonwealth, 1659-60* (Cambridge University Press, 1999)

Cobb, S. H., *The Story of the Palatines: An Episode in Colonial History* (Putnam, 1897)

Coldham, Peter Wilson, *Child Apprentices in America from Christ's Hospital, London, 1617-1788* (Genealogical Publishing, 1990)

—— *Emigrants in Chains: A Social History of Forced Emigration to the Americas, 1607-1776* (Sutton, 1992)

Condon, E. O'Meagher, *The Irish Race in America* (Ford's National Library, 1887)

Connors, Donald F., *Thomas Morton* (Twayne Publishers, 1969)

Conway, Moncure Daniel, *Barons of the Potomac and the Rappahannock* (Grolier Club, 1892)

Craven, Wesley Frank, *Dissolution of the Virginia Company: The Failure of a Colonial Experiment* (Oxford University Press, 1932)

— *The Virginia Company of London: 1606-1624* (Clearfield, 1997)

Cunningham, Hugh, *Children and Childhood in Western Society Since 1500* (Longman, 1995)

Cunnington, Phyllis Ellis and Catherine Lucas, *Costume of Household Servants: From the Middle Ages to 1900* (Barnes and Noble Imports, 1974)

Dawkins, Richard, *The God Delusion* (Bantam Press, 2006) de Costa, B.F. (ed.), *Relation of a Voyage to Sagadahoc* (J. Wilson, 1880)

Defoe, Daniel, *A Brief History of the Poor Palatine Refugees, Lately Arrived in England* (J. Baker, 1709)

Demos, John, *A Little Commonwealth* (Oxford University Press, 1970)

Dickson, R.J., *Ulster Emigration to Colonial America, 1718-1775* (Ulster Historical Foundation, 1966)

Dixon, N.W., *Palatine Roots: The 1710 German Settlement in New York* (Picton Press, 1994)

Doddridge, Joseph, *Notes on the Settlement and Indian Wars: On the Western Parts of Virginia and Pennsylvania 1763-1783* (Albany, 1876)

Donne, John, *The Sermons of John Donne* (University of

California Press, 1984)

Drake, Samuel, *Making of Virginia and the Middle Colonies: 1578-1701, With Many Illustrations and Maps* (Gibbings, 1894)

Dunn, Richard S., *Puritans and Yankees: The Winthrop Dynasty of New England, 1630-1717* (Princeton University Press, 1962)

Earle, Alice Morse, *Curious Punishments of Bygone Days* (H. Stone and Co., 1896)

Ekirch, Roger A., *Bound for America: The Transportation of British Convicts to the Colonies, 1718-1775* (Oxford University Press, 1987)

Eliot, C.W., *Voyages and Travels Ancient and Modern* (Cosimo, 2006)

Ellis, Peter Beresford, *Hell or Connaught: The Cromwellian Colonization of Ireland 1652-1660* (Blackstaff Press, 1975)

Fisher, Sydney George, *Men, Women and Manners in Colonial Times* (J. P. Lippincott, 1898)

Fortescue, Sir John, *Correspondence of King George III* (Macmillan, 1927)

Foster, R. F., *Modern Ireland 1600-1972* (Allen Lane, 1988)

Fuller, Thomas, *The Holy State and The Profane State* (Pickering, 1840)

— *Worthies of England* (Nuttall, 1840)

Galenson, David W., *White Servitude in Colonial America*

(Cambridge University Press, 1981)

George, D., *London Life in the 18th Century* (Routledge, 1930)

Gilbert, Humphrey, *A Discourse for the Discovery of a New Passage to Cathaia* (Marston Scholar Press, 1972)

Godwin, Morgan, *The Negro's and Indian's Advocate: Suing for Their Admission Into the Church* (London, 1680)

Goode, John, *Virginia Cousins: A Study of the Ancestry and Posterity of John Goode of Whitby* (J.W. Randolph, 1887)

Goodrich, Charles A., *A History of the United States of America* (Bellows Falls, 1825)

Gorges, Ferdinando, *A Brief Narration of the Original Undertakings f the Advancement of Plantations into the Parts of America* (1658)

Gosling, W.G., *The Life of Sir Humphrey Gilbert: England's First Empire Builder* (Constable, 1911)

Grady, T. P., On the Path to Slavery: Indentured Servitude in Barbados and Virginia During the Seventeenth Century, scholar.lib.vt.edu/theses/available/etd-02252000-09590007/unrestricted/etd.pdf

Grant, L.W. and James Munro (eds), *Acts of the Privy Council of England* (Colonial, 1908)

Griffiths, Paul, *Youth and Authority: Formative Experiences in England, 1560-1640* (Clarendon Press, 1996)

Guild, June Purcell, *The Black Laws of Virginia: A Summary of the Legislative Acts of Virginia Concerning Negroes from Earliest Times to the Present* (Whittet & Shepperson, 1936)

Hakluyt, Richard, *Richard Hakluyt's Voyages in Search of the North West Passage* (Hakluyt Society, 1973)

Hall, Hubert, *History of the Customs Revenue in England* (Elliot Stock, 1885)

Hall, Richard, *Empires of the Monsoon: A History of the Indian Ocean and its Invaders* (Harper Collins, 1996)

Hammond, John, *Leah and Rachel or the Two Fruitful Sisters Virginia and Maryland* (London, 1656)

Hamor, Ralph, *Discourse of the Present State of Virginia and the Success of the Affairs There till 18 June 1614* (Virginia State Library Publications, 1957)

Harlow, Vincent, *A History of Barbados 1625-1685* (Clarendon Press, 1926)

Hatch, Charles E. Jr., *America's Oldest Legislative Assembly and its Jamestown Statehouses* (National Park Service Interpretive Series History, 1956)

Hening, William W., *The Statutes at Large: Being a Collection of All the Laws of Virginia from the First Session of the Legislature* (Richmond, 1823)

Herrick, Cheesman A., *White Servitude in Pennsylvania: Indentured and Redemption Labor in Colony and Commonwealth*

(Negro Universities Press, 1969)

Hofstadter, Richard, *The United States: The History of a Republic* (Prentice Hall, 1967)

Holinshed, Raphael, *The Chronicles of England, Scotland and Ireland* (London, 1802)

Hooper, William Eden, *History of Newgate and the Old Bailey* (Underwood, 1935)

Horn, James, *A Land as God Made It: Jamestown and the Birth of America* (Basic Books, 2005)

Howard, John, *The State of the Prisons in England and Wales with an Account of Some Foreign Prisons*, in Forsythe, W. J. (ed.), *The State of Prisons in Britain 1775-1900,* Vol. 1 (Routledge, 2000)

Howson, Gerald, *Thief Taker General: The Rise and Fall of Jonathan Wild* (Hutchinson, 1970)

Hyde, H. Montgomery, *John Law: The History of an Honest Adventurer* (W. H. Allen, 1969)

Insh, George Pratt, *Scottish Colonial Schemes 1620-1686* (Maclehose &Co., 1922)

Jefferson, Thomas, *Notes on the State of Virginia* (Philadelphia, 1801)

— *Thomas Jefferson Papers*, Library of Congress.

Johnson, Robert, *The New Life of Virginia* (London, 1612)

Johnston, Mary, *Pioneers of the Old South: A Chronicle of English*

Colonial Beginnings (Yale University Press, 1918)

— *The Old Dominion: An Account of Certain Prisoners of Hope* (Constable and Co., 1899)

Jones, Hugh, *Present State of Virginia: From Whence is Inferred a Short View of Maryland and North Carolina* (London, 1724)

Jones, Jacqueline, *American Work: Four Centuries of Black and White Labor* (W. W. Norton, 1998)

Jones, M. A., *American Immigration* (University of Chicago Press, 1960)

Kellow, Margaret M.R., 'Indentured Servitude in Eighteenth-Century Maryland', *Social History*, 17 (November 1984)

Kelso, William M., *Kingsmill Plantations 1619-1800: Archaeology of Country Life in Colonial Virginia* (Academic Press, 1984)

Kingsbury, Susan, *An Introduction to the Records of the Virginia Company of London* (Library of Congress, 1905)

Kocherthal, Joshua, *A Complete and Detailed Report of the Renowned District of Carolina Located in English America* (Frankfurt, 1706-1709)

Kolchin, Peter, *American Slavery 1619-1877* (Penguin, 1993)

Kolodny, Annette, *The Lay of the Land: Metaphor as Experience and History in American Life and Letters* (Scholarly Book Services Inc., 2002)

Lang, Andrew (ed.), *The Annesley Case* (W. Hodge & Co., 1913)

Lause, Mark, *Young America: Land, Labour and the Republican Community* (University of Illinois Press, 2005)

Lauson, John, *The Felon's Account of His Transportation at Virginia in America* (Toucan Press, 1969)

Ligon, Richard, *A True and Exact History of the Island of Barbados* (London, 1657)

Linnell, Rosemary, *The Revenge of Indian Peter: The Incredible Story of Peter Williamson* (Book Guild, 2006)

Lockhart, Audrey, *Some Aspects of Emigration from Ireland to the North American Colonies between 1660 and 1775* (Arno Press, 1976)

Macaulay, T.B., *The History of England* (Longmans, 1863)

McIlwaine, Henry Read (ed.), *Minutes of the Council and General Court of Colonial Virginia, 1622-1632* (Virginia, 1924)

MacInerny, M.H., *Irish Slaves in the West Indies* (Dublin, 1909)

Major, Kevin, *As Near to Heaven by Sea: A History of Newfoundland and Labrador* (Viking, 2001)

Manhattan, Avro, *Catholic Imperialism and World Freedom* (Watts & Co., 1952)

Marshall, H. E., *This Country of Ours: The Story of the United States* (George H. Doran, 1917)

Martin, James Kirby (ed.), *Interpreting Colonial America: Selected Readings* (Harper & Row, 1978)

Menard, Russell R., *Migrants, Servants and Slaves: Unfree Labor in Colonial British America* (Ashgate Varorium, 2001)

Miller, Elmer I., *The Legislature of the Province of Virginia: Its Internal Development* (Columbia University Press, 1907)

Milton, Giles, *Nathaniel's Nutmeg: How One Man's Courage Changed the Course of History* (Sceptre, 2000)

Mittelberger, Gottlieb, *Journey to Pennsylvania* (1756), edited and translated by Oscar Handlin and John Clive (Belknap Press, 1960)

Moody, T. W., *The Londonderry Plantation 1609-1641* (Mullen, 1939)

Moraley, William, *The Infortunate: The Voyage and Adventures of William Moraley* (Pennsylvania State University Press, 1992)

Moran P. F., *Historical Sketch of the Persecutions Suffered by the Catholics of Ireland* (Dublin, 1862)

Morgan, Edmund S., *American Slavery, American Freedom: The Ordeal of Colonial Virginia* (W. W. Norton & Co., 1975)

Morgan, Kenneth, *Slavery and Servitude, 1607-1800* (Edinburgh University Press, 2000)

Morris, Richard B., *Government and Labor in Early America* (Columbia University Press, 1946)

Morton, Thomas, *New English Canaan* (Amsterdam, 1637)

Murdoch, Beamish, *A History of Nova Scotia or Arcadie* (J. Barnes, 1867)

Nace, Ted, *Gangs of America: The Rise of Corporate Power and the Disabling of Democracy* (Berrett-Koehler, 2003)

Nash, Gary B., 'Poverty and Politics in Early American History' in Smith, Billy G. (ed.), *Down and Out in Early America* (2004)

O'Callaghan, S., *To Hell or Barbados* (Brandon Press, 2000)

Oldham, Wilfrid, *Britain's Convicts to the Colonies* (Library of Australian History, 1990)

Olson, Alison Gilbert, *Making the Empire Work: London and American Interest Groups 1690-1790* (Harvard University Press, 1992)

Osgood, Herbert L., *The American Colonies in the Seventeenth Century* (Columbia University Press, 1926)

Otterness, Philip, *Becoming German: The 1709 Palatine Migration to New York* (Cornell University Press, 2004)

Percy, George, *A Discourse of the Plantation of the Southern Colony in Virginia by the English* (1606)

Poole, W. F., *The Popham Colony: A Discussion of its Historical Claims* (Wiggin and Lunt, 1866)

Poor, John A., *The First Colonisation of New England* (Anson and D. Randolph, 1863)

Prebble, John, *Culloden* (Athaneum, 1962)

— *The Lion in the North* (Penguin, 1973)

Prendergast, John, *The Cromwellian Settlement of Ireland* (Longman, 1865)

Pring, Martin, 'A Voyage Set Out from the City of Bristol', in Burrage, Henry S. (ed.), *Haklyut 1534-1608* (Scribners, 1906)

Purchas, Samuel, *Hakluytus Posthumus* (Maclehose, 1905-07)

Quinn, David Beers, *Set Fair for Roanoke: Voyages and Colonies, 1584-1606* (University of North Carolina Press, 1985)

Rabb, Theodore K., *Jacobean Gentleman: Sir Edwin Sandys 1561-1629* (Princeton University Press, 1998)

Ranelagh, John, *Ireland: An Illustrated History* (Collins, 1981)

Reinmuth, Howard F., *Early Stuart Studies* (University of Minnesota Press, 1970)

Revel, James, *The Poor Unhappy Felon's Sorrowful Account of His Fourteen Years' Transportation at Virginia in America* (London, 1800)

Rice, Douglas Walthew, *The Life and Achievements of Sir John Popham, 1531-1607: Leading to the Establishment of the First English Colony in New England* (Fairleigh Dickinson University, 2005)

Rivers, M. and Foyle, *England's Slavery or Barbados Merchandise* (London, 1659)

Rogers, H. C. B., *Battles and Generals of the Civil Wars 1642-1651* (Seeley Service and Co., 1968)

Rosenbaum, Stuart (ed.), *Pragmatism and Religion: Classical Sources and Original Essays* (Urbana, 2003)

Sainsbury, W. Noel (ed.), *Calendar of State Papers, Colonial Series: America and West Indies,* Vol. 1, 1574-1660 (London, 1860-9)

Salinger, Sharon V., *To Serve Well and Faithfully: Labor and Indentured Servants in Pennsylvania, 1682-1800* (Cambridge University Press, 1987)

Sankey, Margaret, *Jacobite Prisoners of the 1715 Rebellion* (Ashgate, 2005)

Schomburgk, Robert H., *The History of Barbados* (Frank Cass Publishers, 1971)

Scott, William Robert, *The Constitution and Finances of English, Scottish and Irish Joint Stock Companies to 1720* (Cambridge University Press, 1910-12)

Secundus, *The London Spy Revived by Demonitas* (London, 1736)

Senior, Nassau W., Edwin Chadwick, et al., *The Poor Law Commissioners Report of 1834: Copy of the Report Made in 1834 by the Commissioners for Inquiring into the Administration and Practical Operation of the Poor Laws* (London, 1885)

Seward, Desmond, *The First Bourbon: Henri IV, King of France and Navarre* (Constable, 1971)

Shea, William L., *The Virginia Militia in the Seventeenth Century* (Louisiana State University Press, 1983)

Smedley, Audrey, *Race in North America: Origin and Evolution of a Worldview* (Westview, 1993)

Smith, Abbot Emerson, *Colonists in Bondage: White Servitude and Convict Labor in America, 1607-1776* (University of North Carolina Press, 1947)

Smith, Billy G. (ed.), *Down and Out in Early America* (Pennsylvania State University Press, 2004)

Smith, James Morton (ed.), S*eventeenth Century America: Essays in Colonial History* (University of North Carolina Press, 1959)

Smith, John, *The Complete Works of Captain John Smith* (University of North Carolina Press, 1986)

—— *The True Travels, Adventures and Observations of Capt John Smith* (T. Slater, 1630)

Smith, Warren B., *White Servitude in Colonial South Carolina* (University of South Carolina Press, 1961)

Stirling, William, *An Encouragement to Colonies* (Stansby, 1624)

Stith, William, *The History of the First Discovery and Settlement of Virginia* (Williamsburg, 1747)

Stow, John, *A Survey of the Cities of London and Westminster* (London, 1720)

Strachey, William, *History of Travel into Virginia Britannia* (London, 1953)

—— *A True Reportory of the Wreck and Redemption of Sir Thomas Gates, Knight, upon and from the Islands of the Bermudas* (University Press of Virginia, 1965)

Stratton, Eugene Aubrey, *Plymouth Colony: Its History and People, 1620-1691* (Ancestry Publishing, 1986)

Sullivan, James, *History of the District of Maine* (Boston, 1795)

Sweet, Frank W, *The Legal History of the Colour Line* (Backintyme, 2005)

Thomson, Elizabeth McLure, *The Chamberlain Letters* (John Murray, 1966)

Thorton, John Wingate, *Colonial Schemes of Popham and Gorges* (Balch, 1863)

Towner, Lawrence William, *A Good Master Well Served: Masters and Servants in Colonial Massachusetts, 1620-1750* (Garland Pub., 1998)

Tyler, Lyon Gardiner, *Narratives of Early Virginia, 1606-1625* (1907)

Van der Zee, John, *Bound Over: Indentured Servitude and American Conscience* (Simon and Schuster, 1985)

Waldstreicher, David, *Runaway America: Benjamin Franklin, Slavery and the American Revolution* (Hill & Wang, 2004)

Walpole, Charles George, *A Short History of the Kingdom of Ireland* (Kegan Paul, 1882)

Washburn, Wilcomb E., *The Governor and the Rebel: A History of Bacon's Rebellion in Virginia* (University of North Carolina Press, 1957)

Welsh, Frank, *A History of South Africa* (Harper Collins, 1998)

Wertenbaker, Thomas J., *The Planters of Colonial Virginia* (Princeton University Press, 1922)

Williams, Eric, *Capitalism and Slavery* (Chapel Hill, 1944)

Williams, Joseph J., *Whence the 'Black Irish' of Jamaica?* (Dial Press, 1968)

Williamson, Peter, *The Life and Adventures of Peter Williamson* (Glasgow, 1757)

Wodrow, Robert, *The History of the Sufferings of the Church of Scotland from the Restoration to the Revolution* (Blackie, 1836-38)

Young, Alexander, *Chronicles of the First Planters of the Colony of Massachusetts Bay, from 1623-1636* (Boston, 1846)

Zinn, Howard, *A People's History of the United States* (Longman, 1980)

图书在版编目（CIP）数据

白奴：一段被遗忘的美洲殖民史 /（英）唐·乔丹 (Don Jordan),（英）迈克尔·沃尔什 (Michael Walsh) 著；陆妍译. -- 重庆：西南大学出版社, 2025. 4.
ISBN 978-7-5697-1821-8

Ⅰ. K703

中国国家版本馆CIP数据核字第20244S2Z38号

WHITE CARGO: THE FORGOTTEN HISTORY OF BRITAIN'S WHITE SLAVES IN AMERICA
by DON JORDAN & MICHAEL WALSH
Copyright: © 2007 BY DON JORDAN AND MICHAEL WALSH
This edition arranged with Aevitas Creative Management UK Ltd
through Big Apple Agency, Inc., Labuan, Malaysia.
Simplified Chinese edition copyright: 2025 Shanghai Wipub Books Co., Ltd.
All rights reserved.

白奴：一段被遗忘的美洲殖民史
BAINU: YIDUAN BEI YIWANG DE MEIZHOU ZHIMINSHI

［英］唐·乔丹（Don Jordan）［英］迈克尔·沃尔什（Michael Walsh）著
陆 妍 译

选题策划：闫青华 何雨婷
责任编辑：何雨婷
责任校对：王玉竹
特约编辑：汤佳钰 陆雪霞
装帧设计：万墨轩图书 | 吴天喆 彭佳欣
出版发行：西南大学出版社
　　　　　重庆市北碚区天生路2号　　邮编：400715
　　　　　市场营销部电话：023-68868624
印　　刷：重庆升光电力印务有限公司
成品尺寸：148mm×210mm
印　　张：11
字　　数：265千字
版　　次：2025年4月 第1版
印　　次：2025年4月 第1次
著作权合同登记号：版贸核渝字（2020）第084号
书　　号：ISBN 978-7-5697-1821-8

定　　价：78.00元

读者回函表
Readers
WIPUB BOOKS

姓名：_____ 性别：_____ 年龄：_____ 职业：_____ 教育程度：_____

邮寄地址：_____ 邮编：_____

E-mail：_____ 电话：_____

您所购买的图书名称：《白奴：一段被遗忘的美洲殖民史》

您对本书的评价：
书名：□满意 □一般 □不满意　　故事情节：□满意 □一般 □不满意
翻译：□满意 □一般 □不满意　　装帧设计：□满意 □一般 □不满意
纸张：□满意 □一般 □不满意　　印刷质量：□满意 □一般 □不满意
价格：□便宜 □正好 □贵了　　整体感觉：□满意 □一般 □不满意

您的阅读渠道（多选）：
□书店　□网上书店　□图书馆借阅　□超市/便利店　□朋友借阅　□找电子版
□其他 _____

您是如何得知一本新书的呢（多选）：
□别人介绍　□逛书店偶然看到　□网络信息　□杂志与报纸　□新闻
□广播节目　□电视节目　□其他

购买新书时您会注意以下哪些地方（多选）：
□封面设计　□书名　□出版社　□封面、封底文字　□腰封文字　□前言、后记
□名家推荐　□目录

您喜欢的图书类型（多选）：
□文学-奇幻小说　□文学-侦探/推理小说　□文学-情感小说　□文学-散文随笔
□文学-历史小说　□文学-青春励志小说　□文学-传记
□经管　□艺术　□旅游　□历史　□军事　□教育/心理　□成功/励志
□生活　□科技　□其他 _____

请列出3本您最近想买的书：_____、_____、_____

请您提出宝贵建议：_____
_____

★感谢您购买本书，请将本表填好后，扫描或拍照后发电子邮件至wipub_sh@126.com，您的意见对我们很珍贵。祝您阅读愉快！

编辑 Editor 邀请函
WIPUB BOOKS

亲爱的读者朋友：

也许您热爱阅读，拥有极强的文字编辑或写作能力，并以此为乐；

也许您是一位平面设计师，希望有机会设计出装帧精美、赏心悦目的图书封面。

那么，请赶快联系我们吧！我们热忱地邀请您加入"编书匠"的队伍中来，与我们建立长期的合作关系，或许您可以利用您的闲暇时间，成为一名兼职图书编辑或兼职封面设计师，成为拥有多重职业的斜杠青年，享受不同的生活趣味。

期待您的来信，并请发送简历至 wipub_sh@126.com，别忘记随信附上您的得意之作哦！

译者 Translator 邀请函
WIPUB BOOKS

为进一步提高我们引进版图书的译文质量，也为翻译爱好者搭建一个展示自己的舞台，现面向全国诚征外文书籍的翻译者。如果您对此感兴趣，也具备翻译外文书籍的能力，就请赶快联系我们吧！

您是否有过图书翻译的经验：
□有（译作举例：_____） □没有

您擅长的语种：
□英语 □法语 □日语 □德语

您希望翻译的书籍类型：
□文学 □心理 □哲学 □历史 □经济 □育儿

请将上述问题填写好，扫描或拍照后发至 wipub_sh@126.com，同时请将您的应征简历添加至附件，简历中请着重说明您的外语水平。

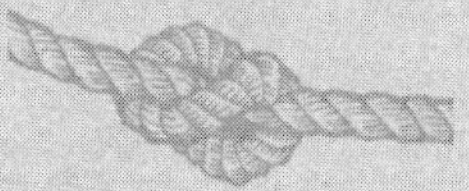

WHITE CARGO

The Forgotten History of Britain's White Slaves in America